O MELHOR DO TEATRO GREGO

CLÁSSICOS ZAHAR
em EDIÇÃO COMENTADA E ILUSTRADA

Jane Eyre★
Charlotte Brontë

O morro dos ventos uivantes★
Emily Brontë

Sherlock Holmes (9 vols.)★
Arthur Conan Doyle

As aventuras de Robin Hood★
O conde de Monte Cristo★
Os três mosqueteiros★
Vinte anos depois
O visconde de Bragelonne (vol.1)
Alexandre Dumas

Mitos gregos
Mitos gregos II
Nathaniel Hawthorne

O corcunda de Notre Dame★
Victor Hugo

Os livros da Selva★
Rudyard Kipling

O Fantasma da Ópera
Gaston Leroux

O Lobo do Mar★
Jack London

Carmen e outras histórias
Prosper Mérimée

Rei Arthur e os cavaleiros da Távola Redonda★
Três grandes cavaleiros da Távola Redonda
Howard Pyle

Os Maias★
Eça de Queirós

20 mil léguas submarinas★
A ilha misteriosa★
Viagem ao centro da Terra★
A volta ao mundo em 80 dias★
Jules Verne

★ Títulos disponíveis também em edição bolso de luxo
Veja a lista completa da coleção no site zahar.com.br/classicoszahar

ÉSQUILO · SÓFOCLES
EURÍPIDES · ARISTÓFANES

O MELHOR DO TEATRO GREGO

PROMETEU ACORRENTADO · ÉDIPO REI
MEDEIA · AS NUVENS

EDIÇÃO COMENTADA

Tradução e notas:
Mário da Gama Kury

Apresentação geral, material de apoio
e revisão das notas:
Adriane da Silva Duarte

7ª reimpressão

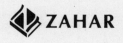

Copyright © 2013 by Editora Zahar
Copyright da tradução e das notas © Mário da Gama Kury

Traduções originalmente publicadas em 1990 (*Édipo rei*), 1991 (*Medeia*),
1993 (*Prometeu acorrentado*) e 1995 (*As nuvens*)

*Grafia atualizada segundo o Acordo Ortográfico da Língua Portuguesa de 1990,
que entrou em vigor no Brasil em 2009.*

Capa
Rafael Nobre / Babilonia Cultura Editorial

Design das guardas
Marcus Handofsky

Projeto gráfico
Carolina Falcão

Revisão
Eduardo Farias
Carolina Sampaio

CIP-Brasil. Catalogação na fonte
Sindicato Nacional dos Editores de Livros, RJ

M469   O melhor do teatro grego / Eurípides ... [et al.]; tradução Mário da
        Gama Kury; apresentação geral, material de apoio e revisão das notas
        Adriane da Silva Duarte. – 1ª ed. – Rio de Janeiro: Zahar, 2013.

                                                        (Clássicos Zahar)
            ISBN 978-85-378-1074-3

            1. Teatro grego (Literatura). I. Ésquilo, ca. 525-456 a.C. II. Título. III.
        Série.

                                            CDD: 882
13-1716   CDU: 821.14'02-2

Todos os direitos desta edição reservados à
EDITORA SCHWARCZ S.A.
Praça Floriano, 19, sala 3001 – Cinelândia
20031-050 – Rio de Janeiro – RJ
Telefone: (21) 3993-7510
www.companhiadasletras.com.br
www.blogdacompanhia.com.br
facebook.com/editorazahar
instagram.com/editorazahar
twitter.com/editorazahar

Sumário

Apresentação
Teatro grego: o que saber para apreciar, *por Adriane da Silva Duarte* 7

Nota sobre a tradução 17

PROMETEU ACORRENTADO, Ésquilo 19
  Introdução: Ésquilo e o *Prometeu acorrentado* 21
  Texto de *Prometeu acorrentado* 27
  Perfis dos personagens 86

ÉDIPO REI, Sófocles 91
  Introdução: Sófocles e o *Édipo rei* 93
  Texto de *Édipo rei* 99
  Perfis dos personagens 188

MEDEIA, Eurípides 193
  Introdução: Eurípides e a *Medeia* 195
  Texto de *Medeia* 200
  Perfis dos personagens 271

AS NUVENS, Aristófanes 275
  Introdução: Aristófanes e *As nuvens* 277
  Texto de *As nuvens* 283
  Perfis dos personagens 384

Glossário 387

APRESENTAÇÃO

TEATRO GREGO: O QUE SABER PARA APRECIAR

O TEATRO, TAL COMO CONHECEMOS, nasce em Atenas, na Grécia, na passagem do século VI para o V a.C., no âmbito dos festivais dramáticos em honra ao deus Dioniso. Em sua origem, portanto, o espetáculo teatral, ainda que almejasse também à diversão, está inserido em um contexto simultaneamente cívico e religioso, esferas não de todo apartadas para os gregos.

A imitação, como nota Aristóteles na *Poética*, é inata ao ser humano e, por isso, as atividades de natureza mimética (dança, desenho, drama) já se encontravam entre os homens das cavernas, como revelam as pinturas rupestres. O que aconteceu em Atenas, no final do século VI a.C., foi, porém, diferente de tudo o que se conhecia até então. Antes, os próprios gregos e outros povos encenavam seus mitos como forma de celebrar os deuses e manter viva a memória de feitos heroicos do passado – o que ainda pode ser observado hoje em muitas partes do globo. Contudo, com a criação dos concursos teatrais, deixa-se para trás o improviso ritual e abraça-se a profissionalização do espetáculo. Poetas passam a compor e apresentar suas peças a cada ano, contratam-se atores para dar vida às personagens por eles criadas, cidadãos são designados para participar do coro e, os mais ricos dentre eles, para exercer a função de produtores, enquanto outros devem integrar o júri encarregado da premiação. Os espetáculos passam a atrair espectadores de todo o mundo grego, e não apenas os atenienses.

Não bastasse o surgimento de uma prática diferenciada, a teoria teatral também aparece na Grécia com a reflexão de Platão, em particular no *Íon* e na *República*, e de Aristóteles, na *Poética*, o mais importante tratado sobre a arte dramática que a Antiguidade nos legou e ainda hoje uma referência teórica importante. Continua-se a debater o significado de termos que adentraram o vocabulário crítico, como mimese (representação), catarse (purificação estética das emoções) e hamartia (falha trágica).

Por tudo isso e, em especial, pela qualidade de sua poesia, a experiência grega foi decisiva para o desenvolvimento da arte dramática no Ocidente. Não por coincidência a palavra "teatro", que pode designar a uma só vez o recinto que abriga o espetáculo, o espetáculo em si e os espectadores que a ele assistem, é de origem grega (*théa* significa contemplação) e, assim como "drama" (cuja primeira acepção é ação), integra hoje o vocabulário de inúmeras línguas ao redor do planeta.

Embora se possa datar com razoável certeza o início das atividades teatrais em c.535 a.C., com as primeiras representações de tragédias no seio da *pólis* ateniense, sua origem é pouco conhecida. A questão é tão controversa que um dos helenistas mais influentes do último século, o francês Jean-Pierre Vernant, aconselhava que fosse deixada de lado, porque, mesmo considerando que fosse possível resgatar com exatidão a gênese do drama grego a partir de rituais agrários, isso não resultaria útil para a compreensão do fenômeno histórico que perpassa o século V a.C. Ou seja, para Vernant, o teatro praticado em Atenas reflete diretamente as condições sociais e políticas dessa cidade, não devendo mais nada a sua suposta origem rural. Ainda assim, é grande a tentação para debruçar-se sobre o assunto.

Como as tragédias e comédias eram representadas durante os festivais em que se celebrava Dioniso, o culto a esse deus sempre esteve no centro das especulações sobre a origem do drama. Para os gregos, o ato de ir ao teatro tinha então uma clara conotação religiosa. Os espetáculos eram precedidos por procissões em que a estátua do deus era conduzida até o recinto das representações, onde permanecia até o final da competição. Os coros trágicos e cômicos evoluíam em volta do altar do deus do vinho e diante do seu sacerdote, a quem era reservado um assento na primeira fila da plateia. Banquetes e sacrifícios completavam a programação.

Não resta dúvida de que o deus era visto como o patrono do teatro. Mas como esse vínculo teria surgido? Em primeiro lugar, em seu culto, o deus era adorado sob a forma de uma máscara, pendurada em uma coluna recoberta por uma túnica. A máscara, vale lembrar, é o acessório mais emblemático do teatro grego, é o sinal da sua alteridade, da capacidade de abandonar-se para tornar-se outro, ainda que momentaneamente. Além disso, através da música, da dança e da ingestão do vinho, os rituais dionisíacos predispunham seus seguidores ao transe, de modo que transcendessem a realidade imediata e entrassem em comunhão com a divindade. Guardadas as particularidades de cada caso, na prática teatral se observa um efeito parecido, já que o que nela se busca é uma forma de dar vida a um outro, abdicando da própria identidade.

O deus também se revela hábil nas artes da ilusão. Nos mitos em que figura, Dioniso mostra-se capaz de modificar sua aparência, adotando os mais diversos disfarces, e de alterar o mundo a sua volta. No "Hino homérico a Dioniso I", composição hexamétrica que celebra o deus, narra-se como, sob o aspecto de um inofensivo rapazinho, ele é sequestrado por piratas e como os pune, assumindo a forma de um leão, transformando o barco em uma ilha e os marujos em assustados golfinhos. Em *As bacantes*, tragédia que Eurípides lhe dedicou, o disfarce aparece duplamente. Primeiro é o deus que surge em cena na pele de seu sacerdote, enganando Penteu, que pretendia banir os ritos dionisíacos de Tebas. Depois é a vez de Penteu, que, persuadido por Dioniso, traveste-se para espionar as bacantes reunidas nas montanhas. Elas, no entanto, não se deixam iludir e, ao descobri-lo, despedaçam-no. Embora outros deuses do panteão grego também sejam capazes de se transformar, Dioniso parece afetar de forma mais intensa a percepção que o homem tem de si e da realidade que o cerca.

Aristóteles, na *Poética*, também remonta a gênese do drama a formas poéticas associadas ao deus do vinho. O ditirambo, um hino coral executado no âmbito das festas em homenagem a Dioniso, estaria na origem da tragédia; os cantos fálicos, com os quais se acompanhavam as procissões do deus, que favorece a fertilidade da terra, na origem da comédia. Por mais simplificadora que essa genealogia possa parecer, uma vez que esses dois elementos não bastam para explicar o fenômeno dramático como um todo, é significativo que mais uma vez Dioniso se encontre no centro da cena.

Assim, pode soar contraditório que o deus apareça tão pouco nos enredos, quer trágicos, quer cômicos. Tão raramente a sua saga figurava no programa dos festivais dramáticos que os atenienses cunharam a expressão "nada a ver com Dioniso", com a qual marcavam o espanto, para não dizer o protesto, diante dessa ausência notável.

São principalmente os heróis, personagens dos ciclos épicos, que fornecem assunto para as tragédias. Ao ciclo tebano, que reúne os mitos relacionados a Tebas, pertence a história de Édipo e seus descendentes – Antígona, Polinices, Eteócles –, e também a do próprio Dioniso, filho de Zeus com a tebana Sêmele. O ciclo troiano aborda os acontecimentos passados durante a guerra de Troia e os heróis que dela participaram, como Ajax, Filoctetes, Helena, e do lado dos troianos Hécuba, Andrômaca e outras troianas cativas. Também se ligam a ele as histórias dos Átridas, de Agamenão e seus filhos, Ifigênia, Electra e Orestes. Outros heróis, como Héracles, Jasão, ou ainda Teseu e Íon, especialmente caros aos atenienses, também foram objeto de tragédias. Vale notar que me atenho aqui aos títulos que foram conservados, os quais representam apenas uma pequena porcentagem da produção teatral ateniense, pois, infelizmente, a maior parte perdeu-se na poeira dos séculos.

O lugar proeminente reservado aos heróis se deve à importância de seu culto junto às populações das cidades, que os consideravam entidades benfazejas, chegando a disputar a primazia de abrigar seus restos fúnebres, como mostra muito bem a tragédia *Édipo em Colono*, de Sófocles. Reverenciados em eventos esportivos e poéticos, os heróis migraram naturalmente para o palco dos concursos dramáticos.

Percebe-se assim que o mito, entendido como as histórias tradicionais e anônimas que versam sobre deuses e heróis, constitui a matéria-prima da tragédia. Quanto à comédia, seu assunto é outro, é o dia a dia da cidade, o aqui e agora. Seus heróis estavam às voltas com os problemas políticos, que se propunham a resolver com os métodos mais fantásticos. Suas personagens frequentavam as praças e as ruas, como os famosos Sócrates e Eurípides, ou os anônimos taverneiros, artesãos, floristas e feirantes que ajudam a compor o quadro mais vivo, muito embora eivado de exageros, da sociedade ateniense.

O teatro tem muito a dizer a respeito de sua época, pois é também um acontecimento cívico. Os espetáculos dramáticos entraram no calendário de festas de Atenas por iniciativa de seus governantes. Coube a Pisístrato, tirano ateniense, instituir os concursos teatrais na cidade, o que foi mantido pelos representantes da democracia, regime que sucederia a tirania no início do século V a.C. Os festivais forneciam uma grande oportunidade para que Atenas consolidasse sua imagem internamente e a projetasse para além de suas fronteiras. As Grandes Dionísias, o maior desses festivais, proporcionavam a ocasião ideal para tal exibição, uma vez que, por acontecerem durante a primavera, quando as condições de navegação eram mais favoráveis, contavam com a presença de muitos estrangeiros entre os espectadores. Paradas militares, cerimônias em que os órfãos e os heróis de guerra eram homenageados, o depósito público dos tributos recolhidos das cidades aliadas, estas eram algumas das atividades que antecediam os espetáculos, somando-se às manifestações de ordem religiosa, por si só solenes. Atenas queria se mostrar uma potência bélica, econômica e cultural.

Quando o espetáculo começava, as peças se encarregavam de reforçar ou, por vezes, de contestar essa imagem, dando prosseguimento à exposição da cidade. A comédia, por abordar a esfera pública, tematizava a *pólis* democrática e seus problemas de forma direta, valendo-se da sátira explícita e dirigindo conselhos à população. Já a tragédia, apesar de ter por objeto o passado mítico, atualizava-o ao apresentá-lo a partir de uma perspectiva ateniense. Assim se pode afirmar, como o fez o helenista alemão Wilhelm Nestle, que a tragédia nasce quando o mito passa a ser visto pelos olhos do cidadão. No fundo, Atenas está subjacente em cada uma das peças encenadas em seus festivais.

Os gregos se relacionavam com o teatro de forma bastante diversa da que estamos acostumados a fazer hoje em dia. Caso se deseje assistir a um espetáculo hoje, basta consultar a programação e escolher a data mais conveniente, pois as peças costumam ficar em cartaz por semanas. Em Atenas, não havia tantas opções, já que as peças eram compostas para serem apresentadas uma única vez durante o festival em que estavam inscritas. Por isso, era difícil que um espetáculo fosse visto mais de uma vez, embora fosse possível que, depois da estreia, houvesse reapresentações eventuais, para homenagear um poeta recém-falecido, por exemplo, ou para contemplar localidades mais afastadas – de fato, parece que trupes mambembes rodavam todo o mundo grego. Por outro lado, o comparecimento ao teatro era quase universal – não há consenso sobre a presença de mulheres entre os espectadores. Uma política de subsídios garantia que as camadas mais pobres da população pudessem deixar de lado o trabalho para acompanhar os três dias de espetáculos.

Outra diferença entre a prática grega e a nossa está no fato de as apresentações ocorrerem não à noite, mas durante o dia e ao ar livre. O teatro grego, com a plateia em semicírculo, disposta à volta da orquestra – um espaço circular ocupado pelo coro – e de frente para a cena, onde ficavam os atores, favorece tanto a acústica quanto a visibilidade. Ainda hoje é possível testá-las. O turista que visita o teatro de Epidauro, localizado a curta distância de Atenas, espanta-se ao perceber que mesmo sentado na última fila tem visão total da orquestra e escuta com clareza o som de uma moeda que cai no chão ou de um fósforo riscado. Isso nos diz muito acerca dos espectadores antigos, que faziam questão de ver e ouvir o que transcorria em cena, sem ligar se eles próprios eram vistos pelos outros.

As construções em pedra que nos vêm à mente quando pensamos nesse espaço ainda não existiam no período áureo da produção ateniense, o século V a.C. Então, as peças eram encenadas em estruturas provisórias, erguidas em madeira e desmontadas após o término dos festivais. A maior parte das obras remanescentes foi apresentada nesses recintos improvisados, em que o palco consistia em um estrado cerca de meio metro mais alto que a orquestra, facilitando o contato entre atores e coreutas, os membros do coro. Um século mais tarde, com a elevação do palco em mais de dois metros, refletindo a perda de relevância do coro enquanto elemento dramático, isso já não seria mais possível ou desejável.

Por integrar o calendário festivo da *pólis*, a produção do espetáculo era financiada pelo tesouro público através da coregia, uma entre várias liturgias, espécie de imposto sobre grandes fortunas, mantidas pela cidade. Assim, os cidadãos mais ricos, denominados coregos, eram encarregados de custear os coros, cuidando de seu sustento durante o período em que durassem os ensaios e do figurino que usariam em cena.

O coro, formado exclusivamente por cidadãos do sexo masculino, sorteados a cada ano para a função, somava entre doze e quinze integrantes no caso da tragédia e 24 no da comédia. Sua caracterização podia variar dos usuais anciãos e prisioneiras trágicos a grupos de camponeses, pássaros, nuvens ou o que mais ditasse a imaginação dos comediógrafos. O coro trágico é por natureza mais contemplativo e passivo, limitando-se a comentar a ação e aconselhar o herói, com quem mantém uma relação de dependência. O da comédia é mais combativo, por vezes opondo-se ao protagonista, que deve conquistá-lo para fazer prevalecer seu ponto de vista.

Se os coreutas eram amadores, os atores, em contrapartida, eram profissionais contratados pela cidade. O elenco, limitado a três atores para a tragédia e, por vezes, quatro para a comédia, era composto apenas por homens, que, com a ajuda das máscaras, deveriam representar todos os papéis da peça. Por vezes podia-se recorrer a figurantes, geralmente sem falas. A *Medeia*, de Eurípides, por exemplo, conta com sete personagens – além das crianças, representadas por figurantes – e as falas eram distribuídas pelos três atores de acordo com a hierarquia estabelecida entre eles. Assim, o ator principal, ou protagonista, ficaria com o papel mais importante, o da heroína que dá nome à peça, permanecendo por mais tempo em cena. O deuteragonista e o tritagonista, segundo e terceiro ator respectivamente, dividiam os papéis menores.

A direção de cena cabia geralmente ao poeta ou a um dos atores e o diretor era denominado "professor" (*didáskalos*). Como ele preparava o grupo para uma única apresentação, não havia necessidade de incluir no texto final as indicações cênicas, as didascálias. Os textos, no entanto, fornecem inúmeras informações sobre o estado de espírito das personagens, cuja expressão congelada da máscara ocultaria, ou relativas à sua movimentação. Presume-se que estaria a serviço dos espectadores, ajudando-os a acompanhar melhor o espetáculo.

Além da máscara, com seu característico esgar de horror ou com a boca rasgada em perpétua gargalhada, apresentando as personagens de acordo com o gênero a que se ligavam, compunham o figurino uma túnica, comprida para tragédia ou curta para comédia, e os coturnos, calçados cênicos, ainda desprovidos dos saltos que ganhariam no período helenístico. Para completar a caracterização dos atores cômicos, barrigas protuberantes e nádegas fartas, forjadas com o auxílio de enchimentos, e um grande falo de couro, que escapava por sob a roupa, eram de regra.

Pouco se sabe sobre o cenário, a não ser que sua criação foi atribuída a Sófocles – ao menos segundo o testemunho de Aristóteles na *Poética*. Em vista das condições improvisadas do edifício cênico no período clássico, construído a cada apresentação e pensado para abrigar em sequência três tragédias, um drama satírico e uma comédia, a decoração de cena deveria ser simples e prática, limitando-se, talvez, a painéis pintados em madeira ou tecido, que poderiam ser substituídos rapidamente no intervalo entre as peças. No mais, os textos são eloquentes, fornecendo diversas indicações para situar os espectadores. As personagens entravam em cena pelas laterais do palco ou pelas portas localizadas no fundo, que representariam as casas – normalmente a ação dramática se passa do lado de fora das residências. Os coreutas compartilhavam a mesma passagem utilizada pelo público: o párodo, a entrada lateral, o que reforçava a identidade entre eles. Uma vez na orquestra, ali permaneciam até a conclusão do drama.

O uso da maquinaria cênica estava restrito ao enciclema e à máquina, ambos empregados com frequência pelos poetas. O primeiro era uma plataforma rolante, impulsionada através da porta cenográfica, cujo intuito era revelar o interior de uma casa; a segunda, um guindaste que suspendia personagens por sobre a cena, representando, em geral, divindades – o célebre *deus ex machina*. Eurípides, na *Medeia*, faz uso notável dos dois elementos. Medeia declara ao coro que matará seus filhos, em seguida entra no palácio, de onde se escutam os gritos das crianças. Jasão aparece e força a porta para que se possam ver os corpos – e como as mortes não ocorriam em cena no teatro grego, mas a exibição dos cadáveres era um importante meio de comoção, o enciclema era usado frequentemente para esse fim. Abertas as portas, a expectativa se frustra, pois nada se vê; mas ouve-se a voz de Medeia vinda do alto. A heroína está sobre o carro do Sol, que a transportará a Atenas, onde sepultará os filhos, num uso espetacular da máquina.

A duração dos festivais dramáticos variou conforme o tempo e as circunstâncias. Grande parte da produção clássica remanescente data do período em que Atenas enfrentava Esparta na Guerra do Peloponeso (431-404 a.C.), que mudaria os rumos da poderosa democracia ateniense. Durante os quase trinta anos do conflito, por razões de economia, as apresentações de teatro foram reduzidas de cinco para três dias.

A programação incluía então a encenação de uma tetralogia, composta por três tragédias e um drama satírico, a cargo de um mesmo tragediógrafo, e de uma comédia, composta por um comediógrafo diferente a cada dia de espetáculo. O drama satírico consistia em uma peça burlesca de paródia mitológica, centrada em torno de um coro de sátiros, seres híbridos metade homens, metade bodes, que acompanhavam Dioniso em suas orgias. Havia uma clara especialização entre os dramaturgos na Grécia, desconhecendo-se um único caso em que o mesmo homem tenha se aventurado a compor tragédias e comédias, como sugere de maneira provocativa o Sócrates platônico, no final do *Banquete*.

Esse número reduzido de participantes por festival, seis poetas ao todo, sendo três para cada categoria, sugere que tenha havido uma seleção inicial para definir, dentre os inscritos, os textos que seriam apresentados. Sabe-se, entretanto, que a tradição familiar exercia forte influência nesse campo, uma vez que era recorrente a participação dos mesmos dramaturgos ano após ano, não sendo incomum que seus filhos ou sobrinhos seguissem a mesma carreira. Por fim, prêmios eram atribuídos ao melhor poeta, ator protagonista e corego, por um júri formado de cidadãos especialmente designados para a função.

Tragédias e comédias seguiam uma mesma estrutura em sua composição, alternando partes dialogadas ou recitadas, a cargo dos atores, com cantos corais. Resguardadas as particularidades, as peças se iniciam com o prólogo, dialogado ou recitativo, no qual são apresentadas as premissas que devem reger a ação, com vistas a situar os espectadores. Segue-se o párodo, seção de natureza coral que marca a entrada do coro em cena, dando indícios de sua caracterização e do vínculo que mantém com o herói. A partir daí alternam-se episódios, em que as personagens contracenam, e estásimos, intervenções cantadas em que o coro tece comentários sobre a ação ou dirige súplicas aos deuses. Dentre os episódios encontra-se o *agon*, ou combate verbal em que duas personagens entram em conflito, contrapondo seus pontos de vista e argumentando até que um deles ceda. Por fim, há o êxodo, a parte final da peça, marcada pelo desenlace da trama e pela saída das personagens de cena – aliás, é esse o significado da palavra em grego.

Consideradas as convenções do teatro grego, nem tudo poderia ser mostrado em cena. Mortes no palco, cenas que requerem uma multidão, milagres, não eram encenáveis. Também não eram factíveis mudanças bruscas de cenário. Há, no entanto, uma personagem, responsável por trazer aos olhos dos espectadores aquilo que eles não podem testemunhar diretamente: o mensageiro. Ele é uma espécie de espectador privilegiado, que relata à plateia o que viu dentro das casas, no campo de batalha, o que se passa no acampamento inimigo ou na cidade vizinha. Na *Medeia*, o mensageiro surge para narrar o fim trágico de Creonte e sua filha, envenenados pelos presentes que a heroína enviou por meio de seus filhos. Essa informação é crucial para o desenrolar da trama, já que sela o destino das crianças – para não morrerem nas mãos dos cidadãos de Corinto, sedentos de vingança, seriam imoladas pela própria mãe, uma forma de atingir também o pai, Jasão. O mensageiro é um narrador infiltrado dentro do drama e sua palavra é sempre digna de fé.

A emoção está no cerne da experiência dramática dos gregos. Platão e Aristóteles discorreram sobre o papel das emoções no teatro, especialmente no que toca à tragédia. Para Platão, buscar deliberadamente comover os espectadores, como fazem os tragediógrafos, é nocivo, pois enfraquece a parte racional da alma, debilitando o cidadão. Daí, entre outras razões, os poetas trágicos estarem excluídos da cidade ideal juntamente com os épicos. Já Aristóteles, embora tenha sido discípulo de Platão, compreende diversamente a questão. Para ele, o prazer da tragédia está em suscitar e purgar certas emoções, processo que ele denomina catarse. No caso da tragédia, essas emoções seriam o terror e a piedade, o que exigiria uma identificação entre o espectador e o herói trágico, de modo que aquele pudesse se colocar no lugar do último e temesse passar pelo que ele passa, apiedando-se dele, que sofre sem merecer. Desse processo, que Aristóteles não se digna a explicar na *Poética*, derivaria o prazer que sentimos ao contemplar obras de natureza artística.

Os gregos consideravam que Téspis, poeta semilendário, teria dado início à tragédia ao ter a ideia de destacar um elemento do coro para com ele contracenar, criando assim o primeiro ator; mas foi Ésquilo o primeiro poeta trágico poupado pela ação do tempo. Embora vários poetas tenham participado dos concursos dramáticos ao longo do século V, apenas quatro tiveram peças conservadas na íntegra. São eles os tragediógrafos Ésquilo, Sófocles e Eurípides, e o comediógrafo Aristófanes. Eles estão reunidos nesse volume, representados através de suas obras mais impactantes, respectivamente: *Prometeu acorrentado*, *Édipo rei*, *Medeia* e *As nuvens*.

ADRIANE DA SILVA DUARTE

Adriane da Silva Duarte é professora de língua e literatura grega na USP, onde defendeu mestrado e doutorado sobre a comédia grega. É autora, entre outros, das traduções das comédias As aves, Lisístrata e As tesmoforiantes, de Aristófanes, e dos livros O dono da voz e a voz do dono: A parábase na comédia de Aristófanes e Cenas de reconhecimento na poesia grega, além do infantil O nascimento de Zeus e outros mitos gregos.

Nota sobre a tradução

MÁRIO DA GAMA KURY é um dos tradutores do grego mais prolíficos em nosso país. Tendo iniciado suas atividades na metade do século passado, verteu para o português quase todo o teatro clássico, além de historiadores e filósofos, prestando um serviço inestimável a gerações de leitores, que tiveram o primeiro contato com a literatura grega a partir de suas traduções, publicadas continuamente desde então.

As traduções reunidas neste volume têm em comum a preocupação em preservar o caráter poético da produção dramática antiga – com exceção de As *nuvens*, que adota a prosa. Para verter a métrica variada do teatro grego, Mário da Gama Kury elegeu o decassílabo português. O decassílabo, no entanto, não parece bastar para dar conta do conteúdo do verso grego. Entre as características do tradutor está a de não observar a equivalência estrita entre o número de versos no grego e em português, que resulta sempre maior. Por trás disso está menos a tendência à prolixidade e mais a busca da clareza, sempre valorizada por ele. Por isso, não se espante o leitor familiarizado com a língua grega de não encontrar correspondência exata entre a numeração aqui apresentada para os versos e a das edições originais.

Também a grafia dos nomes próprios é singular. Fugindo às regras de transposição dos nomes do grego ao português ou à tradição estabelecida pelo uso, Gama Kury opta muitas vezes pela transliteração pura e simples. Assim, por exemplo, Jasão torna-se Jáson; Dioniso, Diôniso. Tal escolha será mantida aqui por refletir a opção do tradutor e por entendermos que a tradução seria prejudicada pela mudança. Reservo-me, entretanto, a liberdade de, nas apresentações, notas e comentários aos textos, usar as formas usuais, com as quais os leitores certamente estarão familiarizados.

A.S.D.

PROMETEU ACORRENTADO

Ésquilo

Introdução: Ésquilo e o *Prometeu acorrentado*

EMBORA POSSAMOS PRECISAR o início dos festivais dramáticos atenienses em c.535 a.C., pouco se sabe sobre os primeiros tragediógrafos. Ésquilo foi o primeiro poeta trágico cuja obra foi poupada da ação do tempo e cuja biografia, ainda que mínima, pode ser esboçada. Nascido em Elêusis, povoado vizinho de Atenas, em 525 a.C., ele testemunhou os principais fatos da história ateniense: o fim da tirania, as reformas democráticas de Clístenes e as Guerras Médicas. Nestas guerras, consequência das invasões persas, lutou as famosas batalhas de Maratona (490 a.C.) e de Salamina (480 a.C.). Seu epitáfio, cuja composição lhe é atribuída, ressalta apenas os feitos guerreiros, sem mencionar a poesia. É dessa forma que ele desejava ser lembrado pelas gerações posteriores.

Ares, o deus grego da guerra, também se faz presente no teatro de Ésquilo, como nota Aristófanes em sua comédia *As rãs*. Nessa peça, ao avaliar a poesia de Ésquilo e Eurípides, Dioniso, o deus do teatro, coloca seus versos na balança, declarando que a vitória caberia àquele que os tivesse composto mais pesados. Ésquilo vence, já que em seu drama abundam exércitos, armas e carros de guerra, enquanto os de Eurípides tratam das paixões, assunto mais leve, por imaterial. Piada à parte, batalhas são retratadas com grande vivacidade em *Os persas* e *Os sete contra Tebas*. Além destas duas, apenas outras cinco obras de autoria de Ésquilo chegaram-nos íntegras: *As suplicantes*, a *Oréstia* – trilogia composta das tragédias *Agamêmnon*, *Coéforas* e *Eumênides* – e o *Prometeu acorrentado*.

Ésquilo estreia nos concursos dramáticos por volta de 499 a.C., mas sua primeira vitória só seria conquistada em 484 a.C. Apesar de apenas essas poucas peças suas terem sido preservadas, a tradição atribui-lhe cerca de oitenta títulos e estima-se em vinte as vezes em que recebeu o primeiro prêmio, superando qualquer outro tragediógrafo. Seu prestígio rendeu-lhe o convite de Hierão I, tirano de Siracusa, para uma temporada em sua corte, destino dos maiores poetas daquele tempo. Lá reapresentou *Os persas* e estreou *As mulheres de Etna*, tragédia composta para celebrar a fundação da nova colônia aos pés do vulcão.

Ésquilo morreu na cidade de Gela, durante uma segunda visita à Sicília, em 456 a.C. Para homenageá-lo, os atenienses votaram nesse mesmo ano uma lei para permitir que suas peças pudessem ser reencenadas, sinal de grande consideração. Isso explica a provocação que Aristófanes põe na boca do poeta quando imagina o debate literário entre ele e Eurípides no mundo dos mortos, nas *Rãs*. Ésquilo queixa-se de estar em desvantagem por não poder invocar sua obra no Hades, uma vez que ela não morreu com ele, ao contrário da de seu rival.

Além de compor, Ésquilo também dirigiu suas peças e atuou nelas. Segundo Aristóteles, ele teria contribuído para o desenvolvimento do drama ao introduzir o segundo ator na tragédia, dotando-a de maior agilidade – até então o coro contracenava com um único ator, a quem competia encarnar personagens diversas. Também se atribui a Ésquilo a criação das trilogias. É sua, de fato, a única trilogia que possuímos hoje, a *Oréstia*. Trata-se de três tragédias interligadas tematicamente, de modo que o sentido pleno se consolidasse apenas com a encenação da última. Talvez seja essa a razão de algumas de suas peças remanescentes transmitirem certa sensação de incompletude. Os poetas posteriores continuaram a compor trilogias, mas na maioria das vezes abdicando do vínculo entre elas.

Também é de Ésquilo a única tragédia conservada que tem fundo histórico, *Os persas*. Considerado hoje o drama mais antigo remanescente, *Os persas* foi encenado em 472 a.C., oito anos após a vitória grega em Salamina, episódio do qual trata. Embora rara no repertório grego, a presença de tragédias históricas ao lado das de cunho lendário revela que a distinção entre história e mito, que para nós é tão natural, não existia então. Na Grécia, o mito era tido como o registro de um passado remoto e o presente era muitas vezes interpretado com base em categorias do mito, em que o tempo cíclico e manifestações do fantástico são admissíveis. Ainda assim não deixa de ser curiosa essa irrupção do presente no drama.

Prometeu acorrentado é uma tragédia de trama simples, cuja ação não contempla nem peripécia, nem reconhecimento. É patética, no sentido literal de privilegiar a exibição da dor, e episódica, já que a ação praticamente não evolui e cada personagem introduzido apenas ilustra a mesma questão de uma nova perspectiva. A princípio dois atores bastariam para encenar a peça, desde que no prólogo Prometeu, que só fala na segunda cena, fosse representado por um ator mudo ou por um boneco, vindo a ser substituído na sequência por um dos atores que incorporaram Hefesto ou Poder. Tanto o cataclisma final, com raios, trovões e rochas se desprendendo, quanto o transporte do coro em seu carro alado devem ter sido difíceis de encenar, mas também contribuído para um espetáculo impactante.

Prometeu é um herói civilizador, que opera através da astúcia e nela rivaliza com Zeus. É protetor da humanidade, a quem, com o dom do fogo, apresenta as artes e as ciências. Assim sendo, sua figura confina com a do trapaceiro (*trickster*) e encontra paralelos em divindades de outras mitologias, particularmente com o Enki mesopotâmico. O mito de Prometeu já havia recebido tratamento anterior na poesia grega em Hesíodo, tanto na *Teogonia* quanto em *Os trabalhos e os dias*. A versão de Ésquilo diverge em aspectos importantes. O tema do sacrifício, por exemplo, não aparece. Prometeu havia instituído o sacrifício como forma de regular a relação entre deuses e homens. Ao fazê-lo, buscou lograr Zeus, oferecendo sobre os altares os ossos recobertos da gordura dos animais sacrificados que, queimados, chegariam aos deuses como fumaça; aos homens caberia a parte mais substanciosa, a carne. Zeus, cuja astúcia é superior à de Prometeu, finge que não percebe a trapaça e pretexta a ofensa para punir os homens escondendo o fogo e condenando-os ao trabalho diário para garantir a sobrevivência. O segundo lance dessa disputa consiste no roubo do fogo por Prometeu, que o entrega aos homens para atenuar sua pena. Irritado, Zeus pune a humanidade com a criação da primeira mulher, Pandora, que se faz acompanhar por males diversos, que antes não assolavam a raça humana. Dentre esses males – doença, velhice, morte –, está a esperança, que na tragédia de Ésquilo é um dom de Prometeu aos homens.

Em Ésquilo, Prometeu atribui seu castigo única e exclusivamente ao seu amor pelos mortais, a quem dotara do fogo e das mais diversas artes, contra a vontade de Zeus, que desejava extingui-los. É surpreendente também que se apresente como filho da titanide Têmis, a Lei, assimilada à Terra, divindade primordial no panteão grego – na *Teogonia*, Prometeu tem por pais o titã Jápeto e Climene, uma das Oceanides. Talvez essa revisão pretenda promover o deus a um adversário mais temível para Zeus, uma vez que sua mãe Gaia/Têmis, "a mesma deusa, mas com nomes diferentes" (v.288), tem muito mais prestígio e autoridade entre os deuses. O fato é que a polarização entre os deuses é central na tragédia de Ésquilo, que pode ser vista como uma reflexão sobre o exercício do poder.

Salta aos olhos a representação de Zeus como tirano. Recém-investido no poder, ele reina com rédeas curtas, valendo-se mais da força do que da diplomacia para consolidar sua autoridade. Não é à toa que Poder e Força são seus auxiliares diretos. Prometeu, um aliado valioso na batalha contra os Titãs, cai em desgraça por não se submeter ao novo senhor. A punição é rápida e amarga. Condenado a passar a eternidade aprisionado a rochas em meio a uma região desértica, o deus exibe seu sofrimento como forma de denúncia. Mas Prometeu se iguala a Zeus na inflexibilidade com que resiste a qualquer tentativa conciliatória. Vários dos personagens reconhecem que o deus erra ao se contrapor a Zeus soberano, numa obstinação e arrogância que beiram a loucura – é significativo o emprego de um vocabulário médico na peça, visando caracterizar o comportamento do herói como doentio. Assim, ele recusa a intermediação de Oceano, o conselho do coro e a intervenção de Hermes para se entender com Zeus e sucumbe à pena mais dura ao final da tragédia. Como nota o helenista inglês Winnington-Ingram, a teimosia de Prometeu é equivalente ao rigor de Zeus.[1]

Apesar da imobilidade e do isolamento serem penas infligidas a Prometeu, ele raramente está sozinho em cena. Um desfile de personagens comparece diante do deus sofredor. É notável que, à exceção de Hefesto e Hermes, todos eles sejam descendentes de Oceano, o mais velho dos Titãs. Além deste deus, que representa a corrente marítima que contorna a terra, suas filhas Oceanides e sua neta, Io, são interlocutores de Prometeu. O próprio Prometeu seria filho de uma oceanide, para Hesíodo, e teria desposado outra, na versão de Ésquilo – talvez um deslocamento compensatório para a redefinição genealógica. É curioso o contraste que se estabelece entre esse deus cujo atributo é o fogo e as divindades associadas às águas – as Oceanides representam as fontes e os cursos de água. Há clara empatia da parte delas, que se condoem do sofrimento do deus, escolhendo até mesmo compartilhá-lo – o coro sucumbe voluntariamente com o herói, sendo então o veículo da catarse.

Hefesto e Hermes são deuses olímpicos, filhos de Zeus, e representam, portanto, a nova ordem. Ambos estão associados a Prometeu: Hefesto pelo atributo do fogo, que alimenta sua forja de ferreiro; Hermes por ser neto de Atlas, o irmão de Prometeu e, como ele, punido por Zeus. Em cena no prólogo e no êxodo, Hefesto e Hermes cumprem as determinações de seu pai, mas, enquanto o primeiro o faz contra vontade, compungido com o sofrimento de um semelhante, o segundo não se comove, revelando a face severa de Zeus.

Io é uma personagem à parte. Única mortal na peça, também é vítima de Zeus, ilustrando seus desmandos no plano mortal. Tomado de desejo pela jovem, Zeus a seduz e depois abandona às perseguições de Hera. Sob a forma de uma novilha, Io está condenada a vagar, alucinada, até alcançar a redenção

---

1. Winnington-Ingram, R.P. "Towards an interpretation of *Prometheus Bound*", in *Studies in Aeschylus*. Cambridge: Cambridge University Press, 1983.

no Egito, por intermédio de Zeus, de quem gera um filho, Épafo. A constante movimentação de Io contrasta com a imobilidade de Prometeu, mas sua trajetória prefigura a dele, fadado também a se reconciliar com Zeus no futuro. A trégua entre os deuses será selada pelo fato de um dos descendentes de Io, Héracles, estar predestinado a libertar Prometeu de sua prisão.

O fato de Io ser a única mortal é uma peculiaridade do *Prometeu acorrentado*. Verdade que os deuses são importantes na tragédia grega, fazendo-se presentes em várias peças, mas é inegável que o fenômeno trágico está concentrado no homem, cuja fragilidade o torna presa de circunstâncias inelutáveis. Outra peculiaridade da peça é a polêmica envolvendo a sua autoria.

Por muito tempo considerada uma das tragédias mais antigas de Ésquilo, hoje *Prometeu* é tida como a última do *corpus* sobrevivente. O helenista Mark Griffith[2] a situa num intervalo de 65 anos, entre 479 e 415 a.C., o que por si só já pressupõe a discussão da sua autoria – a morte de Ésquilo é fixada em 456 a.C. O mesmo autor, num trabalho de fôlego, contesta a autoria com base em discrepâncias métricas e estilísticas, entre outros fatores. Uma solução para superar o impasse é datar a peça no final da carreira do poeta, posterior à *Oréstia*, quando já se faria sentir o impacto do teatro de Sófocles, cuja influência se nota na constituição do caráter inflexível do herói. Outra hipótese é a de que a tragédia tenha sido composta durante a última e fatal estadia de Ésquilo em Siracusa, para ser apresentada a uma plateia estrangeira, o que justificaria a maior coloquialidade do texto e a relativa simplicidade que assumem os cantos corais.

Algumas soluções da peça, entretanto, são inegavelmente de matiz esquiliano, como a oposição entre deuses novos e antigos, que se vê também na *Oréstia*. Isso suscitou a hipótese de que Ésquilo tenha deixado a peça incompleta e que ela tenha sido concluída por outro poeta. De qualquer maneira há hoje um consenso, especialmente entre os helenistas ingleses, de que o *Prometeu* não foi composto por Ésquilo, mas, à falta de outro candidato à sua autoria, a peça continua incorporada ao conjunto de sua obra e, portanto, na prática, está associada a ele, o que torna a discussão um tanto quanto irrelevante.

É preciso dizer que esta não era uma questão para os antigos, que nunca colocaram em dúvida a atribuição do *Prometeu* a Ésquilo. Os catálogos de suas obras registram quatro peças que trazem "Prometeu" no título: *Prometeu acor-*

---

2. Griffith, M. *The authenticity of "Prometheus Bound"*. Cambridge: Cambridge University Press, 2007 (1ª edição 1977). Griffith não foi o primeiro a defender essa hipótese, que remonta ao séc.XIX, mas certamente sua tese é a mais influente.

rentado (*Prometheus Desmotes*), *Prometeu portador do fogo* (*Prometheus Pyrphoros*), *Prometeu liberto* (*Prometheus Lyomenos*) e *Prometeu botafogo* (*Prometheus Pyrkaeus*). Essa última, um drama satírico, foi apresentada em 472 a.C., junto com *Os persas*. As demais teriam composto uma trilogia temática à maneira da *Oréstia*. A hipótese da trilogia ajuda a entender certas indefinições que pairam sobre nossa peça: o segredo que Prometeu mantém acerca da divindade que, unida a Zeus, daria à luz um filho capaz de destroná-lo; a ocultação do nome do descendente de Io fadado a libertar Prometeu; a enumeração da série de castigos que incidiriam sobre o deus, sendo que só o soterramento acontece em cena. Essas menções poderiam ser antecipações do que viria a ser tratado na tragédia subsequente, o *Prometeu liberto*, em que o deus, torturado pela águia que lhe bica diariamente o fígado, seria finalmente libertado de seu suplício por Héracles – quer por ter revelado a Zeus a identidade da deusa cuja boda lhe seria fatal, quer porque ela própria, a nereida Tétis, teria contado tudo a Zeus, dissipando o perigo. O *Prometeu acorrentado* ocuparia provavelmente a posição intermediária ou inicial da trilogia – sendo mais difícil imaginar o enredo do *Prometeu portador do fogo*.

Prometeu acorrentado sempre esteve entre as tragédias mais apreciadas da Antiguidade. No Brasil, teve várias traduções desde o século XIX, sendo que a inaugural teria sido feita a duas mãos por dom Pedro II e pelo Barão de Paranapiacaba, que teria posto em versos a versão em prosa do imperador.[3] Mário da Gama Kury, cuja tradução o leitor acompanha a seguir, declarou que procurou manter em português a grandiosidade verbal que a peça tem no original, decorrente da condição divina das personagens, e que também buscou variar a métrica, alternando passagens em dodecassílabos com outras em decassílabos para acentuar as emoções.[4]

---

3. Para mais detalhes sobre esta e outras traduções do *Prometeu* no séc.XIX remeto ao artigo de Haroldo de Campos, "O *Prometeu* dos barões", in G. de Almeida e T. Vieira. *Três tragédias gregas*. São Paulo: Perspectiva, 1997, p.231-53.

4. Kury, M.G. "Introdução", in Ésquilo, Sófocles, Eurípides. *Prometeu acorrentado, Ájax, Alceste*. Rio de Janeiro: Zahar, 6ª edição 2009, p.11. O texto que serviu de base à tradução do *Prometeu acorrentado* foi o editado por Gilbert Murray (Oxford: Clarendon Press, 1955).

PROMETEU ACORRENTADO

Época da ação: tempo mítico
Local: região desolada na Cítia
Primeira representação: incerta

Personagens

PROMETEU, um titã filho de Urano (o Céu) e Gaia (a Terra), ou de Urano e Têmis
HEFESTO, deus do fogo
PODER
FORÇA } divindades auxiliares de Zeus
CORO das Oceanides, filhas de Oceano
OCEANO, deus dos mares que circundam a terra
IO, filha do rei Ínaco, amada por Zeus e perseguida por Hera
HERMES, deus arauto dos deuses

Cenário

Ao fundo, um maciço rochoso. Entram PODER e FORÇA arrastando PROMETEU, seguidos por HEFESTO, mancando e levando seus instrumentos de ferreiro.

PRÓLOGO, Cena 1

[O prólogo se inicia com um diálogo, através do qual se expõem as diretrizes da ação. Hefesto, acompanhado por Poder e Força, entra em cena conduzindo Prometeu, a quem deve acorrentar aos penhascos por ordem de Zeus. A punição decorre de Prometeu ter roubado o fogo, prerrogativa divina, para beneficiar os homens. O cenário é a região desabitada da Cítia. Hefesto demonstra piedade por Prometeu, mas, exortado por Poder e temendo contrariar Zeus, procede ao acorrentamento do deus. Cumprida a tarefa, Hefesto, Poder e Força saem de cena. (v.1-114)]

PODER

Aqui estamos nós, neste lugar remoto,
marchando num deserto pelo chão da Cítia[1]
onde nenhuma criatura humana vive.
Pensa somente, Hefesto, nas ordens de Zeus,
5   teu pai, e em acorrentar nestas montanhas
de inacessíveis píncaros um criminoso
com cadeias indestrutíveis de aço puro.
Ele roubou teu privilégio, o fogo rubro
de onde nasceram todas as artes humanas,
10   para presenteá-lo aos mortais indefesos.
É hora de pagar aos deuses por seu crime
e de aprender a resignar-se humildemente
ao mando soberano de Zeus poderoso,
deixando de querer ser benfeitor dos homens.

---

1. Região da Eurásia, em grande parte desabitada, entre o mar Negro (Ponto Euxino) e o mar de Azov (Palos Meótis), onde hoje se encontram a Rússia, a Ucrânia e a Geórgia.

HEFESTO

15 Aqui findou, Poder e Força, esta missão
atribuída a vós por Zeus; já a cumpristes
e nada mais agora vos retém aqui.
Quanto a mim mesmo, sinto que me falta o ânimo
para prender, usando a violência, um deus,
20 um imortal e, mais ainda, meu irmão,
neste cume batido pelas tempestades.
De minha parte, devo encher-me de coragem
para a missão, pois negligenciar as ordens
de um pai é falta cuja punição é dura.

Dirigindo-se a PROMETEU.

25 És muito audaz em todos os teus pensamentos,
filho da sábia Têmis,[2] e contrariando
as minhas intenções e as tuas vou pregar-te
nesta isolada rocha, longe dos caminhos,
com elos inflexíveis de aço indestrutível.
30 Aqui não poderás ouvir a voz dos homens
nem ver a imagem deles e, sempre queimado
pelo fogo inclemente do sol flamejante,
terás a flor da pele escura e ressecada;
por toda a eternidade verás com alívio
35 a noite recobrindo a esplendorosa luz
com seu imenso manto repleto de estrelas,
e por seu turno o sol evaporar na aurora
o orvalho gélido, sem que a pungente dor
de um mal perenemente vinculado a ti
40 descuide-se de corroer a tua carne,
pois teu libertador ainda não nasceu.
Eis tua recompensa por haver querido
agir como se fosses benfeitor dos homens.
Deus descuidoso do rancor dos outros deuses,
45 quiseste transgredir um direito sagrado
dando aos mortais as prerrogativas divinas;

---

2. Filha de Urano e Gaia, uma das Titanides, Têmis é a deusa identificada com a Justiça e
com a instituição dos oráculos. Desposada por Zeus, com ele gerou as Horas e as Moiras,
entre outras divindades. Apenas Ésquilo lhe atribui a maternidade de Prometeu, o que
contribui para elevar o estatuto deste que ousa se contrapor ao maior dos deuses do
panteão grego, dando credibilidade às suas previsões sobre a queda de Zeus.

e como recompensa permanecerás
numa vigília dolorosa, sempre em pé,
sem conseguir dormir nem dobrar os joelhos.
50 Terás tempo bastante aqui para externar
teus gemidos sem fim e vãs lamentações;
é sempre duro o coração dos novos reis.

PODER
Agora ajamos sem demora e sem queixumes.
Não abominas o deus amaldiçoado
55 entre todos os deuses, que ousou entregar
teus privilégios aos efêmeros mortais?

HEFESTO
São fortes, muito fortes, os laços de sangue,
principalmente quando juntam-se à afeição.

PODER
Concordo, mas é menos temerário, Hefesto,
60 deixar de obedecer às ordens de teu pai?

HEFESTO
Tua ousadia iguala a tua crueldade!

PODER
Nossas lamentações não poderão salvá-lo;
não te fatigues gemendo por coisa alguma.

HEFESTO
Nossa missão é realmente detestável!

PODER
65 É inútil maldizê-la. Com toda a franqueza,
o teu ofício não é causa destes males.

HEFESTO

Ah! Se o céu permitisse, de qualquer maneira,
que esta missão coubesse a outra divindade!

PODER

Todos temos a sorte predeterminada;
a única exceção é Zeus, o rei dos deuses.
Somente ele é livre entre imortais e homens.

HEFESTO

Eu mesmo vejo e nada tenho a ponderar.

PODER

Então apressa-te a cravá-lo no rochedo.
Que Zeus não veja a tua hesitação aqui!

HEFESTO

Ele já pode ver-me com cravos nas mãos.

PODER

Põe a corrente nos pulsos deste rebelde;
depois usa o martelo e prende-o ao rochedo,
malhando logo com todas as tuas forças.

HEFESTO

Tudo está sendo feito sem qualquer descaso.

PODER

Malha mais forte! Aperta! Não deve haver folga!
Ele é capaz até de feitos impossíveis.

HEFESTO

Prendi um braço; ele não poderá soltá-lo.

PODER

Agora o outro! Vê se o pregas para sempre!
Ele deve ficar sabendo muito bem
85   que sua astúcia não se sobrepõe a Zeus!

HEFESTO

Só ele pode censurar a minha obra.

PODER

Sem perder tempo, enfia resolutamente
no meio de seu peito, como te compete,
o dente muito duro deste cravo de aço!

HEFESTO

90   Sofro em surdina por teus males, Prometeu!

PODER

Hesitas e até gemes por um inimigo
de Zeus. Dou-te um conselho: deves ter cuidado
para não te queixares mais e por ti mesmo!

HEFESTO

Vês o que os olhos nunca deveriam ver!

PODER

95   Ele está tendo a sorte merecida. Vamos!
Lança o cinto de bronze em volta de seus flancos!

HEFESTO

Sou constrangido a isto; não me dês mais ordens.

PODER
Tenho de dar-te outras. Não terás repouso.
Abaixa-te e ata à força os tornozelos dele!

HEFESTO
100   Pronto! Está feito e sem maior esforço meu.

PODER
Agora aperta ainda mais para que a peia
penetre em sua carne. O avaliador
do cumprimento de nossa missão é duro.

HEFESTO
Tuas palavras correspondem a teu físico.

PODER
105   Sê fraco, se te agrada, mas não me censures
se te pareço impiedoso e exigente.

HEFESTO
Partamos, pois seus membros estão todos presos.

PODER
Dirigindo-se a PROMETEU.

Sê insolente agora à tua maneira
e rouba aos deuses todos os seus privilégios
110   para entregá-los às criaturas efêmeras!
Que alívio poderão trazer-te os frágeis homens?
Chamando-te de Prometeu[3] os deuses erram;

---

3. Prometeu significa "o que sabe (da raiz *math*, aprender, saber) antes (*pro*)". Na tentativa de manter o trocadilho existente no original, Mário da Gama Kury aproximou Prometeu do verbo prometer. No texto grego o jogo de palavras se faz com o adjetivo *prometheus*, previdente.

vai procurar em outra parte quem prometa
livrar-te desta obra bem executada!

Saem o PODER, *a* FORÇA *e* HEFESTO.

PRÓLOGO, Cena 2

[Monólogo de Prometeu, que convoca os deuses a testemunhar
o tratamento indigno que ele, deus, recebe da parte de um outro deus,
Zeus. Reconhece que por ter o dom da previsão nada do que se passa é
surpresa para ele, e que sabia ser esse o preço a pagar pelo favor prestado
aos homens. Pressente a chegada do Coro, que se aproxima. (v.115-163)]

PROMETEU
Agitado.

115 Éter divino, ventos de asas lépidas,
águas de tantos rios, riso imenso
das vagas múltiplas dos mares, Terra,
mãe de todos os seres, e tu, Sol
onividente olho, eu vos invoco!
120 Notai os males que eu, um deus, suporto,
mandados contra mim por outros deuses!
Vede as injúrias que hoje me aniquilam
e me farão sofrer de agora em diante
durante longos, incontáveis dias!
125 Eis os laços de infâmia, imaginados
para prender-me pelo novo rei
dos Bem-aventurados! Ai de mim!
Os sofrimentos que me esmagam hoje
e os muitos ainda por vir constrangem-me
130 a soluçar. Depois das provações
verei brilhar enfim a liberdade?

Reanimado, depois de alguns momentos de silêncio.

Mas, que digo? Não sei antecipadamente
todo o futuro? Dor nenhuma, ou desventura
cairá sobre mim sem que eu tenha previsto.

135 Temos de suportar com o coração impávido
     a sorte que nos é imposta e admitir
     a impossibilidade de fazermos frente
     à força irresistível da fatalidade.
     Subjugam-me estes males todos – ai de mim! –
140 por ter feito um favor a todos os mortais.
     Em certa ocasião apanhei e guardei
     na cavidade de uma árvore a semente
     do fogo roubado por mim para entregar
     à estirpe humana, a fim de servir-lhe de mestre
145 das artes numerosas, dos meios capazes
     de fazê-la chegar a elevados fins.
     Agora, acorrentado sob o céu aberto,
     pago a penalidade pela afronta a Zeus!

     Novamente agitado.

     Ah! Que ruído, que perfume evola-se
150 de algum lugar oculto e chega a mim?
     Vem ele de algum deus, ou de mortais,
     ou de qualquer mistura de um e outros?
     Vêm a este rochedo, fim do mundo,
     contemplar os meus males? Ou então,
155 que desejam deste infeliz, de mim?
     Vedes um deus desventurado, preso
     por cravos de aço que o imobilizam,
     detestado por Zeus, seu inimigo,
     por haver amado demais os homens!

     Atento.

160 Ouço perto de mim cantos de pássaros.
     O claro éter responde silvando
     a movimentos bruscos de asas rápidas!
     Qualquer ruído estranho agora assusta-me.

     Chega um carro alado a um rochedo próximo àquele onde PROMETEU *está acorrentado,
     trazendo as Oceanides, que formam o* CORO.

PÁRODO

[O párodo marca o ingresso do Coro em cena. O Coro, composto pelas Oceanides, vem testemunhar o sofrimento de Prometeu e prestar-lhe solidariedade. O deus revela que depende dele a continuidade do governo de Zeus, já que detém um conhecimento que pode preservar-lhe o poder. Contando com esse trunfo, Prometeu imagina uma futura conciliação com Zeus. (v.164-262)]

CORO

Nada receies, pois estão chegando
165 a esta solidão amigas tuas
trazidas, como vês, por asas céleres.
Nossas palavras afinal venceram
a vontade paterna, e ventos lépidos
trouxeram-nos depressa até aqui.
170 Os repetidos choques estridentes
do ferro sobre o ferro, penetrando
até o fundo de nossa morada
afastaram de nós a timidez
de nosso olhar pudico, e de pés nus
175 voamos para cá num carro alado.

PROMETEU

Ah! Descendentes da fecunda Têtis,[4]
vós, filhas do Oceano cujo curso,
imune ao sono, eternamente move-se
em torno da terra descomunal!
180 Vede, donzelas, observai os cravos
que me mantêm pregados a esta rocha
por cima de um precipício sem fim,
onde devo permanecer desperto
numa vigília que ninguém inveja!

CORO

185 Estamos vendo, Prometeu, e sobe
aos nossos olhos já cheios de lágrimas

---

4. Filha de Urano e Gaia, uma das Titanides, associada às águas salgadas, Tétis gerou uma vasta prole unida ao seu irmão Oceano. É preciso distingui-la da nereida Tétis, mãe de Aquiles, cuja união Zeus deve evitar sob pena de gerar um filho que o destronaria.

a densa névoa devida ao temor,
quando enxergamos sobre este penhasco
teu corpo cruelmente ressecado,
190 preso por estes elos infamantes.
Senhores novos mandam lá no Olimpo;
impondo novas leis Zeus já exerce
poderes absolutos e destrói
a majestade das antigas leis.

PROMETEU
195 Por que ele não me precipitou
nos abismos da terra, em profundezas
ainda mais remotas que as do Hades
acolhedor dos mortos, lá no Tártaro?[5]
Por que me expôs ao horrível contato
200 de laços nunca, em tempo algum desfeitos,
para que deuses e outras testemunhas
se deleitassem com minha agonia,
eu que, joguete de todos os ventos,
desventurado, sofro sem remédio
205 para alegria de meus inimigos?

CORO
Que deus seria tão cruel a ponto
de achar aqui motivos de alegria?
Quem não se indignaria, como nós,
com teu destino, à exceção de Zeus?
210 Com seu rancor, tornando sua alma
totalmente inflexível, ele quer
domar a raça de Urano[6] antiquíssimo,
e em sua ira não se deterá
enquanto não conseguir saciar
215 seu coração, ou graças, finalmente,
a um golpe feliz, um outro deus

---

5. Um dos elementos primordiais da cosmogonia grega, o Tártaro remete à região mais profunda do universo, abaixo mesmo do Hades, onde os deuses derrotados eram encarcerados por toda a eternidade.
6. Primeiro deus soberano do panteão grego, representa o Céu. Nasce de Gaia, a Terra, a quem desposa e com quem gera os Titãs. Urano foi destronado por um de seus filhos, Cronos, que por sua vez será derrubado por Zeus.

tiver a sorte de se apoderar
desse trono difícil de ocupar.

PROMETEU
Deveis ouvir, então, meu juramento:
220 o dia há de chegar, sem qualquer dúvida,
em que apesar de eu estar humilhado
nestes grilhões brutais, o novo rei
dos imortais terá necessidade
de minha ajuda, se quiser saber
225 a sorte obscura que o despojará
de suas honrarias e seu cetro;
então, juro que nem os sortilégios
de uma eloquência feita inteiramente
de palavras de mel conseguirão
230 dobrar-me graças a encantamentos,
nem o terror de rudes ameaças
me fará revelar-lhe meu segredo,[7]
a não ser que ele mesmo já tivesse
desfeito as amarras impiedosas
235 e consentido em me pagar o preço
devido justamente pelo ultraje.

CORO
És destemido e nem sequer te abates
diante destes muitos sofrimentos
que te amarguram, e até te comprazes
240 em dar excessiva licença à língua.
Mas nosso espírito está inquieto,
pois um temor pungente dominou-nos
e estamos todas aterrorizadas
com teu cruel destino, quanto ao porto
245 onde pretendes ancorar teu barco
para ver afinal o termo incerto
desta viagem por demais penosa.

---

7. Em vários momentos da tragédia, Prometeu anuncia que detém um segredo que poderia custar o poder soberano de Zeus. Embora esse segredo não seja revelado no curso
do drama, sabe-se que se trata da união com a nereida Tétis, desejada por Zeus, mas que
geraria um filho capaz de destronar seu pai.

De fato, os meios usados por Zeus,
filho de Cronos, são inexoráveis;
250   seu coração é duro e insensível
e não conhece a conciliação.

PROMETEU
Sei que ele é intratável e feroz
e faz justiça com as próprias mãos;
mas com certeza chegará o dia
255   de ele afinal mostrar suavidade,
quando for atingido pelo golpe
a que me referi há pouco tempo.
Na hora inevitável, acalmando
a ira pertinaz, ele sem dúvida
260   aceitará minha amizade e ajuda,
pois também estarei impaciente
depois de sua longa intolerância.

1º EPISÓDIO, Cena 1

[A convite da Corifeu, a líder do Coro, Prometeu expõe as razões da perseguição
de Zeus. Incapaz de convencer os Titãs a empregar a astúcia para derrotar
Zeus e seus irmãos, Prometeu se aliara a estes últimos, sendo decisivo
para que eles alcançassem a vitória sobre Cronos. Uma vez vitorioso, no
entanto, Zeus passara a desconfiar de seus aliados e planejava destruir os
mortais. Prometeu se opôs à ideia e, por amor aos homens, salvou-os dando-
lhes o fogo e a esperança. A fúria de Zeus se volta contra Prometeu. O Coro,
embora apiedado, reconhece o erro de Prometeu. Ele convida as Oceanides
a descer de seu carro alado e pisar o chão, postando-se ao seu lado, para
melhor escutar sobre os males que ainda o aguardam. (v.263-380)]

CORIFEU
Revela-nos detalhes e responde logo
à minha primeira pergunta: qual a queixa
265   alegada por Zeus para te acorrentar
e infligir-te este ultraje ignominioso,
insuportavelmente amargo? Dize agora,
se a narração não for muito penosa.

PROMETEU
Falar-te disso é doloroso para mim,
270 mas calar-me também me causa muitas dores,
pois onde estou existe apenas desespero.
No instante mesmo de chegar a indignação
ao coração dos deuses, enquanto a discórdia
crescia entre eles – uns nutrindo a ideia
275 de expulsar Cronos de seu trono cobiçado
para que Zeus o sucedesse no poder,
outros lutando para que Zeus não reinasse
sobre todos os imortais sem exceção –,
achei conveniente dar conselhos sábios
280 aos divinos titãs, filhos de Urano e Gaia,
mas fui malsucedido. Desdenhando a astúcia
e preferindo a presunçosa força bruta,
em sua estupidez eles imaginaram
que não lhes custaria muito sofrimento
285 conquistar a vitória pela violência.
Quanto a mim mesmo, em várias oportunidades
minha mãe venerável – sim, Têmis ou Gaia
(a mesma deusa, mas com nomes diferentes) –
me revelara em vaticínios o porvir:
290 caberia a vitória a quem prevalecesse
não pela força e violência, mas apenas
pela suave astúcia. Tentei explicar
a meus irmãos titãs com fortes argumentos,
mas nenhum deles se dignou sequer de olhar-me.
295 Naquela conjuntura pareceu-me logo
que seria melhor ter minha mãe por mim,
tomando o partido de Zeus, que de bom grado
me recebeu como aliado. Só por isso
e graças a meus planos, hoje um negro antro
300 do Tártaro profundo oculta para sempre
o muito antigo Cronos com os seus prosélitos.
Eis os serviços que prestei naquele tempo
ao rei dos deuses, e dele recebo agora
a mais cruel das recompensas, como vedes.
305 Desconfiar até de amigos é sem dúvida
um mal inerente ao poder ilimitado.
Quanto à tua pergunta propriamente dita,
respondo-te: depois de sentar-se no trono
de seu pai Cronos, Zeus distribuiu aos deuses

310 os diferentes privilégios e cuidou
de definir as suas atribuições.
Mas nem por um fugaz momento ele pensou
nos mortais castigados pelas desventuras.
O seu desejo era extinguir a raça humana
315 a fim de criar outra inteiramente nova.
Somente eu, e mais ninguém, ousei opor-me
a tal projeto impiedoso; apenas eu
a defendi; livrei os homens indefesos
da extinção total, pois consegui salvá-los
320 de serem esmagados no profundo Hades.[8]
Por isso hoje suporto estas dores cruéis,
dilacerantes até para quem as vê.
Por ter-me apiedado dos frágeis mortais
negam-me os deuses todos sua piedade
325 e estou sendo tratado de modo implacável,
num espetáculo funesto até a Zeus!

CORIFEU
Em minha opinião, quem não se revoltasse
com tua imensa desventura, Prometeu,
teria um coração de pedra ou de ferro.
330 Quanto a mim mesma, eu teria preferido
nunca presenciar este triste espetáculo,
pois vendo-o minha alma se condói e sofre.

PROMETEU
Comove a visão que ofereço a meus amigos.

CORIFEU
Foste mais longe ainda em tuas transgressões?

PROMETEU
335 Fui, sim, livrando os homens do medo da morte.

---

8. Região subterrânea que abriga os mortos e é governada pelo deus de mesmo nome.

CORIFEU
Descobriste um remédio para esse mal?

PROMETEU
Pus esperanças vãs nos corações de todos.

CORIFEU
Assim agindo, deste-lhes grande consolo.

PROMETEU
Inda fiz mais: dei-lhes o fogo de presente.

CORIFEU
340 Então o fogo luminoso, Prometeu,
está hoje nas mãos desses seres efêmeros?

PROMETEU
Com ele aprenderão a praticar as artes.

CORIFEU
Foram essas as queixas que levaram Zeus...

PROMETEU
...a infligir-me este tormento sem alívio!

CORIFEU
345 Teu infortúnio não terá limite, então?

PROMETEU
Nenhum; tudo depende dos caprichos dele.

CORIFEU

De que resultam seus caprichos? Inda esperas?
Não percebes que erraste? Tens noção do erro?
Eu não teria a mínima satisfação
350 em dar-te a minha opinião, e se a ouvisses
por certo sofrerias com minhas palavras.
Mas já falei demais; procura qualquer meio
de te livrares desta provação, coitado!

PROMETEU

Dirigindo-se a todo o CORO.

Mas, para quem não sente em sua própria carne
355 todo este sofrimento, é fácil ponderar
e censurar. Eu esperava tudo isto;
foi consciente, consciente sim, meu erro
– não retiro a palavra. Por amor aos homens,
por querer ajudá-los, procurei, eu mesmo,
360 meus próprios males. Nunca, nunca imaginei,
porém, que minhas provações implicariam
em ressecar-me para sempre nestas rochas
e que teria por destino ficar só
neste cume deserto para todo o sempre.
365 Sem lamentar demais minhas dores presentes,
convido-vos a pisar neste chão de pedra
para melhor ouvir os meus males futuros;
assim sabereis tudo, do princípio ao fim.
Cedei à minha súplica! Compadecei-vos
370 de quem está sofrendo agora; a desventura
não discrimina; segue seu percurso errático,
pousando sobre uns e depois sobre outros.

CORO

Não fizeste um apelo, Prometeu,
a criaturas frias, relutantes.
375 Com pés ligeiros abandonaremos
o nosso carro aos ímpetos velozes
do éter, rota sagrada dos pássaros,

e desceremos neste solo áspero;
queremos conhecer teus sofrimentos
380 até o fim, sejam eles quais forem.

Enquanto as Oceanides do CORO *descem do carro alado,*
aparece o carro de OCEANO *puxado por um grifo.*[9]

1º EPISÓDIO, Cena 2

[Entra em cena Oceano, disposto a manifestar sua solidariedade para com
Prometeu e aconselhá-lo a moderar a indignação e ceder diante do poder
dos mais fortes. Isto feito, propõe intervir junto a Zeus em prol de Prometeu,
que, no entanto, se mostra refratário a qualquer acordo. Oceano então parte,
deixando Prometeu entregue a sua revolta e sofrimento. (v.381-520)]

OCEANO
Para vir hoje a teu encontro, Prometeu,
tive de percorrer uma longa distância,
trazido por este monstro de asas velozes,
sem brida, dirigido por minha vontade.
385 Fica sabendo que teus males me comovem.
O parentesco, em minha opinião, influi,
e muito, em nós, e ocupas a parte maior
no meio de meu coração. Perceberás
toda a sinceridade de minhas palavras,
390 pois desconheço todas as lisonjas vãs.
Anima-te! Indica-me qual o apoio
que posso oferecer-te, pois nunca terás
amigo mais sincero e certo que Oceano.

PROMETEU
Chegaste para ver também o meu suplício?
395 Ousaste, então, abandonar o rio imenso
ao qual deste o teu nome e as muitas cavernas

---

9. Oceano vem à cena num carro puxado por "um monstro de asas velozes", "pássaro
quadrúpede": trata-se do grifo, animal fabuloso, híbrido de leão e de águia.

feitas nas rochas pela própria natureza,
para vir até esta região inóspita
onde nasceu o ferro? Por acaso vens
400 para ser testemunha de minha desdita,
para te constrangeres com meus grandes males?
Observa bem este espetáculo pungente.
Eu, colaborador, eu, amigo de Zeus,
que o ajudei a instaurar-se no poder,
405 estou agora aqui, diante de teus olhos,
sofrendo esta agonia a que ele me sujeita!

OCEANO

Sim, estou vendo, Prometeu, e quero dar-te
o único conselho útil nesta hora,
por mais decepcionado que possas estar;
410 conhece-te a ti mesmo, amigo, e adaptando-te
aos duros fatos, lança mão de novos modos,
pois um novo senhor comanda os deuses todos.
Se lhe diriges estas palavras cortantes,
Zeus pode ouvir-te, embora esteja entronizado
415 no mais longínquo e mais alto dos lugares,
e o rancor que te faz sofrer neste momento
em breve te parecerá mero brinquedo
nas mãos de uma criança. Pensa, infortunado!
Esforça-te por esquecer a tua cólera
420 e trata de livrar-te desses teus tormentos!
Estas minhas palavras talvez te pareçam
apenas velharias; seja como for,
recebes simplesmente a retribuição
às tuas falas muito altivas. Na verdade,
425 inda não aprendeste a mostrar humildade,
nem a curvar-te, como deves, e pretendes
somar a teus males presentes novos males.
Se tirares proveito de minha lição,
deixarás de espumar agrilhoado aqui.
430 Pondera que se trata de um monarca rude,
que não tem contas a prestar de seu poder.
Ainda mais: enquanto pretendo livrar-te
dos sofrimentos que te abatem, aquieta-te,

dá uma trégua a teus discursos violentos.
435 Ignoras, tu, cujo intelecto é tão sutil,
que as línguas atrevidas recebem castigo?

PROMETEU
Invejo-te, Oceano, por ver-te seguro
depois de haver participado da revolta
e ousado tanto quanto eu; esquece já
440 teus bons propósitos; para de pensar neles
e vai embora logo; por mais que te empenhes
não poderás persuadir o novo rei;
ele se faz de surdo a quaisquer argumentos.
Sê cauteloso; poderão prejudicar-te
445 as tentativas que fizeres junto a Zeus.

OCEANO
Dás melhores lições aos outros que a ti mesmo;
julgo por fatos, e não por simples palavras.
Já vou partir de volta; não tentes reter-me.
Procurarei ter forças para obter de Zeus
450 a graça de livrar-te de teus sofrimentos.

PROMETEU
Sarcasticamente.

Muito obrigado! Nunca mais te esquecerei;
são persistentes tuas boas intenções.
Mas não te molestes por isso; teus esforços
para ajudar-me agora seriam inúteis
455 se realmente pretendias exercê-los.
Fica tranquilo e mantém-te sempre afastado
de minhas amarguras. Eu não gostaria
de ver reveses afligindo meus amigos
somente por causa de meus padecimentos.
460 Não; já sofro bastante com a má sorte de Atlas,
meu próprio irmão, que, para os lados do poente,
sustenta sobre os ombros a coluna imensa

erguida para separar o céu da terra,
fardo penoso para os braços que o levantam.

465 Senti também a piedade dominar-me
no dia em que vi o pobre filho da Terra
outrora morador nas grotas da Cilícia,
monstro terrível dotado de cem cabeças,
Tifeu fogoso, finalmente subjugado.

470 Soprando só terror pela boca espantosa,
ele desafiou sozinho os deuses todos;
saía de seus muitos olhos, em relâmpagos,
uma luz fulgurante que prenunciava
sua resolução de abater pela força

475 todo o poder de Zeus. Mas caiu sobre ele
o dardo sempre alerta do senhor dos deuses,
que apenas ele atira num sopro de fogo.
Do alto de sua jactância insolente
Zeus derrubou-o; atingido mortalmente

480 em pleno coração, ele viu sua força
ser reduzida a nada por um raio ígneo.
Com seu corpo estendido, inerte, ele jaz
perto de um estreito marítimo, esmagado
pelas raízes do alto Etna enquanto Hefesto,

485 de suas culminâncias, em seu ofício,
bate o ferro abrandado pelas brasas rubras.
De lá um dia correrão rios de fogo,
prestes a destruir com seus dentes selvagens
os campos planos da Sicília – tão grande

490 será a força do rancor efervescente
que, nos incandescentes dardos infalíveis
de uma devoradora tempestade fúlgida,
Tifeu ainda exalará mesmo desfeito
em brasas pelo raio fogoso de Zeus!

495 Mas não és inexperiente e não requeres
minhas lições. Salva-te! É fácil para ti!
Quanto a mim mesmo, vou curvar-me ao meu destino
até Zeus mitigar o seu ressentimento.

OCEANO
Não sabes, Prometeu, que as palavras são médicos
500 capazes de curar teu mal, este rancor?

PROMETEU

Quando se percebe o momento em que é possível
enternecer o coração, e não se tenta
curar à força rancores que já são chagas.

OCEANO

Não tens meios de ver um castigo atrelado
505 à arrogância temerária? Esclarece-me!

PROMETEU

Perdemos tempo conversando ingenuamente.

OCEANO

Se isso é um mal, quero ser um doente dele;
Agrada-me parecer tolo por ser bom.

PROMETEU

Esta deficiência parecerá minha.

OCEANO

510 Tuas palavras soam como despedida.

PROMETEU

Receias que, lamentando minha desdita,
venhas a conquistar um inimigo novo?

OCEANO

O recém-entronado todo-poderoso?

PROMETEU

Sim, ele mesmo; não irrites o seu ânimo.

OCEANO

515 Sirva-nos de lição a tua desventura.

PROMETEU

Afasta-te daqui; mantém estes propósitos.

OCEANO

Já vou; teu conselho condiz com minha pressa.
Meu pássaro quadrúpede percorrerá
suavemente os ares com as asas largas
520 para chegar de volta ao conhecido abrigo.

Sai o carro de OCEANO. *As Oceanides do* CORO *começam a cantar.*

1º ESTÁSIMO

[As Oceanides lamentam a sorte de Prometeu e seu lamento espalha-se pelo
mundo, alcançando a Ásia, a Europa e a Arábia, tomando conta do mar e do
Hades. Também mencionam o castigo de Atlas, irmão de Prometeu, condenado
por Zeus a sustentar sobre as costas a abóbada celeste. (v.521-561)]

CORO

Choramos o destino que te traz
a proscrição, sofrido Prometeu.
As lágrimas vindas de nossos olhos,
tão comovidas, cobrem, incessantes,
525 com suas ondas nossas tristes faces.
Eis os duros decretos pelos quais,
erigindo seus caprichos em leis,
Zeus quer impor aos deuses mais antigos
o seu império cheio de arrogância.
530 Destas paragens ermas já se eleva
um clamor de gemidos e seus povos
sofrem demais por causa da grandeza
e do prestígio mais velho que o tempo
roubados ao divino Prometeu
535 e a seus irmãos; todos os habitantes

das regiões mais próximas de nós
na santa Ásia, desesperados
com teus gemidos repletos de angústia,
mesmo sendo mortais sofrem contigo;
540 sofrem com eles as filhas da Cólquida,[10]
combatentes intrépidas, famosas,
e as bordas da interminável Cítia,
que ocupam os confins de nosso mundo,
em volta do Meótis estagnado;
545 e a floração guerreira lá da Arábia,
povo abrigado em suas cidadelas
construídas nos montes escarpados,
nas vizinhanças do remoto Cáucaso,
onde as populações mais belicosas
550 agitam sem cessar lanças agudas.
Vimos outro titã – Atlas divino –
preso por adamantinos grilhões;
dobrado sob o peso do alto céu,
ele geme ensurdecedoramente.
555 Como um longo lamento retumbante,
caem nos mares vagas sobre vagas;
os abismos ululam; as entranhas
do tenebroso Hades subterrâneo
respondem com estrondos sucessivos
560 e as ondas dos rios de águas sagradas[11]
sussurram suas quedas dolorosas.

2º EPISÓDIO

[Prometeu detalha ao Coro de oceanides os benefícios que concedera
aos mortais, a quem ensinou todas as artes e ciências. O Coro declara-se
esperançoso de que um dia Prometeu possa voltar ao convívio de Zeus.
Ele, no entanto, revela que ainda não é chegada a hora da reconciliação,
mas reconhece que ela é possível e que a sua libertação reside no
segredo relativo à permanência de Zeus no poder. (v.562-680)]

---

10. As filhas da Cólquida eram as Amazonas, tribo lendária de mulheres guerreiras que
habitavam os limites do mundo civilizado – como é o caso da Cólquida, região ao sul do
Cáucaso e a leste do mar Negro (onde hoje fica a Geórgia).
11. Aqueronte, Cócito, Piriflêgeton e Estige, rios situados no Inferno.

PROMETEU
Depois de um longo silêncio.

Não se deve conjecturar que meu silêncio
decorre de arrogância ou de maus sentimentos;
mas uma ideia me atravessa o coração
565 quando sou ultrajado de maneira ignóbil:
quem concedeu, então, a esses deuses novos
todos os privilégios recém-outorgados?
Calo-me quanto a isto, porém já sabeis
o que eu poderia dizer-vos novamente.
570 Falar-vos-ei agora das misérias todas
dos sofridos mortais e em que circunstâncias
fiz das crianças que eles eram seres lúcidos,
dotados de razão, capazes de pensar.
Farei o meu relato, não para humilhar
575 os seres indefesos chamados humanos,
mas para vos mostrar a bondade infinita
de que são testemunhas numerosas dádivas.
Em seus primórdios tinham olhos mas não viam,
tinham os seus ouvidos mas não escutavam,
580 e como imagens dessas que vemos em sonhos
viviam ao acaso em plena confusão.
Eles desconheciam as casas bem-feitas
com tijolos endurecidos pelo sol,
e não tinham noção do uso da madeira;
585 como formigas ágeis levavam a vida
no fundo de cavernas onde a luz do sol
jamais chegava, e não faziam distinção
entre o inverno e a florida primavera
e o verão fértil; não usavam a razão
590 em circunstância alguma até há pouco tempo,
quando lhes ensinei a básica ciência
da elevação e do crepúsculo dos astros.
Depois chegou a vez da ciência dos números,
de todas a mais importante, que criei
595 para seu benefício, e continuando,
a da reunião das letras, a memória
de todos os conhecimentos nesta vida,
labor do qual decorrem as diversas artes.

Fui também o primeiro a subjugar um dia
600 as bestas dóceis aos arreios e aos senhores,
para livrar os homens dos trabalhos árduos;
em seguida atrelei aos carros os cavalos
submissos desde então às rédeas, ornamento
da opulência. Eu mesmo, e mais ninguém,
605 inventei os veículos de asas de pano
que permitem aos nautas percorrer os mares.
E o infeliz autor de tantas descobertas
para os frágeis mortais não conhece um segredo
capaz de livrá-lo da desgraça presente!

CORIFEU
610 Estás sofrendo um infortúnio degradante;
o teu espírito abatido se alucina
e como um médico carente de saber
que um dia adoece, já perdeste o ânimo
e não consegues descobrir para ti mesmo
615 a droga capaz de curar tua doença.

PROMETEU
Será inda maior o vosso pasmo, amigas,
quando ouvirdes o resto, os recursos, as artes
que imaginei. O mais importante de tudo:
não existiam remédios para os doentes,
620 nem alimentos adequados, nem os bálsamos,
nem as poções para ingerir, e finalmente,
por falta de medicamentos vinha a morte,
até o dia em que mostrei às criaturas
maneiras de fazer misturas salutares
625 capazes de afastar inúmeras doenças.
Também apresentei-lhes as diversas formas
da arte hoje chamada de divinatória.
Fui ainda o primeiro a distinguir os sonhos
que depois de passada a noite e vindo o dia
630 se realizam, e lhes expliquei os sons
repletos de presságios envoltos em trevas
e a significação dos caminhos cruzados.

Esclareci as muitas mensagens contidas
nos voos de aves de rapina – as favoráveis
635 e as agourentas – e os costumes delas todas,
o ódio entre elas, suas afeições
e suas aproximações no mesmo galho;
interpretei também o aspecto das entranhas,
os tons que elas devem ter para agradarem
640 aos deuses a quem se costuma dedicá-las,
a superfície cambiante da vesícula
e do lóbulo hepático. Inda ensinei
a queimar os membros das vítimas votivas
envoltos em gordura e às vezes as vértebras,
645 para guiar os homens na arte sombria
de todos os preságios, e esclareci
os sinais emitidos pelas chamas lépidas,
até então cobertos pela obscuridade.
Eis minha obra. Até os tesouros da terra,
650 desconhecidos pelos homens – cobre, ferro,
além de prata e ouro –, quem lhes revelou
antes de mim? Ninguém, eu sei perfeitamente,
a menos que algum tolo queira gloriar-se.
Para ser breve, digo-vos em conclusão:
655 os homens devem-me todas as suas artes.

CORIFEU
Não vás, para favorecer a humanidade
além da conta, ser infeliz para sempre!
Tenho fundadas esperanças de que um dia,
livre destes grilhões, possas participar
660 do convívio com Zeus em condições iguais.

PROMETEU
Ainda não chegou a hora prefixada
pelas Parcas para a reconciliação;
somente após haver sofrido neste ermo
milhares de dores pungentes e outras tantas
665 calamidades, livro-me destas correntes.
O Destino supera minhas aptidões.

CORIFEU
E por quem o destino é governado? Dize!

PROMETEU
Pelas três Parcas e também pelas três Fúrias,[12]
cuja memória jamais esquece os erros.

CORIFEU
670 Os poderes de Zeus, então, cedem aos delas?

PROMETEU
Nem ele mesmo pode fugir ao Destino.

CORIFEU
O destino de Zeus não é ser sempre o rei?

PROMETEU
Não me interrogues quanto a isto; não insistas.

CORIFEU
Então encobres este segredo divino?

PROMETEU
675 Falemos de outro assunto; ainda não é tempo
de divulgar segredos desta natureza;
eles estão ocultos em trevas espessas.
Mantendo-os irrevelados, algum dia
(ninguém poderá dizer quando), finalmente
680 livrar-me-ei de meus tormentos infamantes.

---

12. As Parcas, designação latina para as Moiras, personificam a parte ou o quinhão que cabe a cada um na vida. São três irmãs, filhas de Zeus e Têmis: Átropo, Cloto e Laquesis. As Fúrias, equivalente latino das Erínias gregas, são divindades punitivas, castigando especialmente crimes no seio da família. Nasceram do sangue de Urano, castrado por Cronos, e também são três: Alecto, Tisífone e Megera. Nem mesmo os deuses podem escapar de seus desígnios.

2º ESTÁSIMO

[O Coro de oceanides roga que nunca lhe aconteça de ofender os deuses, pois agradá-los é a única maneira de desfrutar a vida. Prometeu não observa esse princípio e sofre em decorrência de sua aliança com os mortais, que, no entanto, não são capazes de ajudá-lo em sua provação e nem de se opor à vontade de Zeus. Por fim, o Coro pede que o deus reflita sobre suas palavras e o lembra de tempos mais felizes, como, por exemplo, de seu casamento com Ilesione (ou Hesíona), uma das Oceanides. (v.681-720)]

CORO

Queiram os céus que nunca o rei do mundo,
que Zeus jamais pretenda hostilizar-nos
com seu poder! Nunca nos esqueçamos
de convidar os majestosos deuses
685 para os santos banquetes e hecatombes[13]
perto do imenso curso paternal
do Oceano infindo onde moramos;
jamais deixemos livres nossas línguas
para pecarem, e que este princípio
690 resida eternamente em nossas almas
sem perder sua força em tempo algum!
É doce ver passar toda a existência
com o coração repleto de esperanças
entregues a delícias radiosas.
695 Mas vendo-te hoje aqui, dilacerado
por milhares de males, nós trememos.
Sem demonstrar temor ao grande Zeus,
tua vontade indócil preocupa-se
demasiadamente com os homens.
700 Vamos, amigo! Vamos, Prometeu!
Dize-nos logo: em que te favorecem
os teus favores aos pobres mortais?
Onde estão o socorro e o apoio
que eles te trazem? Não consegues ver
705 essa fragilidade imponderável
presente às vezes em sonhos obscuros,

---

13. Assim como os mortais, também as divindades secundárias, como as Oceanides, precisavam homenagear os deuses do Olimpo.

que tolhe os pés da cega raça humana?
Nunca a vontade dos homens efêmeros
violará a ordem prefixada
710 pela vontade de Zeus soberano.
Aprende isto olhando a tua ruína,
mísero Prometeu! Com este coro
outro bem diferente está pairando
agora mesmo junto a nós aqui:
715 o canto de himeneu que entoávamos
outrora em volta do banho e da alcova
de tuas bodas, no momento em que,
sensível aos presentes recebidos,
Ilesione,[14] nossa irmã querida,
720 subiu contigo ao leito nupcial.

Entra IO, em cuja fronte aparecem chifres de novilha.

3º EPISÓDIO

[Em suas errâncias, Io chega ao cenário do suplício de Prometeu sem
saber direito onde está ou o que testemunha. Atormentada por picadas
constantes, que atribui a uma vingança de Hera, delira e lamenta seus males,
suplicando a Zeus que a mate de vez (v.721-61). Prometeu a reconhece e
se apieda de seu sofrimento. Segue-se o relato em que Io, instada pelas
Oceanides, suas tias, revela as provações pelas quais tem passado (v.830-
99): os sonhos premonitórios enviados por Zeus, a expulsão da casa
paterna por sugestão do oráculo, sua metamorfose em novilha, o tormento
das picadas, as errâncias sem fim. Prometeu, por sua vez, cedendo ao
apelo de Io, revela os sofrimentos que ainda aguardam por ela, mais uma
vítima de Zeus (v.916-65; 1029-1072): a longa rota até cruzar o Bósforo[15]
e alcançar o Egito, encontrando amazonas, górgonas, grifos... Também
relata sua trajetória pregressa, o fim de seus tormentos e o destino de seus
descendentes (v.1078-1150): um deles, o não nomeado Héracles, libertará
Prometeu. Novamente presa de delírios, Io deixa a cena. (v.1157-1169)]

---

14. Ilesione, ou Hesíona, como consta da maior parte das edições do texto, é uma oceanide
que teria desposado Prometeu.
15. Bósforo significa literalmente "estreito da novilha", imortalizando a passagem de Io.

IO

Que terra é esta? Quem são estas moças?
Quem vejo, castigado por tormentas,
agrilhoado assim a uma rocha?
Que crime expias quase morto aqui?
725 Revela-me a que parte deste mundo
– ai, infeliz de mim! – meus erros trazem-me.

IO recua aterrorizada.

Ai! O moscardo tornou a picar-me
– pobre de mim! É o espectro de Argos[16]
filho da Terra! Ai! Quanta desgraça!
730 Afasta-o de mim, Mãe-Terra! Espanto-me
vendo o pastor com seus olhos sem conta!
Ei-lo avançando com seu olhar pérfido!
Embora morto, a Terra, sua mãe,
não quer abrir seu seio generoso
735 para ocultá-lo. Ele sai novamente
das profundezas infernais, das trevas,
para picar esta infeliz que sou,
para forçar-me a caminhar, faminta,
pelas areias onde o mar termina!

IO começa a correr em todas as direções, como se estivesse fugindo de Argos,
que somente ela vê, e prossegue agitada.

740 Marcando bem o ritmo de meus passos,
a cana harmoniosa[17] com bocal
feito de cera entoa sem parar
uma canção insípida, monótona.
Ai! Ai de mim! Para onde me levam
745 os meus antigos erros? Mas, qual foi
a falta que eu teria cometido,

---

16. Um ser monstruoso, de múltiplos olhos, encarregado por Hera de vigiar Io, impedindo
seus encontros com Zeus. Como ela assumira a forma de uma novilha, chamará Argos de
pastor (v.883). Zeus ordenou a Hermes que o matasse e libertasse a jovem. Ela, no entanto,
parece acreditar que mesmo morto ele continua a persegui-la na forma do moscardo que
a pica sem parar.
17. A síringe, uma flauta rústica usada por Hermes.

filho de Cronos, para me atrelares
a tantos sofrimentos – ai de mim! –
e para extenuar desta maneira
750 uma triste demente neste espanto
que a segue como se fosse um moscardo?
Queima-me com teus raios e relâmpagos,
oculta-me no âmago da terra,
dá-me aos monstros do mar como alimento!
755 Ouve, senhor! Atende à minha súplica!
Esta longa viagem sem destino
já me esgotou suficientemente
e não sei onde aprender a maneira
de me livrar de meus terríveis males!
760 Escutas as lamentações, ou não,
da virgem que tem chifres de novilha?

PROMETEU
Como não te ouviria eu, pobre mulher
que rodopias sem descanso perseguida
por um moscardo, tu, filha infeliz de Ínaco,
765 que há pouco tempo acalentavas com amor
o coração de Zeus, e agora, atormentada
pelo rancor de Hera, és sempre constrangida
a percorrer assim estes longos caminhos
que te estão conduzindo ao aniquilamento?

IO
770 Onde aprendeste o nome recém-dito,
o nome de meu pai? Responde logo
a esta desgraçada: quem és tu,
infortunado, para receber
a verdadeiramente infortunada,
775 para falar do mal vindo dos deuses,
que me atormenta e me fustiga sempre
com o aguilhão nesta loucura errática?
Ai! Ai de mim! Chego em saltos frenéticos,
impelida por fome torturante,
780 vítima da vingança insaciável

de Hera. Quem, entre os mais castigados,
enfrenta desventuras comparáveis
– ai, infeliz de mim! – às minhas próprias?
Vamos! Revela-me sem subterfúgios
785 os novos sofrimentos que me esperam!
Existe algum remédio, uma saída
para minhas torturas? Se os conheces,
dize sinceramente quais são eles!
Fala e instrui esta virgem errante!

PROMETEU
790 Satisfarei o teu desejo abertamente,
com a máxima franqueza, sem quaisquer enigmas,
abrindo a boca como se deve aos amigos.
À tua frente vês o titã Prometeu,
aquele que deu o fogo aos homens efêmeros.

IO
795 Ah! Poderoso benfeitor que apareceste
a todos os mortais, infeliz Prometeu!
Por que, se és bom, estás sofrendo tanto assim?

PROMETEU
Há pouco terminei definitivamente
os vãos queixumes sobre meus males enormes.

IO
800 Ainda me farás o favor esperado?

PROMETEU
Mas, que desejas? Saberás tudo de mim.

IO
Dize-me: quem te pôs neste rochedo íngreme?

PROMETEU

As mãos foram de Hefesto; a vontade, de Zeus.

IO

E de que faltas pagas desta forma o preço?

PROMETEU

805 Já te disse o bastante para esclarecer-te.

IO

Sim, é verdade, mas explica-me a razão
de minhas correrias sem destino e fim.
Quando virá a hora de livrar-me delas?

PROMETEU

É melhor ignorá-la do que conhecê-la.

IO

810 Suplico-te com veemência! Não me ocultes
as penas que ainda terei de suportar!

PROMETEU

Concordo; não sou avarento deste dom.

IO

Por que tardas, então, a revelar-me tudo?

PROMETEU

Não se trata de uma recusa por desdém;
815 receio apenas perturbar o teu espírito.

IO

Não tenhas preocupações demais comigo;
tuas revelações serão bem recebidas.

PROMETEU

Se queres, cumpre-me falar; e tu, escuta-me.

CORIFEU

Ainda não; dá-nos também satisfações;
820   desejamos primeiro conhecer seus males.
Fale-nos ela mesma de seus sofrimentos
intermináveis. Depois poderá saber
as novas provações ainda à sua espera.

PROMETEU

Dirigindo-se a IO.

Deves mostrar docilidade e complacência
825   em relação a elas, entre outras razões
por serem irmãs de teu pai. Chorar, gemer
sobre seus males, quando se deve arrancar
sentidas lágrimas de quem nos vai ouvir,
merece plenamente o tempo consumido.

IO

830   De modo algum eu poderia recusar-me.
Ireis ouvir em uma exposição fiel
tudo que me pedistes. Mas ainda hesito,
envergonhada, em vos dizer sinceramente
de onde veio a tormenta armada pelos deuses
835   que, destruindo minha forma exterior,
desabou sobre mim – como sou infeliz!
Visões noturnas incessantes visitavam
meus aposentos virginais e com palavras
insinuantes davam-me estes conselhos:
840   "Por que insistes tanto, infortunada moça,

em preservar a virgindade quando podes
ter o mais poderoso e maior dos esposos?
As flechas ígneas dos anseios por ti
feriram Zeus; ele deseja ardentemente
845 gozar contigo os prazeres oferecidos
pela sagrada Cípris;[18] não penses, criança,
em mostrar-te indisposta à união com Zeus;
muito ao contrário, parte logo para Lerna[19]
e seus campos cobertos de tapetes de ervas,
850 para as pastagens de carneiros e de bois,
paternos bens, livrando assim o olhar de Zeus
de seus desejos!" Estes sonhos me premiam
todas as noites – ai de mim! –, até o dia
em que ousei revelar a meu nobre pai
855 os sonhos que sempre visitavam meu sono.
Então ele mandou a Dodona e a Pito[20]
frequentes mensageiros seus com a missão
de interrogar os céus e saber afinal
o que ele deveria dizer ou fazer
860 para ser agradável aos augustos deuses.
Mas eles regressavam trazendo-lhe apenas
oráculos ambíguos com obscuras fórmulas
difíceis de concatenar e de entender.
Depois de muito tempo Ínaco recebeu
865 uma resposta inteligível, que o instava
a me expulsar de minha casa e minha pátria,
como se eu fosse um animal votado aos deuses,
livre para vagar até o fim do mundo,
se não quisesse ver um raio cintilante,
870 solto das mãos de Zeus, pôr fim à nossa raça.
Dócil aos vaticínios vindos de Loxias,[21]
meu pai baniu-me e fechou para todo o sempre
as portas do palácio à sua filha – a mim! –,
embora nem eu mesma nem ele quiséssemos

---

18. Por receber culto em Chipre, Afrodite é designada pelo epíteto Cípris.
19. Região da Argólida, onde havia um lago no qual vivia a conhecida Hidra de Lerna, serpente monstruosa morta por Héracles.
20. Sedes de importantes oráculos gregos, associados a Zeus (Dodona) e a Apolo (Pito é o mesmo que Delfos), cuja sacerdotisa, encarregada das profecias, é conhecida por pítia ou pitonisa.
21. Epíteto de Apolo, deus da profecia.

875 (as rédeas de Zeus forçavam-no a agir
contra sua vontade). Imediatamente
minha razão e minhas formas se alteraram.
Nasceram longos chifres em minha cabeça
como vós mesmas podeis ver, e atormentada
880 por um moscardo de longo ferrão agudo,
num salto tresloucado fui em direção
às águas doces das nascentes lá de Cercne
e à fonte célebre de Lerna. Um pastor,
cujo humor amargo nada amenizava,
885 acompanhava-me sem nunca descansar,
seguindo com seus muitos olhos penetrantes
cada passo que eu dava. Um dia a morte alerta
privou-o repentinamente da existência,
e agora eu, alucinada a cada instante
890 pelas picadas do moscardo, corro sempre,
atormentada por esse aguilhão divino,
banida de todas as terras a que chego.
Ficastes conhecendo as minhas desventuras.
Tu, Prometeu, se podes, dize por favor:
895 que sofrimentos inda me serão impostos?
Relata-os e não tentes, por piedade,
reanimar-me com palavras inverídicas.
Não pode haver no mundo mal mais repugnante
que uma linguagem recoberta pelo engano.

CORO

900 Jamais atinjam-nos tais males! Basta!
Nunca pensamos, Io infeliz,
que tão estranhas narrações pudessem
chegar um dia até nossos ouvidos
– espanto, horrores, tantos infortúnios
905 cruéis de ouvir e cruéis de sofrer,
um aguilhão de fina ponta dupla
diante do qual nossos corações
estão gelados! Ah! O teu destino!
Trememos vendo a tua desventura!

PROMETEU

910 Não demorastes a gemer e vos domina
o terror súbito, mas tendes de esperar
até saber o resto dos males de Io.

CORIFEU

Então deves falar; acaba a descrição.
Os enfermos talvez prefiram conhecer
915 seus males claramente e com antecedência.

PROMETEU

Vosso pedido inicial foi atendido
sem sacrifício meu; agora desejais
– tenho certeza – ouvir de mim os outros males
e os sofrimentos que terá de suportar
920 esta jovem mortal por vontade de Hera.
E tu, Io, sangue de Ínaco, retém
minhas palavras em teu triste coração
se queres conhecer o fim de teu caminho.
Partindo deste chão, caminha a princípio
925 em direção ao sol nascente e vai avante
pelas longas planuras jamais cultivadas,
até o dia em que chegares afinal
aos citas nômades; eles levam a vida
em moradas de vime muito bem trançado
930 sobre suas carroças de rodas bem-feitas,
tendo sempre nos ombros arcos poderosos.
Evita-os e fica longe dos penhascos
onde soluça o mar quando chegares lá.
À tua mão direita verás os Calibos,[22]
935 hábeis artífices do ferro; tem cuidado
com esse povo avesso à civilização
e hostil aos estrangeiros. Chegarás assim
ao rio Hibristes,[23] cujo nome é verdadeiro;
não penses em cruzá-lo (não seria fácil!);

---

22. Antigos habitantes da Ásia Menor.
23. O rio tem seu nome derivado do substantivo *hybris*, violência, arrogância.

940 avança em linha reta e chegarás ao Cáucaso,
a mais elevada de todas as montanhas;
é em suas vertentes que esse rio haure
a fúria de suas águas. Transporás
seus píncaros vizinhos dos distantes astros
945 para seguir a rota com destino ao sul.
Lá afinal encontrarás o estranho exército
das Amazonas sempre rebeldes aos homens;
elas irão fundar um dia Temisciras,
no Termodon, onde, fazendo frente ao mar,
950 poderás ver de perto a longa cordilheira
do Salmidesso;[24] seus nativos numerosos
são bárbaros ainda hostis aos marinheiros
e se comprazem na destruição das naus.
Guiar-te-ão as Amazonas como amigas;
955 atingirás assim nos estreitos umbrais
do lago em cujas margens elas se reúnem
o istmo da Crimeia; com o coração
cheio de intrepidez, para continuar
terás de atravessar o estreito Meótico.[25]
960 E será sempre relembrada entre os mortais
a história gloriosa de tua passagem
por aquela terra distante, e a passagem
por onde o mar se escoa ganhará o nome
de estreito da novilha.[26] Fora da Europa,
965 já pisarás na Ásia, outro continente.

Dirigindo-se ao CORO.

Não vos parece, então, que o novo soberano
de tantos deuses mostra em todos os lugares
a sua prepotência em quaisquer circunstâncias?
Ele, que é um deus, impôs este destino errante
970 a uma indefesa mortal! Ah! Pobre virgem!
Tiveste o mais cruel dos pretendentes, Io,
pois o que acabaste de ouvir – presta atenção! –
não constitui sequer um rápido prelúdio.

---

24. Golfo no atual mar Negro.
25. Estreito do lago Meótis (ou Palos Meótis), o atual mar de Azov, ao norte do mar Negro.
26. "Estreito da novilha" é a tradução literal de Bósforo, estreito que liga o mar Negro ao mar de Mármara e, portanto, a Europa à Ásia.

IO

Ai! Ai de mim!

PROMETEU

975 Choras e muges novamente. Que farás
quando escutares teus males inda por vir!

CORIFEU

Restam ainda outras penas a dizer-lhe?

PROMETEU

Melhor falando: um mar revolto de aflições.

IO

Ah! Que proveito me vem de ainda estar viva?
980 Por que demoro a me precipitar do alto
deste íngreme rochedo? Caindo nas pedras
livrar-me-ei de minhas dores incontáveis!
Antes perder a vida desastradamente
que sofrer lentamente ao longo de meus dias!

PROMETEU

985 Então, penas maiores te consumiriam
se fossem tuas estas minhas provações,
pois meu destino não me concedeu a morte.
Só ela me libertaria de meus males,
mas até Zeus cair de sua onipotência
990 não antevejo o fim deste cruel suplício!

IO

Poderá Zeus um dia cair de seu trono?

PROMETEU
Seria indizível a tua ventura
se ainda visses esse evento – penso eu.

IO
Não tenhas dúvida, pois Zeus é responsável
995 por todas estas aflições que estou sofrendo.

PROMETEU
Fica sabendo: sua queda ocorrerá.

IO
E quem lhe tirará o cetro de tirano?

PROMETEU
O próprio Zeus o perderá por vaidade.

IO
De que maneira? Dize-me, se for possível
1000 sem outros inconvenientes para ti.

PROMETEU
Ele se casará, mas há de arrepender-se.

IO
Bodas divinas ou mortais? Fala, se podes.

PROMETEU
Por que perguntas? Não é lícito dizer.

IO

Sua própria mulher o expulsará do trono?

PROMETEU

1005 Parindo um filho inda mais forte que seu pai.

IO

Não há recursos para mudar o destino?

PROMETEU

Nenhum senão Prometeu livre de grilhões.

IO

E quem te livrará para agir contra Zeus?

PROMETEU

Um de teus descendentes será capaz disto.

IO

1010 Mas, como, amigo? Um filho nascido de mim
um dia te libertará de teu suplício?

PROMETEU

Três gerações seguintes às primeiras dez.

IO

Não é fácil compreender teu vaticínio.

PROMETEU

Não queiras conhecer melhor teus infortúnios.

IO

1015 Não deves acenar com doces esperanças
para logo depois mudar e desdizê-las.

PROMETEU

Oferecer-te-ei um entre dois presentes.

IO

Mas, que presentes? Antes deixa-me admirá-los
e depois dá-me a regalia de escolher.

PROMETEU

1020 Ei-los; escolhe, então, o teu: devo dizer-te
exatamente o resto de teus muitos males,
ou quem será um dia o meu libertador?

CORIFEU

Concede-lhe uma destas graças; a segunda
é minha; não desdenhes os nossos pedidos.
1025 Revela a Io a sequência ininterrupta
de suas caminhadas sem pausa e sem fim.
A mim, dize quem será teu libertador;
eis aí meu desejo nestas circunstâncias.

PROMETEU

Se é este, de fato, o teu desejo ardente,
1030 não poderei negar-me agora a atender-te.
A ti, Io, direi primeiro as peripécias
desta tua corrida delirante e sem destino.
Inscreve-as nas plaquetas[27] de tua memória,
sempre fiéis. Depois de transpor o estreito
1035 que separa dois continentes, põe-te em marcha
para o levante, onde os passos do sol fulguram

---

27. Lâminas de madeira, em geral pinho, usadas como base para a escrita na Grécia antiga.

...[28] vencendo os estrondos do mar até o momento
de ver a planura gorgônea[29] de Cistenes,
refúgio das Forcides, três virgens antigas
1040 cujos corpos são semelhantes aos dos cisnes;
as três têm para todas apenas um olho
e um dente, e nunca foram vistas pelo sol
e nem pela lua crescente. Perto delas
estão as três irmãs aladas, ostentando
1045 seus mantos de serpentes, Gôrgonas horríveis,
terror de todos os mortais, que ninguém pode
olhar de frente sem morrer na mesma hora.
É esta a advertência que faço primeiro.
Mas além destes deves conhecer ainda
1050 outro portento também muito perigoso:
tem o maior cuidado com os cães de Zeus
e com seus bicos aguçados; são os grifos.
Resguarda-te igualmente do bando montado
dos arimaspos, criaturas de olho único,
1055 habitantes das margens de um famoso rio
– o Plúton – repletas de ouro. Tem cuidado!
Se não te aproximares deles chegarás
a uma região remota onde vive
um povo negro perto das águas do Sol,
1060 nas terras percorridas pelo rio Etíope.
Deves seguir por suas margens escarpadas
até o instante em que chegares à Descida,
lugar onde do alto dos montes de Biblos,
o Nilo aflui com suas águas sacrossantas
1065 e salutares. Ele te conduzirá
à região onde o destino inexorável
quer que seja fundada por ti mesma, Io,
uma colônia naquele país remoto.
Se te parece duvidoso algum detalhe,
1070 fala, para saberes com mais precisão.
Disponho neste ermo de tempo bastante,
muito mais do que eu mesmo quereria ter.

---

28. Nos manuscritos que conservaram as obras de Ésquilo, há uma lacuna neste ponto.
29. Os campos onde viviam as Górgonas, seres monstruosos.

CORIFEU

Se fores revelar-lhe ainda fatos novos
ou esquecidos desse percurso erradio,
1075 dize-os logo, Prometeu; se terminaste,
concede-nos a graça que já te pedimos.
Chegou a nossa vez (sem dúvida te lembras).

PROMETEU

Ela conhece agora o fim de sua marcha;
para saber que não ouviu palavras vãs
1080 de minha boca, meu desejo é mencionar
os males que ela suportou até agora;
falando assim, espero estar oferecendo
a garantia de uma narração verídica.

Dirigindo-se a IO.

Deixo de lado grande número de fatos
1085 para te revelar o fim de tuas andanças.
Tu viestes das terras planas dos Molossos
e das culminâncias de Dodona, onde ficam
o oráculo do grande Zeus da Tesprotia
e o seu assento e o prodígio inconcebível
1090 dos carvalhos falantes, que em palavras claras
e sem enigmas, te aclamaram como aquela
que deveria ser a esposa gloriosa
de Zeus onipotente (nada em tudo isso
é agradável à tua memória, Io?).
1095 Picada uma vez mais pelo cruel moscardo,
correste sem parar pela via costeira
em direção ao imenso golfo de Rea[30]
de onde a tormenta que te envolve dirigiu
até este lugar tua corrida errática.
1100 Mas pelos muitos séculos inda por vir
esse mar confinado passará a ser
– fica sabendo exatamente – o golfo Iônio,
e seu nome relembrará a todo o mundo
tua passagem por aquela região.

---

30. O atual mar Adriático. Rea era uma das Titanides e mãe de Zeus.

1105 Aí está a prova de que meu espírito
     percebe muito mais do que as coisas presentes.

Dirigindo-se ao CORO.

     Dedicarei o resto de minhas palavras
     a vós e a ela, voltando sobre as pegadas
     de minhas narrativas já por vós ouvidas.
1110 Existe uma cidade chamada Canopo
     na extremidade norte do país egípcio,
     na própria foz do Nilo e num aluvião.
     Lá, Zeus devolverá enfim tua razão,
     pondo sobre teu corpo suas mãos calmantes
1115 pelo simples contato. E para relembrar
     as circunstâncias em que Zeus o trouxe ao mundo,
     o filho que terás será o negro Épafo;[31]
     ele há de cultivar a região inteira
     banhada pelo caudaloso rio Nilo.
1120 Depois de cinco gerações, cinquenta virgens[32]
     – descendência de Épafo – aportarão
     à revelia delas em Argos antiga
     para escapar ao casamento com parentes
     (seus primos). Desvairados por desejo intenso,
1125 iguais a gaviões ameaçando pombas
     eles virão logo também, como se fossem
     sôfregos caçadores em perseguição
     a núpcias proibidas. Mas o céu atento
     não lhes entregará as presas cobiçadas,
1130 nem a terra dos Pêlasgos;[33] muito ao contrário,
     vai sepultá-los, derrotados pela Morte
     com feições femininas, cuja enorme audácia
     vela durante a longa noite. Cada esposa
     há de tirar a vida de cada marido

---

31. Recebe esse nome em virtude de ter sido gerado pelo toque (*epaphao*, tocar) de Zeus em Io.
32. São as filhas de Dânao que, seguindo seu pai, deixaram o Egito e aportaram em Argos para fugir à perseguição de seus primos, os cinquenta filhos de Egito. Como tentativa de reconciliação, celebrou-se o casamento entre os primos, mas Dânao entregou às filhas adagas com as quais degolaram seus maridos na noite de núpcias. A exceção foi Hipermnestra (ver nota 34). Ésquilo tratou desse mito na trilogia das *Danaides*, da qual faz parte a preservada *As Suplicantes*.
33. Os habitantes mais antigos da Grécia, estabelecidos na cidade de Argos.

1135 e nele tingirá de sangue o punhal fino.
Que tais amores caibam a meus inimigos!
Apenas uma,[34] inteiramente inebriada
pelo desejo de ser mãe, não quererá
matar no leito nupcial o companheiro,
1140 pois a sua vontade se comoverá.
Ela preferirá entre dois grandes males
que a chamem de covarde, e nunca de assassina,
criando em Argos uma linhagem real.
E basta. Para ser mais claro e mais completo
1145 seria necessária longa narração.

Dirigindo-se a IO.

Um detalhe, entretanto, deverás ouvir:
da nobre estirpe oriunda de teu leito
um dia nascerá o herói[35] que vergará
seu arco glorioso para me livrar,
1150 com o passar do tempo, destes sofrimentos.
É este o vaticínio que me revelou
minha mãe, Têmis, irmã dos titãs divinos.
Mas, quando e como ele se realizará?
Expor esses detalhes tomaria tempo,
1155 e tu – coitada! –, embora ficasses sabendo
de tudo desde agora, nada ganharias.

IO
Transtornada.

Ai! Ai! Pobre de mim! Que espasmo súbito,
que acesso delirante já me queima?
O ferrão do moscardo me transtorna
1160 como se fosse um aguilhão de fogo!
Meu coração espavorido salta
no fundo de meu peito sem parar!
Meus olhos rolam convulsivamente.

---

34. Hipermnestra é a única das Danaides que se recusa a matar seu marido, Linceu, na noite de núpcias, por desejo de tornar-se mãe.
35. O herói a que alude Prometeu é Héracles.

Lançada para fora do caminho
1165 por um sopro de raiva furiosa,
já não consigo dominar a língua
e mil pensamentos desencontrados
debatem-se desordenadamente
nas vagas de terríveis sofrimentos!

IO sai correndo desvairada.

3º ESTÁSIMO

[As Oceanides celebram o casamento entre seres de iguais condições (deuses
com deuses, mortais entre si) e, evocando o exemplo de Io, rogam que nunca
lhes aconteça atrair a atenção de Zeus ou de outro deus poderoso, cuja
vontade é imperiosa, tornando a união fruto de sofrimento. (v.1170-1201)]

CORO

1170 Sim, era um sábio, um verdadeiro sábio,
o primeiro dos homens cujo espírito
pensou e cuja língua enunciou
que se consorciar estritamente
de acordo com a sua condição
1175 é realmente o bem maior de todos,
e que jamais se deve ter vontade,
quando se é apenas um artífice,
de unir-se a um parceiro presunçoso
por causa de sua grande riqueza
1180 e inebriado com sua linhagem.
Queiram os céus que nunca nos vejais,
divinas Parcas sem cuja vontade
nada na vida humana se consuma,
ocupando o lugar de esposa um dia
1185 no leito de Zeus todo-poderoso!
Jamais possamos experimentar
o abraço de um esposo divinal!
Trememos quando contemplamos Io,
a virgem sempre rebelde ao amor,
1190 sofrendo sem um momento de paz
por causa da perseguição de Hera.

Somente quem nos oferece núpcias
condizentes com nossa condição
não nos causa temor. Só desejamos
1195   que os grandes deuses não nos façam alvo
de seu olhar do qual ninguém escapa.
A escolha deles é como uma guerra
difícil de enfrentar, que nos promete
apenas desespero, pois nos faltam
1200   as mínimas condições de defesa.
A vontade de Zeus é irresistível.

ÊXODO, Cena 1

[Prometeu reitera que o reinado de Zeus tem os dias contados em
virtude das bodas contratadas e que somente ele, Prometeu, pode
evitar sua queda. Instado pelo Coro a moderar suas palavras contra Zeus,
Prometeu redobra sua crítica ao senhor dos deuses, comprazendo-se
com a possibilidade de seu declínio. (v.1202-1252)]

PROMETEU
Depois de longo silêncio.

Minha resposta é esta: há de chegar o dia
em que, malgrado a pertinácia de sua alma,
Zeus passará a ser extremamente humilde,
1205   pois os festejos nupciais já programados
custar-lhe-ão o fim do trono e do poder
com seu inevitável aniquilamento;
será então inteiramente consumada
a maldição de seu pai, Cronos, contra ele.
1210   E nenhum deus além de mim será capaz
de revelar-lhe com total clareza o meio
de conjurar o seu desastre e perdição!
Somente eu tenho a ciência do porvir
e o poder de evitar sua consumação.
1215   Depois, se ele quiser, troveje sem parar
fiando-se no estrondo que satura os ares,
agitando nas mãos o dardo afogueado;
nenhum socorro o impedirá de despenhar-se

ignobilmente numa queda inevitável,
1220 tão formidável há de ser seu adversário
que a esta hora já começa a preparar-se,
prodigioso ser com quem a luta é árdua,
descobridor de um fogo muito mais potente
que os raios dele e de um estrondo colossal,
1225 capaz de sobrepor-se até ao seu trovão
(diante dele o próprio flagelo marinho
que abala a terra – sim, refiro-me ao tridente,
arma de Poseidon – voará em pedaços).
No dia em que afinal for atingido o alvo
1230 e tiver fim a minha longa provação,
Zeus ficará sabendo qual é a distância
imensurável entre reinar e servir!

CORIFEU
Queres fazer de teus desejos, Prometeu,
oráculos inexoráveis contra Zeus?

PROMETEU
1235 Digo o futuro e também digo o meu desejo.

CORIFEU
Inda devemos esperar para ver Zeus
prestando obediência às ordens de um senhor.

PROMETEU
E seus ombros recurvos suportando penas
mil vezes mais pesadas do que estas minhas.

CORIFEU
1240 Não tens receios de dizer estas palavras?

PROMETEU
Que temeria quem não poderá morrer?

CORIFEU
E se ele te impuser suplícios mais cruéis?

PROMETEU
Imponha-os! Espero tudo contra mim.

CORIFEU
É sábio quem se curva diante de Adrásteia.[36]

PROMETEU
1245 Bajula, adora o dono do poder! Implora!
A minha preocupação com Zeus é nula.
Que ele aja e reine como lhe aprouver
durante este curto período restante.
Sobra-lhe pouco tempo como rei dos deuses.

Vendo aproximar-se HERMES.

1250 Meus olhos veem o mensageiro de Zeus,
o servo do novo tirano. Com certeza
ele aparece para nos trazer notícias.

Impelido por suas sandálias aladas, HERMES *pousa junto a* PROMETEU.

---

36. Literalmente, "a inescapável". Às vezes assimilada a Nêmesis, representa a justiça retributiva divina.

ÊXODO, Cena 2

[Hermes, a mando de Zeus, conclama Prometeu a revelar o segredo que ameaça seu poder. Prometeu recusa-se a fazê-lo, reiterando que, após a de Urano e a de Cronos, verá a queda do terceiro tirano celeste. Hermes adverte-o de que seu comportamento ocasionará castigos ainda maiores, mas ele se mostra irredutível, proclamando seu ódio aos deuses, sobretudo Zeus. As Oceanides tentam em vão convencê-lo a cooperar. Hermes anuncia o que aguarda o deus: o soterramento sob as pedras partidas pelo raio de Zeus, a águia que diariamente lhe comerá o fígado, o confinamento no abismo do Tártaro. Informa que também as Oceanides, caso não se afastem, serão vitimadas. Elas reafirmam sua lealdade a Prometeu e Hermes sai. Prometeu descreve os trovões e os raios que atingirão o penhasco, soterrando-o e ao Coro, e invoca o testemunho de Têmis, sua mãe, e do Éter para o tratamento indigno que sofre. (v.1253-1447)]

HERMES

Tu, o maior sofista,[37] o mais impertinente
entre os impertinentes, ofensor dos deuses,
1255 ladrão do fogo, escuta! Meu pai te dá ordens
para dizer-me agora: que bodas são essas,
transformadas por ti num medonho espantalho?
Por quem ele deverá ser precipitado
da altura máxima de seu poder imenso
1260 até as últimas profundezas da terra?
Não tentes recorrer a enigmas desta vez!
Chama cada uma das coisas por seu nome
e não me imponhas uma segunda viagem!
Não é esta a maneira de agradar a Zeus!

---

37. Termo empregado para caracterizar Prometeu. Originalmente é um sinônimo de *sophos*, "sábio", qualidade que Prometeu reivindica para si ao longo da tragédia, contrapondo-a à tirania de Zeus, que se exerce pela força. Mas o momento em que a peça é composta, meados do séc.V a.C., e as conexões de Ésquilo com a Sicília, de onde provêm vários sofistas, permitem pressupor uma referência aos "profissionais da sabedoria", que se propunham a ensinar os jovens, sobretudo a arte da palavra, em troca de boa remuneração. Hermes estaria então denunciando o discurso inflamado de Prometeu como um truque de retórica. Eles também questionavam o conhecimento tradicional, em virtude do progresso das novas artes, o que, novamente, lembra a alegação de Prometeu de ter contribuído para o progresso da humanidade.

PROMETEU

1265 Há singular grandiloquência em teu discurso
e falaste num tom repleto de arrogância,
digna do moço de recados do deus máximo.
Sendo ambos jovens, exerceis um poder jovem,
e vos parece que morais num baluarte
1270 inacessível a todas as desventuras.
Mas eu mesmo já vi dois tiranos expulsos[38]
de seu trono divino, e estes olhos meus
verão o terceiro dos reis, senhor de hoje,
também deposto em circunstâncias degradantes
1275 quando ele menos esperar. Eis a verdade.
Pareço-te medroso e prestes a tombar
covardemente diante dos jovens deuses?
Muito ao contrário, estou longe desse fim.
Retorna, então; percorre com igual presteza
1280 a mesma rota por onde chegaste aqui,
sem ter achado o que vieste procurar!

HERMES

Tuas maneiras imutáveis e inflexíveis
trouxeram-te a este ancoradouro de dores.

PROMETEU

Fica sabendo ainda: nunca eu trocaria
1285 minha desdita pela tua submissão.
Acho melhor ficar preso a este rochedo
que me ver transformado em fiel mensageiro
de Zeus, senhor dos deuses! Assim mostrarei
aos orgulhosos quão vazio é seu orgulho!

HERMES

1290 Ufanas-te da sorte a que fizeste jus.

---

38. Prometeu alude a Urano e Cronos, respectivamente avô e pai de Zeus, destituídos do poder por seus filhos.

PROMETEU
Ufano-me! Ah! Se me fosse dado ver
meus inimigos sendo ufanos deste modo
– e te ponho entre eles como um dos maiores!

HERMES
Acusas-me também por tuas desventuras?

PROMETEU
1295 Sou franco; odeio os deuses novos; eles devem-me
grandes favores e por causa deles sofro
um tratamento degradante e imerecido.

HERMES
Vejo-te delirante; estás muito doente.

PROMETEU
Doente? Admito, sim, se for indispensável
1300 adoecer para odiar os inimigos.

HERMES
Se tivesses vencido serias cruel.

PROMETEU
Ai! Ai de mim!

HERMES
Zeus desconhece desabafos como o teu.

PROMETEU
O tempo nos ensina enquanto vai passando.

HERMES

1305 Mas inda não sabes mostrar-te razoável.

PROMETEU

Já sei, pois falo com um moço de recados.

HERMES

Nada pretendes revelar-me, creio eu,
do que meu pai deseja ter conhecimento.

PROMETEU

Crês que lhe devo muito para ser-lhe grato?

HERMES

1310 Pareces gracejar comigo em tuas falas
como se eu fosse ainda uma tenra criança.

PROMETEU

Não és uma criança ainda mais ingênua
que qualquer delas se tens alguma esperança
de ouvir de mim respostas às perguntas dele?
1315 Não há ultraje nem astúcia pelos quais
Zeus possa convencer-me ainda a revelar
o que ele quer saber, antes de me livrar
destes grilhões adamantinos humilhantes!
Já que ele quis assim, deixe sobre meu corpo
1320 as labaredas deste sol destruidor!
Confunda Zeus o universo e o transtorne
cobrindo-o todo com a neve de asas brancas
ao som de trovões e de estrondos subterrâneos!
Nada, força nenhuma pode constranger-me
1325 a revelar-lhe o nome de quem deverá
destituí-lo de seus poderes tirânicos!

HERMES

Achas que esta linguagem serve à tua causa?

PROMETEU
A decisão já foi tomada há muito tempo.

HERMES
Digna-te, tresloucado, digna-te afinal
1330 de raciocinar com mais acuidade,
agora que te esmagam estes sofrimentos!

PROMETEU
Fatigas-me desperdiçando teu esforço
como se pretendesse dar lições às ondas.
Não tenhas, mensageiro, a impressão de que,
1335 desatinado com a decisão de Zeus,
eu me comportarei como se possuísse
coração de mulher e, querendo imitar
maneiras femininas, irei suplicar,
juntando as mãos, àquele deus que mais detesto,
1340 para livrar-me destes grilhões infamantes.
Estou longe demais de uma atitude dessas!

HERMES
Em minha opinião, insistir em falar
seria uma longa conversa sobre nada.
Nem por momentos te comovem ou te afetam
1345 minhas claras exortações; muito ao contrário,
mordendo o freio, como se fosses um potro
noviço à sela, resistes fogosamente
à imposição das rédeas. Mas teu rancor
apoia-se na tua astúcia impotente.
1350 Nas criaturas que raciocinam mal
a cega obstinação pode menos que nada.
Pondera, então, se não consigo convencer-te:
um turbilhão, um vagalhão cheio de males
te envolverá – coitado! – inexoravelmente!
1355 Virá agora o cão alado, a águia fulva
que segue Zeus – conviva sem ser convidado,
presente o dia inteiro ao tentador banquete –,
e rasgará teu corpo todo ferozmente,

fazendo dele uma enorme posta de carne
1360 e se fartando na iguaria de teu fígado!
Não esperes um fim para a tua tortura,
a menos que apareça por aqui um deus
disposto a te substituir no sacrifício,
e se ofereça a ir ao Hades, onde nunca
1365 penetra a luz, e ao Tártaro, profundo abismo.
Então questiona-te; já não se trata agora
de um simples espantalho, mas sim de palavras
pronunciadas com a máxima clareza.
Não mentem os lábios de Zeus onipotente,
1370 quando ele quer transformar em realidade
tudo que diz. Deves olhar em tua volta;
medita sem imaginar que a teimosia
pode ter o valor da reflexão sensata.

CORIFEU

Em minha opinião não faltam bons propósitos
1375 à linguagem de Hermes; isto é evidente.
Ele te exorta a abandonar a obstinação
e a interrogar somente a reflexão sensata.
Concorda! Para o sábio o erro é humilhante!

PROMETEU
Novamente agitado.

Eu já sabia da mensagem dele
1380 para me inquietar, mas ser tratado
como inimigo pelos inimigos
não pode ser considerado infâmia.
Que a trança de fogo com dupla ponta[39]
seja lançada contra mim! Que o éter
1385 seja logo abalado pelos raios
e pela fúria desenfreada
dos ventos indomáveis! Que seu sopro,
fazendo a própria terra estremecer,
venha arrancá-la com raiz e tudo

---

39. Isto é, o raio de Zeus.

1390 de seus nunca abalados fundamentos!
Que a agitação dos mares com seu fluxo
impetuoso e ululante apague
no firmamento as rotas onde cruzam-se
os caminhos dos astros! Que depois,
1395 num ímpeto final, lance-me Zeus
no tenebroso Tártaro profundo,
nos turbilhões da rude compulsão!
Só tenho uma certeza: ele não pode,
embora queira, infligir-me a morte!

HERMES

1400 Aí estão, em suma, os pensamentos
e o modo de expressar-se dos dementes.
Inda faltam sintomas do delírio
nessas imprecações? E por acaso
ele tentou moderar a loucura?

Dirigindo-se ao CORO.

1405 Tende cuidado, vós, Oceanides,
que vos compadeceis de sua sorte!
Afastai-vos depressa deste ermo
se não quiserdes que o fulgor fugaz
de um raio implacável vos atinja!

CORO
Dirigindo-se a HERMES.

1410 Adota outra linguagem e enuncia
opiniões que possam convencer-nos.
Em tua falação torrencial
acabas de dizer certas palavras
intoleráveis; tentas incitar-nos
1415 a cultivar agora a covardia?
De modo algum! Sofreremos com ele!
Sabemos odiar a traição;
detestamos também este defeito!

HERMES

Sede prudentes! Não vos esqueçais
1420 de minhas predições, e uma vez presas
do infortúnio, não vos lamenteis
de vossa sorte; não imagineis
que Zeus vos lança em desastre imprevisto.
Deveis dirigir as acusações
1425 contra vós mesmas. Estais advertidas:
não terá sido inopinadamente,
e sem aviso, que sereis colhidas
nas malhas finas, sem qualquer saída,
da rede inevitável do infortúnio,
1430 presas de vossa própria ingenuidade.

Sai HERMES; *ouvem-se estrondos subterrâneos.*

PROMETEU

Mas, eis os fatos, não simples palavras;
a terra treme, e também repercute
em seus abismos a voz do trovão;
em sinuosidades abrasadas
1435 já resplandece o raio; um ciclone
volteia e forma turbilhões de pó;
os sopros do ar lúcido se lançam
uns contra os outros e se digladiam;
os ventos já estão em plena guerra;
1440 o céu já se confunde com o mar.
Eis a rajada que, para espantar-me,
vem decididamente contra mim,
mandada por Zeus todo-poderoso.
Ah! Minha majestosa mãe, e o Éter
1445 que faz girar ao redor deste mundo
a luz oferecida a todos nós!
Vedes a iniquidade que me atinge?

Entre relâmpagos, trovões e terremotos desaparecem PROMETEU
e as Oceanides do CORO.

FIM

Perfis dos personagens

PROMETEU: O Prometeu de Ésquilo apresenta algumas peculiaridades em relação à representação tradicional do deus, em especial ao que estabelece Hesíodo na *Teogonia*. Filho do titã Jápeto e da oceanide Climene, Ésquilo lhe atribui por mãe Têmis, a Lei, assimilada a Gaia, a Terra, privilegiando essa ascendência materna, pois o pai sequer é mencionado. Com a mãe, partilha o dom da previdência, revelado já em seu nome, que significa "o que sabe (da raiz *math*, aprender, saber) antes (*pro*)". Faz uso desse dom para prever o sofrimento futuro e a redenção, tanto os seus quanto os de sua contraparte humana, Io, ambos exemplificando os desmandos e a crueldade de Zeus. Prometeu é ambíguo com relação a Zeus. Num primeiro momento, pensou ajudar os Titãs, como seus irmãos Atlas e Menécio, ambos punidos após a ascensão dos novos deuses. Como seus conselhos foram ignorados, aliou-se a Zeus, sendo um dos responsáveis por sua vitória, mas não conquistou sua confiança. Os deuses se indispõem por causa dos humanos, que o novo senhor do Olimpo pretende eliminar. Prometeu rouba então o fogo, atributo divino, e o entrega aos mortais, que assim conquistam uma certa independência em relação aos deuses. Como punição, será acorrentado aos rochedos do deserto da Cítia por toda a eternidade.

Ésquilo o apresenta como o grande benfeitor da humanidade, seu protetor e introdutor de todas as artes e ciências e, por outro lado, como um rebelde, que nutre um permanente estado de desconfiança e rancor contra as divindades. Isso é bem visível na tragédia na forma como Prometeu se refere a Zeus e como se relaciona com Oceano e Hermes, recusando qualquer proposta conciliatória. Curiosamente demonstra maior afinidade com entidades femininas como a mãe, a quem recorda em vários momentos de sua aflição; as Oceanides, que compõem o coro trágico e que são suas parentes em virtude do casamento com uma delas, Ilesione (ou Hesíona); Io, a mortal perseguida por Hera em vista do desejo incontrolável de Zeus. Por se recusar a revelar um segredo que ameaçaria o poder de Zeus – um casamento que geraria um filho capaz de destronar o pai, que assim cumpriria o mesmo destino de seus antepassados Crono e Urano –, Prometeu sucumbe, ao final da tragédia, a punições ainda mais severas: é aprisionado pelas rochas que se desprendem da montanha atingida pelos raios de Zeus, com a promessa de, no futuro, ser presa de uma águia que diariamente lhe comeria o fígado e de ser lançado ao Tártaro, região subterrânea em que eram aprisionados os deuses depostos. Prometeu, no entanto, prevê que um descendente de Io, cujo nome não revela – mas que sabemos por Hesíodo tratar-se do herói Héracles –, o libertaria séculos mais tarde, quando a ameaça ao governo de Zeus já teria sido afastada.

HEFESTO: O filho de Zeus e Hera, ou só de Hera na tradição hesiódica, é o deus do fogo e da metalurgia. Devido a sua habilidade com os metais é designado para conduzir Prometeu até o local de seu castigo, onde deve acorrentá-lo às rochas em que permaneceria por toda a eternidade. A escolha desse deus também se deve ao fato de o fogo, que Prometeu roubara dos deuses para dar aos homens, ser um atributo seu, como nota a personagem Poder em sua primeira fala. Embora não ouse contrariar as ordens de Zeus, Hefesto se compadece da sorte de Prometeu e lamenta ter cabido a ele executar missão tão penosa. É preciso que Poder o lembre a todo momento que não deve se furtar a cumpri-la. Sua atuação está restrita ao prólogo.

PODER: *Krátos*, em grego, é um dos filhos de Estige, o curso de água que margeia o mundo dos mortos, e, como tal, filho de Oceano. Lutou ao lado de Zeus e seus irmãos contra os Titãs e foi por ele recompensado. Na peça, Poder é a personificação do mando e da autoridade de Zeus. No prólogo, junto a Força e Hefesto, escolta Prometeu para sua prisão. É duro e incapaz de demonstrar compaixão pelo destino do deus, a quem vê como um transgressor que merece a punição recebida. Encarrega-se de garantir que Hefesto cumpra a missão que lhe foi atribuída, atando Prometeu às rochas.

FORÇA: *Bía*, em grego, é outro dos filhos de Estige e irmão de Poder. Personifica a violência, a força bruta. Como o irmão, é extremamente leal a Zeus. Personagem muda, impõe terror e respeito apenas com a sua presença, garantindo o cumprimento das ordens celestes. No prólogo, junto a Poder e Hefesto, escolta Prometeu para sua prisão.

CORO DE OCEANIDES: Filhas dos titãs Oceano e Tétis (não confundir com a mãe de Aquiles, filha de Nereu, que tem o mesmo nome). Representam os riachos e as fontes de água. São as primeiras divindades a prestar solidariedade a Prometeu, permanecendo ao seu lado e sucumbindo com ele quando é soterrado por obra de Zeus. Sua simpatia pode ser explicada por Prometeu ser tradicionalmente filho de uma oceanide, Climene, embora na peça de Ésquilo sua mãe seja Têmis, a Lei, uma das Titanides. Mas o parentesco com as filhas de Oceano também pode ser estabelecido por meio do casamento, já que o coro declara que o deus desposara Ilesione (ou Hesíona), sua irmã. Apesar da lealdade e da compaixão que demonstram em relação ao deus, o coro percebe sua desmedida e aconselha-o, em vão, a adotar um tom mais comedido e a ceder diante dos mais poderosos.

OCEANO: É o titã que representa o grande curso de água que circunda a terra. Homero o considera um deus primordial, a origem das demais divindades (*Ilíada*, XIV, 200 e 246). Na tragédia de Ésquilo seu papel é mais modesto. Ele é o pai das Oceanides e de todos os rios. Surge no primeiro episódio disposto a prestar solidariedade a Prometeu e persuadi-lo a moderar seu rancor contra Zeus, de modo que ele possa intervir em seu favor junto ao novo senhor dos deuses. Prometeu faz pouco-caso das boas intenções de Oceano, a quem acusa de subserviência a Zeus. Oceano, então, parte sem alcançar seu intento, reconhecendo que Prometeu é caso perdido.

IO: Filha de Ínaco, rio filho de Oceano e irmão das Oceanides, Io sofre as consequências de ter sido amada por Zeus. Entra em cena no terceiro episódio, sob a forma de novilha, depois de muito vagar pela terra perseguida por Hera e transtornada por um moscardo que lhe pica sem cessar. Única personagem mortal da tragédia, Io é apresentada por Prometeu como mais uma vítima de Zeus. A jovem se liga ao destino do deus não apenas pelo sofrimento que experimentam, mas porque caberá a um de seus descendentes libertar Prometeu de sua prisão, após matar a águia que lhe consumirá diariamente o fígado (embora não nomeado na tragédia, sabe-se por Hesíodo tratar de Héracles). Prometeu revela-lhe suas andanças futuras e sua redenção, no Egito, quando recuperará a forma humana e gerará um filho de Zeus, Épafo, o primeiro de uma vasta linhagem. Mas o seu presente é de sofrimento. Ela deixa a cena como chegou, presa de delírios e de dor.

HERMES: Filho de Zeus e de Maia, é neto de Atlas por parte de mãe e sobrinho-neto de Prometeu, mas, ao contrário de Oceano e suas filhas, não se comove com o sofrimento do deus. Tem, entre outras atribuições, a de transmitir as mensagens dos deuses. Vem à cena ao final da peça para exortar Prometeu a revelar de uma vez por todas o segredo que ameaça a continuidade do governo de Zeus. Diante da recusa do deus em acatar a determinação divina, Hermes anuncia a Prometeu os castigos que Zeus pretende agregar à sua pena, culminando com seu encarceramento no Tártaro. Prometeu o destrata, considerando-o mero serviçal de Zeus, e insiste em sua revolta. Hermes deixa a cena antes do cataclismo que se abate sobre Prometeu e o coro, não sem antes apontar a sua desmedida que beira a insanidade.

ÉDIPO REI

Sófocles

Introdução: Sófocles e o *Édipo rei*

DENTRE OS POETAS TRÁGICOS GREGOS, Sófocles foi o mais clássico, na concepção da crítica antiga que associava essa qualidade à maturidade artística. Assim, o precursor de um novo gênero poético, por exemplo, é ainda tido como primitivo e o último já anuncia sua decadência, mas aqueles que ocupam a posição intermediária detêm plenas condições de realizar seu potencial. O autor do *Édipo rei* é o segundo na tríade dos tragediógrafos gregos, tendo competido ao lado de Ésquilo e de Eurípides nos festivais dramáticos. Aristófanes, na comédia *As rãs*, faz com que Ésquilo confie a Sófocles o trono dos poetas trágicos no Hades, quando deixa o mundo dos mortos em companhia de Dioniso para regressar a Atenas. Também é o poeta mais citado na *Poética*, de Aristóteles, como exemplo de excelência na sua arte.

Essa mesma unanimidade que marca sua obra parece tê-lo acompanhado em vida. Ao contrário de outros poetas, alvos constantes da zombaria dos comediógrafos, Sófocles quase não figura nas comédias. Seu prestígio na cidade pode ser medido ainda pelo fato de, após sua morte, ter passado a receber culto heroico, sob o nome de Dexion. Considerando que os gregos julgavam que somente a morte permitia afirmar a felicidade de um homem – já que, como o mito de Édipo ilustra bem, estaríamos todos sujeitos a qualquer momento a sofrer um revés da sorte –, Sófocles foi um homem afortunado.

Foi também um homem do século V a.C., o qual atravessou de ponta a ponta. Nascido em 496 a.C. em Colono, distrito de Atenas que imortalizou na tragédia *Édipo em Colono*, o poeta testemunhou as invasões persas e, em seguida, a Guerra do Peloponeso. Morto em 406 a.C., pouco após Eurípides, ele ainda teve a sorte de não ver os atenienses capitularem diante dos espartanos dois anos depois. Em noventa anos de vida, serviu à cidade em diversas oportunidades, tendo ocupado os cargos de *hellanotamias* (tesoureiro junto à Liga Délia), estratego (um misto de chefe militar e chanceler) e próbulo (um conselheiro extraordinário nomeado em períodos de crise). Também participou ativamente da vida religiosa da cidade, sendo o responsável pela introdução em Atenas do culto de Asclépio, filho de Apolo agraciado com o dom da cura e cultuado em Epidauro.

Para nós, entretanto, a reputação de Sófocles não depende desses fatos, mas da sua obra para teatro. Nisto, também, ele foi bem-sucedido. Dentre as suas contribuições para o desenvolvimento da tragédia, Aristóteles ressalta a introdução do terceiro ator, o que permitiu acrescentar mais personagens à trama, e a invenção da cenografia.[1] Sua estreia, em 468 a.C., trouxe igualmente a primeira vitória, fato que se repetiria várias vezes ao longo de sua carreira. Quando não ganhava, Sófocles ficava com o segundo prêmio – nunca foi classificado em terceiro, e último, lugar. Infelizmente, das cerca de 120 peças que compôs, chegaram-nos inteiras apenas sete: *Ájax*, *As traquínias*, *Antígona*, *Édipo rei*, *Electra*, *Filoctetes* e *Édipo em Colono*. Do drama satírico *Os sabujos*, restaram cerca de quatrocentos versos.

Como revelam os títulos acima, o mito dos labdácidas, os descendentes do rei tebano Lábdaco, é recorrente na obra sofocliana. Embora Sófocles não adotasse o formato sequencial da trilogia de Ésquilo, preferindo inscrever nos festivais dramáticos três tragédias sem vínculo temático, não é raro deparar-se com referências à sua "trilogia tebana". É assim que tradutores e comentadores modernos nomearam e agruparam as três tragédias remanescentes em que ele trata do mito de Édipo e de seus descendentes: *Édipo rei*, *Édipo em Colono* e *Antígona*. Esse é um roteiro de leitura interessante, desde que se entenda que essa disposição visa apenas à unidade de tema, reunindo peças compostas em momentos diversos da vida do tragediógrafo – entre *Antígona*, a mais antiga, e *Édipo em Colono*, encenada postumamente, o intervalo beira 35 anos.

Édipo rei é a tragédia emblemática do teatro grego e, em conjunto com *Romeu e Julieta* e *Hamlet*, de Shakespeare, constitui a peça de teatro mais conhecida da literatura ocidental. Sua reputação cresceu ainda mais depois que Freud tirou o herói do palco e o deitou no divã, nomeando a partir dele o complexo que descreve a atração que todo filho sente em algum momento por sua mãe. É preciso, no entanto, distinguir o Édipo freudiano do sofocliano. À ignorância, e não ao inconsciente, devem-se creditar as ações do herói, que consuma o casamento com Jocasta, sua mãe, desconhecendo o vínculo de parentesco que os une. É isso justamente que torna a história de Édipo paradigmática, pois, em vista de seu conhecimento limitado e limitante, os homens estão condenados a tatear na escuridão.

---

1. Para mais detalhes sobre a encenação no teatro clássico, ver a Apresentação geral.

Antes de passar à peça, é preciso chamar a atenção para a denominação que tradicionalmente recebeu. Conhecida como *Édipo rei*, em grego a tragédia intitula-se *Édipo tirano*. Isso se explica porque, com o tempo, tirano tornou-se um termo pejorativo, denotando o exercício ilegítimo e cruel do poder, de modo que associá-lo ao herói produziria prévia antipatia. Entre os gregos, no entanto, tirania designava, sobretudo, o poder não dinástico, sendo que, muitas vezes, o tirano era tido como benfeitor das classes menos favorecidas da população. Esse é o caso de Édipo, que ascende ao trono tebano por mérito e não por direito sucessório – muito embora a tragédia termine por revelar que aquele a quem consideravam tirano era na verdade rei, já que nascera de Laio e Jocasta, monarcas de Tebas. Deve-se notar ainda que, embora então um tirano não correspondesse ao estereótipo que dele hoje se faz, já se percebia que a instabilidade no poder natural em sua condição o tornava mais sujeito a atitudes autocráticas e violentas. Esses traços, bem como o de protetor do povo, estão bem marcados na caracterização do Édipo de Sófocles.

No início da peça, Édipo está instalado em Tebas como seu governante. É amado e respeitado pelo povo, representado pelos anciãos do coro, gratos a ele por ter livrado a cidade da Esfinge. A Esfinge, monstro alado com cabeça de mulher e corpo de leão, propunha o seguinte enigma aos que queriam sair ou entrar na cidade, devorando os que não o decifrassem: qual é o único ser que de manhã anda com quatro pés, à tarde, com dois e à noite, com três? Só Édipo soube que a resposta era o homem, que em bebê engatinha sobre os quatro membros, adulto anda sobre suas próprias pernas e, na velhice, apoia-se em um bastão, o terceiro pé. O monstro, vencido, atira-se num abismo e morre, mas, como bem notaram os grandes estudiosos do imaginário grego Jean-Pierre Vernant e Pierre Vidal-Naquet, o enigma persiste incorporado à estrutura da peça.[2] O herói, como prêmio por sua sagacidade, conquista o trono tebano e a mão da rainha Jocasta, então viúva. No entanto, após anos de calmaria, a cidade volta a ser confrontada com uma nova charada, posta desta vez sob a forma da peste, que dizima a população e rebanhos. Na cena inicial, o coro suplica a Édipo que mais uma vez salve a cidade.

Édipo caracteriza-se pela pronta ação. Assim, quando sua intervenção é solicitada, ele já havia tomado a iniciativa de enviar a Delfos Creonte, seu cunhado, em busca de um oráculo que esclarecesse as razões da peste. É pre-

---

2. Vernant, J.-P. e P. Vidal-Naquet. "Ambiguidade e reviravolta. Sobre a estrutura enigmática do Édipo rei", in *Mito e tragédia na Grécia antiga*. São Paulo: Duas Cidades, 1977, p.83-111.

ciso entender que os gregos associavam a irrupção de doenças ao descontentamento divino, e Delfos era a sede do maior santuário de Apolo, onde sua palavra profética se fazia ouvir por meio de uma sacerdotisa. Foi lá que, anos antes, Édipo ouviu aterrorizado que mataria o pai e desposaria a mãe, fato decisivo para afastá-lo de Corinto, cidade que então considerava sua terra natal, e colocá-lo no caminho de Tebas. Desta vez, o oráculo revela que a peste se devia à impunidade de um antigo crime: o assassinato de Laio, predecessor de Édipo no trono, jamais fora esclarecido, e nem seu assassino punido.

Imediatamente Édipo toma para si a investigação. O fato de ter desvendado sozinho o enigma da Esfinge lhe confere uma autoconfiança perigosa, que beira a arrogância. Isso fica claro na sua entrevista com Tirésias, o respeitado adivinho tebano. A entrada de Tirésias em cena é impactante, reavivando o antigo enigma das três idades do homem: o velho cego, apoiado em seu bastão, guiado por um menino, diante do maduro Édipo. A imagem de Tirésias também antecipa o que Édipo se tornará ao final da peça: um cego cheio de dolorosa sabedoria.

Convocado por sua clarividência a contribuir com a apuração dos fatos, Tirésias silencia. Édipo supõe que o adivinho cala ou por ser charlatão ou por ocultar os criminosos. Afrontado, Tirésias lhe diz o que tentava esconder: Édipo é o assassino procurado. A indignação faz com que o tirano perca o controle e acuse-o de estar a serviço de Creonte, interessado em tomar-lhe o poder. O profeta adverte Édipo que o responsável logo será descoberto: julgam-no estrangeiro, se mostrará tebano; enxerga, mas perderá a visão; de rico passará a miserável e partirá para o exílio; e, pior, vai se revelar pai e irmão de seus filhos, marido e filho de sua mãe e assassino de seu pai. Essa fala, situada no primeiro terço da peça, poderia dar a questão por encerrada, já que elucida a identidade do criminoso e todas as implicações de seu ato, mas, diante da certeza que Édipo tem de estar sendo vítima de uma intriga palaciana, ela é ignorada. Mesmo para o coro as acusações não fazem sentido, já que a essa altura da peça Édipo é considerado filho dos reis de Corinto. Instaura-se um conflito entre as dimensões religiosa e política da tragédia em que, num primeiro momento, a instância política, representada pelo soberano, leva a melhor.

Segue-se uma discussão acalorada com Creonte, em que Édipo o acusa diretamente, mesmo sem quaisquer indícios de sua culpa. Jocasta intervém e, ao saber que o motivo da briga são as palavras de Tirésias, tenta tranquilizar o herói. As profecias não são dignas de fé, diz ela. Conta, então, como Laio mandou abandonar à morte seu filho recém-nascido devido ao vaticínio de que a criança, ao crescer, mataria o pai. A morte do bebê, contudo, não poupou a vida de Laio, que, anos mais tarde, foi abatido por bandidos numa encruzilhada de estrada. Sendo assim, a predição não se cumpriu, pois, segundo lhe parecia, o filho não sobrevivera para matar o pai.

Como é característico desta tragédia, a nova informação, que deveria proporcionar alívio, se mostra uma razão a mais de inquietação. Édipo lembra que, alguns anos antes, a caminho de Tebas, enfrentara e matara um velho num ponto em que a estrada se trifurca (uma nova alusão às três idades do homem constantes do enigma da Esfinge?). Teria Tirésias falado, ainda que parcialmente, a verdade? De acordo com o relato da única testemunha que escapou, Laio fora atacado por bandidos, no plural, e ele estava sozinho. Então, é preciso confrontar esse homem e eliminar a dúvida.

Enquanto isso, um mensageiro chega de Corinto para anunciar a morte de Pôlibo, o rei e suposto pai de Édipo. O herói vê nisso um sinal de esperança: o pai morrera e não fora ele o culpado, então o oráculo falhara. Mesmo assim, ele ainda teme o leito da mãe. O mensageiro o acalma, revelando-lhe que a rainha de Corinto não é sua mãe biológica: ele fora adotado. Para Édipo a questão central agora deixa de ser "quem matou Laio?" e passa à mais urgente "quem sou eu?". Há um pastor tebano, diz o mensageiro, que sabe a resposta, pois fora ele quem, no início de tudo, entregara o menino abandonado, pendurado pelos pés, ao seu colega coríntio. Essas duas questões, que estão no cerne do romance moderno – quem fez?, quem sou? –, conferem à tragédia de Sófocles um interesse perene.

Jocasta decifra esse novo enigma, cuja solução também remete à charada da Esfinge, já que novamente os pés têm a resposta. Édipo, cujo nome significa "o de pés inchados", porque fora amarrado pelos tornozelos quando abandonado nas montanhas, é o homem que embaralha a sequência das gerações ao se tornar pai e irmão dos seus filhos, filho e marido de sua mãe, simultaneamente. Para Jocasta é evidente que o homem com quem se casara é o filho que tivera de Laio. Assim, ela tenta dissuadir o herói de prosseguir na investigação. Ele, no entanto, não a escuta, imaginando que no fundo a rainha receasse descobrir ter desposado não o filho de reis, mas o de escravos. Silenciosamente, então, ela entra no palácio para pôr fim à própria vida.

A verdade vem à tona para Édipo no confronto entre as duas testemunhaschave, o Mensageiro de Corinto e o Pastor tebano, que também era quem acompanhava Laio no dia de sua morte. Como Tirésias, o Pastor se recusa a colaborar, mas é forçado a fazê-lo. Agora Édipo finalmente sabe quem é: o filho que não deveria ter nascido, o marido de quem não devia ter desposado e o assassino de quem não devia ter matado. Resta-lhe cegar os olhos – pois lhe é insuportável encarar o olhar dos demais –, cumprindo assim a profecia de Tirésias, e partir para um exílio a que ele mesmo havia condenado o assassino de Laio.

Bernard Knox, no seu magistral estudo da tragédia, destaca que *Édipo rei* não é uma peça fatalista, em que o destino se sobrepõe ao homem.[3] O herói de Sófocles é senhor de suas ações, muitas vezes se indispondo com os demais para implementá-las e assumindo total responsabilidade por seus atos. As profecias não são mais do que o pretexto para o essencial: a descoberta da identidade de Édipo, processo que ele conduz inexoravelmente, enfrentando a oposição de várias personagens, que se recusam a colaborar com ele. Graças à sua iniciativa, a verdade é restabelecida.

Por singular que nos pareça, aos olhos do coro a situação de Édipo é, no entanto, paradigmática. Ninguém está livre de passar pelo que ele passou, pois o homem vive na ignorância. Na *Poética*, Aristóteles cita Édipo como exemplo de herói trágico, do homem que não é todo virtude, nem todo maldade, mas cujo infortúnio decorre de um erro involuntário (*hamartia*). O erro de Édipo não se caracteriza enquanto falta moral, antes é uma falha intelectual: a certeza de ter a chave de todos os mistérios o impede de decifrar o mais elementar de todos, o enigma de sua existência. Sintomaticamente, no templo de Apolo em Delfos, de onde partiram os três oráculos que embasam a ação da peça, está inscrita a frase "Conhece-te a ti mesmo".

A peça termina sem redenção possível. Ela só virá no *Édipo em Colono*, drama póstumo, em que Sófocles promove a purificação do herói em Atenas, onde será sepultado, trazendo os benefícios advindos de seu culto para a cidade que no teatro lamentou seus males.

---

3. Knox, B. *Édipo em Tebas*. São Paulo: Perspectiva, 2002.

ÉDIPO REI

Época da ação: idade heroica da Grécia
Local: Tebas
Primeira representação: 430 a.C., em Atenas (data aproximada)

Personagens
ÉDIPO, rei de Tebas
JOCASTA, mulher de Édipo
CREONTE, irmão de Jocasta
TIRÉSIAS, velho adivinho
SACERDOTE
MENSAGEIRO de Corinto
PASTOR
CRIADO do palácio
CORIFEU
CORO de anciãos tebanos

Figurantes mudos
MENINO, guia de Tirésias
SUPLICANTES
CRIADOS e CRIADAS

Cenário
Praça fronteira ao palácio real em Tebas. Ao fundo, no horizonte, o monte
Citéron.

Em frente a cada porta do palácio há um altar. Sobre os altares veem-se
ramos de loureiro e de oliveira trazidos por numerosos tebanos, ajoelhados nos
degraus dos altares como suplicantes.

No meio deles, em pé, vê-se um ancião, o SACERDOTE de Zeus. Abre-se a
porta principal do palácio. Aparece ÉDIPO, com seu séquito, que se dirige aos
suplicantes em tom paternal.

Queima-se incenso nos altares.

PRÓLOGO, Cena 1

[A cena se passa diante do palácio real de Tebas. A tragédia inicia-se com um grupo de tebanos, liderados por seu Sacerdote, que suplicam a intervenção do governante da cidade, Édipo, para sua salvação. Tebas é castigada por uma peste. Édipo acolhe com benevolência as súplicas e revela que já tomara providências para enfrentar o problema, encarregando Creonte, seu cunhado, de consultar o oráculo de Apolo, em Delfos, para saber a origem do mal. O Sacerdote avista Creonte, que retorna de sua missão. (v.1-107)]

ÉDIPO
Meus filhos, nova geração do antigo Cadmo,[1]
por que permaneceis aí ajoelhados
portando os ramos rituais de suplicantes?
Ao mesmo tempo enche-se Tebas da fumaça
5   de incenso e enche-se também de hinos tristes
e de gemidos. Não reputo justo ouvir
de estranhas bocas, filhos meus, as ocorrências,
e aqui estou, eu mesmo, o renomado Édipo.

Dirigindo-se ao SACERDOTE *de Zeus.*

Vamos, ancião, explica-te! Por tua idade
10   convém que sejas porta-voz de todos eles.

Dirigindo-se a todos.

---

1. Segundo as lendas, Cadmo deixa sua cidade natal, Tiro, para procurar por Europa, sua irmã, que havia sido raptada por Zeus. Suas andanças o levam a uma região desabitada da Beócia, onde funda a cidade de Tebas, tornando-se o seu primeiro rei. Assim, os tebanos se considerarão seus descendentes, sendo chamados de cadmeus.

Por que essa atitude? Que receio tendes?
Que pretendeis? Apresso-me em assegurar-vos
que meu intuito é socorrer-vos plenamente;
se não me sensibilizassem vossas súplicas
15 eu estaria então imune a qualquer dor.

SACERDOTE
Édipo, rei de meu país, vês como estamos
aglomerados hoje em volta dos altares
fronteiros ao palácio teu; somos pessoas
de todas as idades; uns ainda frágeis
20 para maiores voos, envelhecidos outros
ao peso de anos incontáveis já vividos;
alguns são sacerdotes, como eu sou de Zeus;
aqueles são a fina flor da mocidade;
enfim contemplas todo o povo desta terra
25 presente em praça pública e trazendo ramos
trançados em coroas, gente rodeando
os templos gêmeos da divina Palas,[2] onde
o deus Ismênio[3] profetiza pelo fogo.
Tebas, de fato, como podes ver tu mesmo,
30 hoje se encontra totalmente transtornada
e nem consegue erguer do abismo ingente de ondas
sanguinolentas a desalentada fronte;
ela se extingue nos germes antes fecundos
da terra, morre nos rebanhos antes múltiplos
35 e nos abortos das mulheres, tudo estéril.
A divindade portadora do flagelo[4]
da febre flamejante ataca esta cidade;
é a pavorosa peste que dizima a gente
e a terra de Cadmo antigo, e o Hades[5] lúgubre

---

2. Epíteto da deusa Atena.
3. Filho de Apolo, cultuado na cidade de Tebas. Havia também um rio Ismênio na Beócia.
4. A peste é vista pelos gregos como indício de insatisfação divina. Embora Apolo seja o
deus normalmente identificado com a disseminação da doença, o coro da tragédia atribui
a pestilência a Ares (cf. v.230), associado à guerra e à carnificina. É provável que o emprego
de um termo neutro nesta passagem, "divindade", expresse a dúvida dos cidadãos sobre
a identidade do deus que os castiga. O desenrolar da ação parece vincular a peste a Apolo,
já que a doença é o pretexto para consultar o oráculo do deus que, por sua vez, promete
que ela cessará quando concluída a investigação da morte de Laio.
5. A região subterrânea que abriga os mortos e que é governada pelo deus de mesmo nome.

40 transborda de nossos gemidos e soluços.
Não te igualamos certamente à divindade,
nem eu nem os teus filhos que cercamos hoje
teu lar, mas te julgamos o melhor dos homens
tanto nas fases de existência boa e plácida
45 como nos tempos de incomum dificuldade
em que somente os deuses podem socorrer-nos.
Outrora libertaste a terra do rei Cadmo
do bárbaro tributo que nos era imposto
pela cruel cantora,[6] sem qualquer ajuda
50 e sem ensinamento algum de nossa parte;
auxiliado por um deus, como dizemos
e cremos todos, devolveste-nos a vida.
E agora, Édipo, senhor onipotente,
viemos todos implorar-te, suplicar-te:
55 busca, descobre, indica-nos a salvação,
seja por meio de mensagens de algum deus,
seja mediante a ajuda de um simples mortal,
pois vejo que os conselhos de homens mais vividos
são muitas vezes oportunos e eficazes.
60 Vamos, mortal melhor que todos, exortamos-te:
livra nossa cidade novamente! Vamos!
Preserva tua fama, pois vemos em ti
por teu zelo passado nosso redentor!
Jamais pensemos nós que sob o reino teu
65 fomos primeiro salvos e depois perdidos!
Não! Salva Tebas hoje para todo o sempre!
Com bons augúrios deste-nos, na vez primeira,
ventura até há pouco tempo desfrutada.
Mostra-te agora igual ao Édipo de outrora!
70 Se tens de ser o governante desta terra,
que é tua, é preferível ser senhor de homens
que de um deserto; nem as naus, nem baluartes
são coisa alguma se vazios, sem ninguém.

---

6. Com "cruel cantora" o Sacerdote alude à Esfinge, monstro alado com rosto e busto de mulher, corpo de leão e garras de leoa, asas, cauda em forma de serpente e voz humana que propunha aos tebanos adivinhas, devorando os que não soubessem respondê-los. Édipo decifrou o enigma e libertou a cidade do jugo do monstro. A Esfinge cantava seus enigmas, valendo-se da linguagem poética, como também era o caso das Sereias (seres parte mulheres, parte aves), na *Odisseia* (XII, v.39ss.).

ÉDIPO

Ah! Filhos meus, merecedores de piedade!
75 Sei os motivos que vos fazem vir aqui;
vossos anseios não me são desconhecidos.
Sei bem que todos vós sofreis mas vos afirmo
que o sofrimento vosso não supera o meu.
Sofre cada um de vós somente a própria dor;
80 minha alma todavia chora ao mesmo tempo
pela cidade, por mim mesmo e por vós todos.
Não me fazeis portanto levantar agora
como se eu estivesse entregue ao suave sono.
Muito ao contrário, digo-vos que na verdade
85 já derramei sentidas, copiosas lágrimas.
Meu pensamento errou por rumos tortuosos.
Veio-me à mente apenas uma solução,
que logo pus em prática: mandei Creonte,
filho de Meneceu, irmão de minha esposa,
90 ao santuário pítico do augusto Febo[7]
para indagar do deus o que me cumpre agora
fazer para salvar de novo esta cidade.
E quando conto os muitos dias transcorridos
desde a partida dele, sinto-me inquieto
95 com essa demora estranha, demasiado longa.
Mas, quando ele voltar, eu não serei então
um homem de verdade se não fizer tudo
que o deus ditar por intermédio de Creonte.

Os anciãos do CORO, *que se haviam agrupado em volta de* ÉDIPO *enquanto ele falava, fazem um gesto indicando alguém que se aproxima.*

SACERDOTE

Sim, vejo que falaste a tempo; neste instante
100 apontam-me Creonte; ei-lo de volta, enfim.

---

7. Epíteto do deus Apolo, cujo principal santuário, um importante centro profético na Antiguidade, estava localizado em Delfos, que antes se chamava Pito – daí "santuário pítico" e, também, o termo "pitonisa", a sacerdotisa encarregada das profecias.

Entra CREONTE, *apressado, coroado de bagas de loureiro, com aspecto alegre.*

ÉDIPO

Traga-nos ele, deus Apolo, a salvação
resplandecente como seu próprio semblante!

SACERDOTE

Ele parece alegre; as bagas de loureiro[8]
em forma de coroa são um bom sinal.

ÉDIPO

105 Ele já pode ouvir-nos; logo o escutaremos.

Dirigindo-se a CREONTE.

Filho de Meneceu, príncipe, meu cunhado,
transmite-nos depressa o que te disse o deus!

PRÓLOGO, Cena 2

[Creonte transmite a Édipo e aos tebanos reunidos diante do palácio a resposta do oráculo: para pôr fim à peste é preciso purificar a cidade de um crime antigo. Trata-se do assassinato do rei Laio, ocorrido pouco antes de Édipo chegar à cidade, mas que ficara sem explicação porque na época Tebas estava ameaçada pela Esfinge. Imediatamente Édipo toma para si a tarefa de investigação, interrogando Creonte sobre as circunstâncias que cercam o crime. Ao mesmo tempo, promete à população que encontrará o culpado e salvará a cidade. (v.108-185)]

CREONTE

Foi favorável a resposta, pois suponho
que mesmo as coisas tristes, sendo para bem,
110 podem tornar-se boas e trazer ventura.

---

8. O loureiro está associado a Apolo, e aqueles que consultavam o oráculo do deus deveriam usar coroas trançadas com a planta.

ÉDIPO
Mas, que resposta ouviste? Estas palavras tuas
se por um lado não me trazem mais temores
por outro são escassas para dar-me alívio.

CREONTE
Indicando os tebanos ajoelhados.

Se é teu desejo ouvir-me na presença deles
115   disponho-me a falar. Ou levas-me a palácio?

ÉDIPO
Quero que fales diante dos tebanos todos;
minha alma sofre mais por eles que por mim.

CREONTE
Revelarei então o que ouvi do deus.
Ordena-nos Apolo com total clareza
120   que libertemos Tebas de uma execração
oculta agora em seu benevolente seio,
antes que seja tarde para erradicá-la.

ÉDIPO
Como purificá-la? De que mal se trata?

CREONTE
Teremos de banir daqui um ser impuro
125   ou expiar morte com morte, pois há sangue
causando enormes males à nossa cidade.

ÉDIPO
Que morte exige expiação? Quem pereceu?

CREONTE
Laio, senhor, outrora rei deste país,
antes de seres aclamado soberano.

ÉDIPO
130 Sei, por ouvir dizer, mas nunca pude vê-lo.

CREONTE
Ele foi morto: o deus agora determina
que os assassinos tenham o castigo justo,
seja qual for a sua posição presente.

ÉDIPO
Onde os culpados estarão? Onde acharemos
135 algum vestígio desse crime muito antigo?

CREONTE
Em nossa terra, disse o deus; o que se busca
encontra-se, mas foge-nos o que deixamos.

ÉDIPO
Foi no palácio, foi no campo ou em terra estranha
que assassinaram Laio como nos falaste?

CREONTE
140 Disse ele, quando foi, que ia ouvir o deus
e nunca mais voltou aos seus, à sua terra.

ÉDIPO
Nenhum arauto ou companheiro de viagem
viu algo que pudesse orientar-nos hoje?

CREONTE
Todos estão agora mortos, salvo um
145 que desapareceu com medo e pouco disse.

ÉDIPO
Que disse? É pouco, mas um mínimo detalhe
talvez nos leve a descobertas decisivas
se nos proporcionar um fio de esperança.

CREONTE
Falou que alguns bandidos encontraram Laio
150 e o trucidaram, não com a força de um só homem
pois numerosas mãos se uniram para o crime.

ÉDIPO
Como teria ousado tanto o malfeitor
sem conspirata em Tebas e sem corrupção?

CREONTE
Tivemos essa ideia, mas após o crime
155 nenhum de nós em meio a males mais prementes
pôde cuidar naquela hora de vingá-lo.

ÉDIPO
Que males, no momento em que o poder caía,
vos impediram de aclarar o triste evento?

CREONTE
A Esfinge, entoando sempre trágicos enigmas,
160 não nos deixou pensar em fatos indistintos;
outros, patentes, esmagavam-nos então.

ÉDIPO

Pois bem; eu mesmo, remontando à sua origem,
hei de torná-los evidentes sem demora.
Louve-se Febo, sejas tu também louvado
165 pelos cuidados que tiveste quanto ao morto;
verás que vou juntar-me a ti e secundar-te
no esforço para redimir nossa cidade.
E não apagarei a mácula por outrem,
mas por mim mesmo: quem matou antes um rei
170 bem poderá querer com suas próprias mãos
matar-me a mim também; presto um serviço a Laio
e simultaneamente sirvo à minha causa.

Dirigindo-se aos tebanos ajoelhados.

Vamos depressa, filhos! Vamos, levantai-vos
desses degraus! Levai convosco os vossos ramos
175 de suplicantes; quando decorrer o tempo
reúna-se de novo aqui a grei de Cadmo
e dedicar-me-ei de todo ao meu intento.
Querendo o deus, quando voltarmos a encontrar-nos
teremos satisfeito este nosso desejo,
180 pois o contrário será nossa perdição.

SACERDOTE

Sim, filhos meus, ergamo-nos; foi para isso
que aqui nos reunimos todos neste dia.
E possa Febo, inspirador das predições,
juntar-se a nós, ele também, para salvar-nos
185 e nos livrar deste flagelo para sempre!

Retiram-se ÉDIPO, CREONTE, O SACERDOTE *e o povo. Permanece em cena
o* CORO, *composto de anciãos, cidadãos notáveis de Tebas.*

PÁRODO

[O Coro, composto de cidadãos tebanos, dá vazão aos seus temores
e suplica pela ajuda dos deuses, para que venham em socorro
de Tebas e combatam a peste que os dizima. (v.186-251)]

CORO

Doce palavra de Zeus poderoso,
que vens trazendo da faustosa Delfos
à ilustre Tebas? Tenho meu espírito
tenso de medo; tremo de terror,
190 deus salutar de Delos,[9] e pergunto,
inquieto, por que sendas me conduzes,
novas, talvez, ou talvez repetidas
após o lento perpassar dos anos.
Dize-me, filha da Esperança áurea,
195 voz imortal![10] Invoco-te primeiro,
filha do grande Zeus, eterna Atena,
e tua irmã, guardiã de Tebas, Ártemis
que tem assento em trono glorioso
na ágora de forma circular
200 e Febo, que de longe lança flechas:
aparecei, vós três, em meu socorro!
Se de outra vez, para afastar de nós
flagelo igual que nos exterminava
pudestes extinguir as longas chamas
205 da desventura, vinde a nós agora!
Ah! Quantos males nos afligem hoje!
O povo todo foi contagiado
e já não pode a mente imaginar
recurso algum capaz de nos valer!
210 Não crescem mais os frutos bons da terra;
mulheres grávidas não dão à luz,
aliviando-se de suas dores;
sem pausa, como pássaros velozes,
mais rápidas que o fogo impetuoso
215 as vítimas se precipitam céleres
rumo à mansão do deus crepuscular.[11]
Tebas perece com seus habitantes

---

9. A ilha de Delos, onde se acreditava terem nascido os gêmeos Apolo e Ártemis, era outro importante centro de culto do deus. Assim, a expressão "deus de Delos" refere-se a Apolo.
10. Na passagem "filha da Esperança áurea, voz imortal", "voz" traduz o termo grego *pháma*, que designa seja a palavra de origem divina, oracular, seja a informação sem base certa, o rumor. O coro especula acerca dos misteriosos desígnios dos deuses e do sentido do oráculo, que por si só representa uma esperança nesse momento de desespero.
11. O deus crepuscular é Hades, que reina sobre os mortos no subterrâneo, aonde os raios do sol não chegam.

e sem cuidados, sem serem chorados,
ficam no chão, aos montes, os cadáveres,
220 expostos, provocando novas mortes.
Esposas, mães com seus cabelos brancos,
choram junto aos altares, nos degraus
onde gemendo imploram compungidas
o fim de tão amargas provações.
225 E o hino triste repercute forte
ao misturar-se às vozes lamentosas.
Diante disso, filha rutilante[12]
de Zeus supremo, outorga-nos depressa
a tua sorridente proteção!
230 Faze também com que Ares potente
que agora nos ataca esbravejando
e sem o bronze dos escudos queima-nos
vá para longe, volte-nos as costas,
procure o leito imenso de Anfitrite[13]
235 ou as revoltas vagas do mar Trácio,[14]
pois o que a noite poupa o dia mata!
Zeus pai, senhor dos fúlgidos relâmpagos,
esmaga esse Ares, Zeus, com teus trovões!
O meu desejo, Apolo, é que dispares
240 com teu arco dourado flechas rápidas,
inevitáveis, para socorrer-nos,
para nos proteger; o mesmo espero
das tochas fulgurantes com que Ártemis
percorre os montes lícios;[15] meu apelo
245 também dirijo ao deus da tiara de ouro,
epônimo de Tebas, Baco alegre[16]
de rosto cor de vinho, companheiro
das Mênades, para que avance e traga

---

12. A referência aqui é a deusa Ártemis, irmã de Apolo, também cultuada em Tebas, como revela o verso 197.
13. O atual oceano Atlântico, sobre o qual Anfitrite, uma das nereides, divindades dos mares, exercia seu domínio.
14. Mar situado na parte oriental do Mediterrâneo.
15. A região da Lícia, na Ásia Menor, era preferida por Ártemis para suas caçadas.
16. Baco, ou Dioniso, é um deus tebano, nascido dos amores de Zeus e Sêmele, filha de Cadmo (cf. nota 1). Associado ao vinho, percorre as montanhas em companhia das Mênades, ou Bacantes, mulheres que compunham seu cortejo, praticando cultos de natureza orgiástica.

a todos nós a tão pedida ajuda
250 com seu archote de brilhante chama
contra esse deus que nem os deuses prezam!

ÉDIPO reaparece, vindo do palácio, e dirige-se ao CORIFEU.

1º EPISÓDIO, Cena 1

[Édipo conclama os tebanos a denunciar a identidade do assassino ou
qualquer fato que possa levar à elucidação do crime, sob ameaça de
severa punição. Caso o culpado se apresente voluntariamente, será
condenado ao exílio. O Corifeu, o líder do Coro, sugere que se ouça
Tirésias, o adivinho, em busca de informações. Édipo, no entanto, já havia
se antecipado e estava justamente à espera do profeta. (v.252-354)]

ÉDIPO
Suplicas proteção e alívio de teus males.
Sem dúvida serão ouvidas tuas preces
se deres a atenção devida à minha fala
255 e tua ação corresponder às circunstâncias.
Quero dizer estas palavras claramente,
alheio aos vãos relatos, preso à realidade.
Hei de seguir, inda que só, o rumo certo;
o indício mais sutil será suficiente.
260 Já que somente após os fatos alegados
honraram-me os tebanos com a cidadania
declaro neste instante em alta voz, cadmeus:
ordeno a quem souber aqui quem matou Laio,
filho de Lábdaco, que me revele tudo;
265 ainda que receie represálias, fale!
Quem se denunciar não deverá ter medo;
não correrá outro perigo além do exílio;
a vida lhe será poupada. Se alguém sabe
que o matador não é tebano, é de outras terras,
270 conte-me logo, pois à minha gratidão
virá juntar-se generosa recompensa.
Mas se ao contrário, cidadãos, nada disserdes
e se qualquer de vós quiser inocentar-se
por medo ou para proteger algum amigo

275 da imputação de assassinato, eis minhas ordens:
proíbo terminantemente aos habitantes
deste país onde detenho o mando e o trono
que acolham o assassino, sem levar em conta
o seu prestígio, ou lhe dirijam a palavra
280 ou lhe permitam irmanar-se às suas preces
ou sacrifícios e homenagens aos bons deuses
ou que partilhem com tal homem a água sacra!
Que todos, ao contrário, o afastem de seus lares
pois ele comunica mácula indelével
285 segundo nos revela o deus em seu oráculo.
Eis, cidadãos, como demonstro acatamento
ao deus e apreço ao rei há tanto tempo morto.
O criminoso ignoto, seja ele um só
ou acumpliciado, peço agora aos deuses
290 que viva na desgraça e miseravelmente!
E se ele convive comigo sem que eu saiba,
invoco para mim também os mesmos males
que minhas maldições acabam de atrair
inapelavelmente para o celerado!
295 Exorto-vos a proceder assim, tebanos,
em atenção a mim, ao deus, por esta terra
que em frente aos vossos olhos está perecendo
entregue pelos numes à esterilidade.
Ainda que essa purificação forçosa
300 não vos houvera sido imposta pelo deus,
não deveríeis deixar Tebas maculada
pois era o morto um homem excelente, um rei;
cumpria-vos esclarecer os fatos logo.
Considerando que hoje tenho em minhas mãos
305 o mando anteriormente atribuído a Laio
e que são hoje meus seu leito e a mulher
que deveria ter-lhe propiciado filhos,
e finalmente que se suas esperanças
por desventura não houvessem sido vãs,
310 crianças concebidas por uma só mãe
teriam estreitado laços entre nós
(mas a desgraça lhe caiu sobre a cabeça),
por todos esses ponderáveis fundamentos
hei de lutar por ele como por meu pai

315 e tomarei as providências necessárias
à descoberta do assassino do labdácida,[17]
progênie do rei Polidoro, descendente
de Cadmo e Agenor, os grandes reis de antanho.
E quanto aos desobedientes, peço aos deuses
320 que a terra não lhes dê seus frutos e as mulheres
não tenham filhos deles, e sem salvação
pereçam sob o peso dos males presentes
ou vítimas de mal muitas vezes maior.
Mas, para vós, cadmeus que concordais comigo,
325 possa a justiça sempre estar do vosso lado
e não vos falte nunca a proteção divina!

CORIFEU
Escuta, então, senhor; tuas imprecações
compelem-me a falar. Não fui o assassino,
nem sei quem foi; cabia a Febo, deus-profeta,
330 que nos mandou punir agora o criminoso,
dizer-nos quem outrora cometeu o crime.

ÉDIPO
São justas as tuas palavras, mas ninguém
detém poder bastante para constranger
os deuses a mudar os seus altos desígnios.

CORIFEU
335 Veio-me à mente uma segunda ideia; exponho-a?

ÉDIPO
Mesmo a terceira, se tiveres, quero ouvir.

---

17. Lábdaco, filho de Polidoro e neto de Cadmo, reinou em Tebas, sendo sucedido por seu filho, Laio. Agenor, reinante em Tiro e pai de Cadmo, descende de Posídon e de Líbia, neta de Io e de Zeus. Os labdácidas, então, provêm de uma linhagem ilustre.

CORIFEU
Sei que Tirésias venerável é o profeta
mais próximo de Febo; se lhe perguntares,
dele ouviremos a revelação dos fatos.

ÉDIPO
340 Não descurei desse recurso; aconselhado
há pouco por Creonte, já mandei buscá-lo.
Espanta-me que ainda não tenha chegado.

CORIFEU
E quanto ao mais, só há rumores vãos, remotos.

ÉDIPO
Quais os rumores? Quero conhecê-los todos.

CORIFEU
345 Dizem que Laio foi morto por andarilhos.

ÉDIPO
Também ouvi dizer, mas não há testemunhas.

CORIFEU
Mas se o culpado for sensível ao temor,
não há de resistir quando tiver ciência
de tua dura, assustadora imprecação.

ÉDIPO
350 Quem age sem receios não teme as palavras.

CORIFEU

Vendo TIRÉSIAS *aproximar-se.*

Já vejo aproximar-se quem vai descobri-lo.
Estão trazendo em nossa direção o vate
guiado pelos deuses, único entre os homens
que traz em sua mente a lúcida verdade.

Entra TIRÉSIAS, *idoso e cego, conduzido por um menino.*

1º EPISÓDIO, Cena 2

[Édipo pede que Tirésias, com sua arte, aponte o criminoso. O profeta reluta
e implora para ir embora. Édipo interpreta isso como uma afronta à cidade e,
furioso, acusa-o de ter planejado o crime. Provocado, Tirésias devolve a acusação,
responsabilizando Édipo pela morte. Segue-se um diálogo tenso e ríspido,
carregado de ironias. O profeta declara que o rei, além de assassino, é incestuoso,
e prevê sua derrocada naquele mesmo dia; Édipo afirma que ele é um charlatão,
cúmplice de Creonte em um complô para destituí-lo do poder. Tirésias sai, mas
antes revela toda a verdade, que, no entanto, não é passível de compreensão
nem pelo rei nem pelos súditos. Édipo, tido como filho dos reis de Corinto, um
estrangeiro em Tebas, não pode ser vinculado à casa de Laio. (v.355-557)]

ÉDIPO

355 Tu, que apreendes a realidade toda,
Tirésias, tanto os fatos logo divulgados
quanto os ocultos, e os sinais vindos do céu
e os deste mundo (embora não consigas vê-los),
sem dúvida conheces os terríveis males
360 que afligem nossa terra; para defendê-la,
para salvá-la, só nos resta a tua ajuda.
Se ainda não ouviste de meus mensageiros,
Apolo revelou ao meu primeiro arauto
que só nos livraremos do atual flagelo
365 se, descoberto o assassino do rei Laio,
pudermos condená-lo à morte ou ao exílio.
Nesta emergência então, Tirésias, não nos faltes,
não nos recuses a revelação dos pássaros[18]

---

18. Um dos sinais a que os adivinhos recorriam para suas predições era o voo dos pássaros,
indicador de bons ou maus presságios.

nem os outros recursos de teus vaticínios;
370 salva a cidade agora, salva-te a ti mesmo,
salva-me a mim também, afasta de nós todos
a maldição que ainda emana do rei morto!
Estamos hoje em tuas mãos e a ação mais nobre
de um homem é ser útil aos seus semelhantes
375 até o limite máximo de suas forças.

TIRÉSIAS

Pobre de mim! Como é terrível a sapiência
quando quem sabe não consegue aproveitá-la!
Passou por meu espírito essa reflexão
mas descuidei-me, pois não deveria vir.

ÉDIPO

380 Qual a razão dessa tristeza repentina?

TIRÉSIAS

Manda-me embora! Assim suportarás melhor
teu fado e eu o meu. Deixa-me convencer-te!

ÉDIPO

Carecem de justiça tais palavras tuas
e de benevolência em relação a esta terra
385 que te nutriu, pois não quiseste responder.

TIRÉSIAS

Em minha opinião a tua longa fala
foi totalmente inoportuna para ti.
Então, para que eu não incorra em erro igual...

TIRÉSIAS *faz menção de afastar-se.*

ÉDIPO

Não, pelos deuses, já que sabes não te afastes!

390 Eis-nos aqui à tua frente, ajoelhados
em atitude súplice, toda a cidade!

TIRÉSIAS

Pois todos vós sois insensatos. Quanto a mim,
não me disponho a exacerbar meus próprios males;
para ser claro, não quero falar dos teus.

ÉDIPO

395 Que dizes? Sabes a verdade e não a falas?
Queres trair-nos e extinguir nossa cidade?

TIRÉSIAS

Não quero males para mim nem para ti.
Por que insistes na pergunta? É tudo inútil.
De mim, por mais que faças nada saberás.

ÉDIPO

400 Não falarás, então, pior dos homens maus,
capaz de enfurecer um coração de pedra?
Persistirás, inabalável, inflexível?

TIRÉSIAS

Acusas-me de provocar a tua cólera?
Não vês aquilo a que estás preso e me censuras?

ÉDIPO

405 E quem resistiria à natural revolta
ouvindo-te insultar assim nossa cidade?

TIRÉSIAS

O que tiver de vir virá, embora eu cale.

ÉDIPO

Mas tens de revelar-me agora o que há de vir!

TIRÉSIAS

Nada mais digo; encoleriza-te, se queres;
410   cede à mais cega ira que couber em ti!

ÉDIPO

Pois bem. Não dissimularei meus pensamentos,
tão grande é minha cólera. Fica sabendo
que em minha opinião articulaste o crime
e até o consumaste! Apenas tua mão
415   não o matou. E se enxergasses eu diria
que foste o criminoso sem qualquer ajuda!

TIRÉSIAS

Teu pensamento é este? Então escuta: mando
que obedecendo à ordem por ti mesmo dada
não mais dirijas a palavra a esta gente
420   nem a mim mesmo, pois és um maldito aqui!

ÉDIPO

Quanta insolência mostras ao falar assim!
Não vês que aonde quer que vás serás punido?

TIRÉSIAS

Sou livre; trago em mim a impávida verdade!

ÉDIPO

De quem a recebeste? Foi de tua arte?

TIRÉSIAS

425 De ti; forçaste-me a falar, malgrado meu.

ÉDIPO

Que dizes? Fala novamente! Vamos! Fala!
Não pude ainda compreender tuas palavras.

TIRÉSIAS

Não percebeste logo? Queres que eu repita?

ÉDIPO

Parece-me difícil entender-te. Fala!

TIRÉSIAS

430 Pois ouve bem: és o assassino que procuras!

ÉDIPO

Não me dirás palavras tão brutais de novo!

TIRÉSIAS

Devo falar ainda para enfurecer-te?

ÉDIPO

Prossegue, se quiseres. Falarás em vão!

TIRÉSIAS

Apenas quero declarar que, sem saber,
435 manténs as relações mais torpes e sacrílegas
com a criatura que devias venerar,
alheio à sordidez de tua própria vida!

ÉDIPO

Crês que te deixarei continuar falando
tão insolentemente sem castigo duro?

TIRÉSIAS

440   Se ao lado da verdade há sempre força, creio.

ÉDIPO

Pois há, exceto para ti. Em tua boca
torna-se débil a verdade; tens fechados
teus olhos, teus ouvidos e até mesmo o espírito!

TIRÉSIAS

És um desventurado, dizendo impropérios
445   que todos os tebanos dentro de algum tempo
proferirão sinceramente contra ti.

ÉDIPO

Tua existência é uma noite interminável.
Jamais conseguirás fazer-me mal, Tirésias,
nem aos demais que podem contemplar a luz!

TIRÉSIAS

450   Nisto estás certo. Os fados não determinaram
que minhas mãos te aniquilassem. Cuida Apolo
de conduzir-te ao fim, e os deuses tudo podem.

ÉDIPO

Após alguns instantes de reflexão.

São tuas estas invenções, ou de Creonte?

TIRÉSIAS

Ele não é a causa de teus muitos males;
455   tu mesmo os chamas sobre ti e mais ninguém.

ÉDIPO

Bens deste mundo, e força, e superior talento,
dons desta vida cheia de rivalidades,
que imensa inveja provocais, preciosas dádivas!
Por causa do poder que Tebas me outorgou
460 como um presente, sem um gesto meu de empenho,
Creonte, em tempos idos amigo fiel,
agora se insinua insidiosamente
por trás de mim e anseia por aniquilar-me,
levado por um feiticeiro, charlatão,
465 conspirador que só tem olhos para o ouro
e é cego em sua própria arte e em tudo mais!
Pois dize! Quando foste um vate fidedigno?
Por que silenciaste diante dos tebanos
ansiosos por palavras esclarecedoras
470 na época em que a Esfinge lhes propunha enigmas?
E não seria de esperar que um forasteiro
viesse interpretar os versos tenebrosos;
o dom profético te credenciaria,
mas não o possuías, como todos viram,
475 nem por inspiração das aves, nem dos deuses.
Pois eu cheguei, sem nada conhecer, eu, Édipo,
e impus silêncio à Esfinge; veio a solução
de minha mente e não das aves agoureiras.
E tentas derrubar-me, exatamente a mim,
480 na ânsia de chegar ao trono com Creonte!
Creio que a purificação desta cidade
há de custar-vos caro, a ti e ao teu comparsa!
Não fosses tu um velho e logo aprenderias
à força de suplícios que não deverias
485 chegar assim a tais extremos de insolência!

CORIFEU

Em nossa opinião a cólera inspirou
tanto as palavras de Tirésias como as tuas,
senhor. E não é disso que necessitamos,
mas de serenidade para executar
490 depressa e bem as ordens nítidas do deus.

TIRÉSIAS

Embora sejas rei tenho direito, Édipo,
de responder-te, pois me julgo igual a ti.
Ao menos isso eu posso. Não me considero
teu servidor, mas de Loxias,[19] deus-profeta;
495 tampouco estou na dependência de Creonte.
Minha cegueira provocou injúrias tuas.
Pois ouve: os olhos teus são bons e todavia
não vês os males todos que te envolvem,
nem onde moras, nem com que mulher te deitas.
500 Sabes de quem nasceste? És odioso aos teus,
aos mortos como aos vivos, e o açoite duplo
da maldição de tua mãe e de teu pai
há de expulsar-te um dia em vergonhosa fuga
de nossa terra, a ti, que agora tudo vês
505 mas brevemente enxergarás somente sombras!
E todos os lugares hão de ouvir bem cedo
os teus lamentos; logo o Citéron[20] inteiro
responderá aos teus gemidos dolorosos
quando afinal compreenderes em que núpcias
510 vivias dentro desta casa, onde encontraste
após viagem tão feliz um porto horrível.
Também ignoras muitas outras desventuras
que te reduzirão a justas proporções
e te farão igual aos filhos que geraste.
515 Sentir-te-ás um dia tão aniquilado
como jamais homem algum foi neste mundo!

ÉDIPO

Tolerarei tais impropérios vindos dele?
Maldito sejas pelos deuses neste instante!
Por que não te retiras já deste lugar?

TIRÉSIAS

520 Eu não teria vindo aqui se não mandasses.

---

19. Epíteto de Apolo.
20. Montanha beócia situada nas proximidades de Tebas, onde Édipo foi abandonado
ao nascer.

ÉDIPO

É que eu não esperava ouvir tais disparates.
Se fosse previdente não me apressaria
a convidar-te a vir até o meu palácio.

TIRÉSIAS

Consideras-me louco mas para teus pais,
525 que te puseram neste mundo, fui sensato.

ÉDIPO

Que pais? Espera! Que homem me deu a vida?

TIRÉSIAS

Verás num mesmo dia teu princípio e fim.

ÉDIPO

Falaste vagamente e recorrendo a enigmas.

TIRÉSIAS

Não és tão hábil para decifrar enigmas?

ÉDIPO

530 Insultas-me no que me fez mais venturoso.

TIRÉSIAS

Dessa ventura te há de vir a perdição.

ÉDIPO

Mas eu salvei esta cidade: é quanto basta.

TIRÉSIAS

Dirigindo-se ao menino que o guiava.

Então irei embora. Tu, menino, leva-me.

ÉDIPO

Leve-te logo! Aqui me ofendes; longe, não.

TIRÉSIAS

535 Já me retiro mas direi antes de ir,
sem nada recear, o que me trouxe aqui,
pois teu poder não basta para destruir-me.
Agora ouve: o homem que vens procurando
entre ameaças e discursos incessantes
540 sobre o crime contra o rei Laio, esse homem, Édipo,
está aqui em Tebas e se faz passar
por estrangeiro, mas todos verão bem cedo
que ele nasceu aqui e essa revelação
não há de lhe proporcionar prazer algum;
545 ele, que agora vê demais, ficará cego;
ele, que agora é rico, pedirá esmolas
e arrastará seus passos em terras de exílio,
tateando o chão à sua frente com um bordão.
Dentro de pouco tempo saberão que ele
550 ao mesmo tempo é irmão e pai dos muitos filhos
com quem vive, filho e consorte da mulher
de quem nasceu; e que ele fecundou a esposa
do próprio pai depois de havê-lo assassinado!
Vai e reflete sobre isso em teu palácio
555 e se me convenceres de que agora minto
então terás direito de dizer bem alto
que não há sapiência em minhas profecias!

TIRÉSIAS retira-se guiado pelo menino. ÉDIPO volta ao palácio.

1º ESTÁSIMO

[O Coro considera que a punição do assassino não tardará, já que essa parece ser a vontade dos deuses, anunciada por Apolo através de seu oráculo. Também revela sua perplexidade diante das acusações lançadas contra Édipo por Tirésias, mas, por maiores que sejam as dúvidas, termina por reafirmar sua confiança no rei, que até então provou-se sábio e devotado à cidade. (v.558-608)]

CORO

Quem perpetrou com as mãos ensanguentadas
indescritíveis, torpes atentados
560 segundo a voz fatídica da pedra[21]
de onde provém o oráculo de Delfos?
Para o culpado já chegou a hora
de iniciar súbita fuga igual
à dos corcéis velozes como os ventos
565 pois o filho de Zeus, divino Apolo,
armado de relâmpagos ardentes
lança-se contra ele juntamente
com as infalíveis, as terríveis Fúrias.[22]
No Parnaso coberto de alta neve[23]
570 acaba de estrondar a ordem clara:
que todos saiam em perseguição
do criminoso até agora ignoto,
errante pelas selvas e cavernas
e rochas, ofegante como um touro.
575 Seguindo a trilha adversa que o isola
dos homens o infeliz tenta escapar
aos rígidos oráculos oriundos
do âmago da terra, mas em vão:
eles, eternamente vivos, cercam-no.
580 Terríveis, sim, terríveis são as dúvidas
que o adivinho pôs em minha mente;
não creio, não descreio, estou atônito.

---

21. Referência ao oráculo de Delfos, pois o santuário se encontra encravado na rocha do monte do Parnaso (ver nota 23).
22. Equivalente latino das Erínias gregas, são divindades punitivas, castigando especialmente crimes no seio da família.
23. O maciço montanhoso do Parnaso, na região de Fócis, no centro-sul da Grécia, é um dos mais altos da Europa; seu cume coberto de neve era visível de Corinto.

Adeja o meu espírito indeciso,
perplexo entre o passado e o presente.
585 Que controvérsia pode ter havido
entre os labdácidas e o descendente
de Pôlibo?[24] Nem nos tempos remotos
nem hoje sou capaz de vislumbrar
realidades que me deem provas
590 contra a inteireza e a boa fama de Édipo
e me decidam a tirar vingança
de um assassínio ainda envolto em trevas
optando pela causa dos labdácidas.
Apolo e Zeus têm olhos para tudo.
595 Eles conhecem as ações dos homens
mas um mortal, um simples adivinho,
não pode convencer-me; é inaceitável,
embora no saber um homem possa
ultrapassar os outros muitas vezes.
600 Jamais, antes de ver ratificada
a fala do adivinho, darei crédito
à acusação lançada contra Édipo;
sim, foi aos olhos dos tebanos todos
que outrora a Esfinge veio contra ele
605 e todos viram que Édipo era sábio
e houve razões para que fosse amado
por nosso povo. Diante desses fatos
jamais o acusarei de qualquer crime.

Entra CREONTE *agitado.*

---

24. Pôlibo, então rei em Corinto, era considerado pai de Édipo.

2º EPISÓDIO, Cena 1

[Creonte chega ao palácio para defender-se das acusações. Segue-se um debate acalorado, em que Édipo reafirma a existência de um complô entre Creonte e Tirésias em vista ao trono e Creonte alega, entre outras coisas, que não veria vantagem nessa conquista, pois ser o segundo em mando é melhor do que governar, já que se goza das benesses do poder sem o ônus que ele acarreta. Embora o Corifeu reconheça a sensatez no discurso de Creonte, Édipo mostra-se inflexível e ameaça-o com a morte, o que evidencia seu caráter colérico e autoritário. Jocasta sai do palácio e suplica que cessem a disputa, intervindo em favor do irmão. Também o Corifeu pede que Édipo não condene Creonte por suspeitas infundadas. É com relutância que o rei cede, mas deixando claro que não se convenceu da inocência do cunhado. Creonte afasta-se, prevendo que logo Édipo reconhecerá seu erro. (v.609-811)]

CREONTE

Fiquei sabendo, cidadãos, que nosso rei
610 lançava contra mim acusações terríveis;
não me disponho a suportá-las; eis-me aqui.
Se em nossos infortúnios de hoje ele imagina
que em atos ou palavras lhe fiz injustiças,
não quero prosseguir vivendo sob o peso
615 de tal imputação; o dano que me causa
essa suspeita não é pouco, é mesmo enorme
se na cidade, se por vós, por meus amigos,
sou acusado de traição ao nosso rei.

CORIFEU

Talvez aquela injúria tenha tido origem
620 mais no arrebatamento que na reflexão.

CREONTE

Como terá podido Édipo supor
que a culpa é minha se o adivinho mentiu?

CORIFEU

Ele falou assim, não sei pensando em quê.

CREONTE

Estava firme o seu olhar, o ânimo firme
625 quando ele me acusou dessa maneira insólita?

CORIFEU

Não sei; não gosto de encarar os poderosos.

Vendo ÉDIPO *reaparecer, vindo do palácio.*

Mas ele próprio está saindo do palácio.

ÉDIPO

Dirigindo-se bruscamente a CREONTE.

Que fazes, tu que estás aí? Ainda ousas
chegar a mim, tu que seguramente queres
630 tirar-me a vida e despojar-me do poder
abertamente? Pois vejamos! Dize agora:
chegaste à conclusão de que sou um covarde
ou insensato, para conceber projetos
tão sórdidos? Acreditavas que eu não via
635 tuas maquinações e não as puniria
havendo-as descoberto? Dize, pelos deuses:
não é conduta de demente cobiçar,
sem bens e sem amigos, o poder sem par
que vem do povo numeroso e da riqueza?

CREONTE

640 Que podes esperar de mim falando assim?
Deixa-me responder, pois sou igual a ti,
e julga livremente após haver-me ouvido.

ÉDIPO

És hábil em palavras; sinto-me inclinado
a ouvir-te, embora sejas inimigo pérfido.

CREONTE

645 Primeiro, quero refutar essas palavras.

ÉDIPO

Primeiro, não me digas que não és culpado!

CREONTE

Se crês que a intransigência cega é um bem, enganas-te.

ÉDIPO

Se crês que a ofensa não será punida, iludes-te.

CREONTE

Concordo com tuas palavras, mas revela-me
650 o grande mal que em tua opinião te fiz!

ÉDIPO

Persuadiste-me ou não me persuadiste
a consultar o venerável adivinho?

CREONTE

Ainda agora sou da mesma opinião.

ÉDIPO

E quanto tempo já passou desde que Laio...

CREONTE

655 Que fez o falecido rei? Não compreendo.

ÉDIPO

...morreu, ferido pela mão de um assassino?

CREONTE

Contar-se-ia uma sequência longa de anos.

ÉDIPO

E já Tirésias nesse tempo era adivinho?

CREONTE

Ele já era sábio e reverenciado.

ÉDIPO

660 E ele aludiu então a mim alguma vez?

CREONTE

Que eu saiba, nunca, ao menos em minha presença.

ÉDIPO

Não te ocorreu mandar investigar o crime?

CREONTE

Fizemo-lo, decerto, e nada descobrimos.

ÉDIPO

Por que esse adivinho sábio nada disse?

CREONTE

665 Não sei. Quando não compreendo, silencio.

ÉDIPO

Mas não ignoras, e dirias de bom grado...

CREONTE
Não calarei, se for de meu conhecimento.

ÉDIPO
...que sem haver entendimento entre ele e ti
jamais afirmaria ele que fui eu
670 o causador da morte trágica de Laio.

CREONTE
Sabes o que ele disse, mas eu também tenho
direito de fazer-te agora umas perguntas.

ÉDIPO
Pergunta! Não serei por isso o criminoso.

CREONTE
Quem sabe?... Desposaste minha irmã Jocasta?

ÉDIPO
675 Só posso responder afirmativamente.

CREONTE
Partilhas o poder com ela em mando igual?

ÉDIPO
Faço-lhe todas as vontades no governo.

CREONTE
Depois de ti e dela não sou eu quem manda?

ÉDIPO
É certo, e este fato agrava a tua culpa.

CREONTE

680 Segue meu pensamento e mudarás de ideia.
Medita, para começar, neste detalhe:
crês que jamais homem algum preferiria
o trono e seus perigos a tranquilo sono
tendo poder idêntico sem arriscar-se?
685 Pois quanto a mim ambiciono muito menos
a condição de rei que o mando nela implícito;
pensam assim todos os homens comedidos
em seus desejos. Sem me expor, obtenho agora
tudo de ti; ou não? Porém se eu fosse rei
690 teria de ceder a muitas injunções.
Por que motivo, então, me tentaria o trono
mais que essa onipotência livre de percalços?
Não sou ainda cego, a ponto de almejar
mais que a influência e o proveito consequente.
695 Já sou por todos festejado, já me acolhem
todos solícitos, e todos que precisam
de ti primeiro me procuram; todos eles
conseguem tudo por interferência minha.
Como haveria eu, então, de desprezar
700 o que já tenho para obter o que insinuas?
Seria tolo esse procedimento pérfido.
O plano que imaginas não me atrairia
e eu não o realizaria inda ajudado.
Queres a prova? Sem demora vai a Delfos
705 e informa-te se relatei fielmente o oráculo.
Ainda vou mais longe: se me convenceres
de haver-me conluiado com o velho adivinho
merecerei dupla condenação à morte:
a minha e a tua. Não me acuses com base
710 em vagas, pálidas suspeitas sem me ouvir.
Fere a justiça apelidar levianamente
os bons de maus ou os maus de bons. E desprezar
um amigo fidedigno, em minha opinião,
é o mesmo que menosprezar a própria vida,
715 o bem mais precioso. Com o passar dos anos
seguramente reconhecerás tudo isso,
pois só com o tempo se revela o homem justo;
mas basta um dia para descobrir o pérfido.

CORIFEU

Creio, senhor, que ele falou sensatamente,
720 como quem faz esforços para não errar;
quem julga afoitamente não é infalível.

ÉDIPO

Se empregam afoiteza para derrubar-me
insidiosamente, devo ser afoito
ao defender-me; se eu não estiver atento
725 os planos deles podem transformar-se em fatos
e os meus fracassarão inevitavelmente.

CREONTE

E que pretendes? Exilar-me desta terra?

ÉDIPO

Desejo a tua morte, e não o teu exílio.

CREONTE

Serias justo se provasses minha culpa.

ÉDIPO

730 Comportas-te como se não devesses nunca
ceder e obedecer ao detentor do mando.

CREONTE

A retidão faz falta em tuas decisões.

ÉDIPO

Quando se trata de meus interesses, não.

CREONTE
O meu também mereceria igual cuidado.

ÉDIPO
735 És mau, Creonte!

CREONTE
Não queres compreender!

ÉDIPO
Mas deves-me da mesma forma obediência!

CREONTE
Se mandas mal, não devo.

ÉDIPO
Meu povo! Meu povo!

CREONTE
740 Também pertenço ao povo, que não é só teu!

CORIFEU
Vendo JOCASTA *sair do palácio.*

Cessai, senhores, pois Jocasta vem saindo
de seu palácio em boa hora para vós.
Com a vinda dela creio que deveis pôr termo
sem mais demora ao vosso desentendimento.

Entra JOCASTA, *vinda do palácio.*

JOCASTA

745 Por que vos enfrentais nessa disputa estéril
desventurados? Não pensais? E não corais,
de pejo por alimentar vossas querelas
em meio a tais calamidades para Tebas?
Entra, Édipo, e tu, Creonte, volta ao lar.
750 Não deve uma frivolidade transformar-se
em causa de aflição mais grave para vós.

CREONTE

Parece justo ao teu esposo, minha irmã,
tratar-me rudemente. Édipo quer que eu opte
entre dois males: ou o exílio doloroso
755 da terra de meus pais, ou vergonhosa morte.

ÉDIPO

Confirmo. Tenho convicção, mulher, de que ele
tramou a minha queda e quis realizá-la.

CREONTE

Não tenha eu agora bem algum e morra
maldito pelos deuses se de qualquer forma
760 mereço essas acusações sem fundamento!

JOCASTA

Em nome das augustas divindades, Édipo,
suplico-te que creias nas palavras dele,
primeiro pelo juramento recém-feito
perante os deuses, e depois por reverência
765 a mim e aos cidadãos presentes. Dá-lhe crédito!

CORIFEU

Reflete, atenta bem, consente!
Suplico-te, senhor! Consente!

ÉDIPO

Em que desejas que eu consinta?

CORIFEU

Concorda com Creonte; nunca
770 ele foi insensato, e hoje
chegou até o juramento!

ÉDIPO

Sabes o que me estás pedindo?

CORIFEU

Se peço é porque sei, senhor.

ÉDIPO

Aclara, então, o que disseste.

CORIFEU

775 Não deves acolher jamais
rumores vagos, não provados,
para fazer acusações
desprimorosas ao amigo
que tem suspensas maldições
780 sobre a cabeça se mentir.

ÉDIPO

Não deves ignorar, então,
que pedes simultaneamente
a minha morte e o meu exílio!

CORIFEU

Não, pelo Sol, o deus mais alto!
785 Que eu morra no pior suplício,

abandonado pelos deuses,
pelos amigos, se passou
por minha mente esse propósito!
Em meu constante sofrimento
790 já tenho a alma lacerada
por ver as chagas desta terra;
aos muitos males que nos ferem
agora vêm juntar-se novos!

ÉDIPO
Pois viva ele em paz, então,
795 ainda que por isso eu morra
ou seja expulso desta terra
envilecido; é tua prece,
e não a dele, que me toca
e excita minha piedade.
800 Meu ódio há de segui-lo sempre!

CREONTE
Vejo que cedes contrafeito
mas te censurarás mais tarde,
quando essa cólera passar.
Temperamentos como o teu
805 atraem sempre sofrimentos.

ÉDIPO
Não vais então deixar-me em paz?
Por que não abandonas Tebas?

CREONTE
Sim, partirei, pois não quiseste
compreender-me; sei, porém,
810 que meus concidadãos presentes
aprovam meu procedimento.

Sai CREONTE.

2º EPISÓDIO, Cena 2

[Jocasta fica em cena para, com o Corifeu, buscar o motivo do desentendimento. O Corifeu, diante da censura que Édipo lhe faz por apoiar a causa de Creonte, reafirma-lhe sua lealdade. Dá-se um diálogo em que Édipo explica a Jocasta as razões de sua desconfiança. Ao saber das alegações de Tirésias, ela diz ao marido que não crê nos adivinhos, já que anos antes um deles previra que seu filho com Laio viria a matar o pai. Para evitar que a profecia se cumprisse, Laio mandara abandonar a criança para morrer nas montanhas, e, anos mais tarde, a morte o alcançou pelas mãos de bandidos numa encruzilhada. O que deveria acalmar o rei o sobressalta, já que ele se recorda que matara um homem pouco antes de chegar a Tebas, numa encruzilhada da estrada. Ele viera de Delfos, onde ouvira do deus que mataria seu pai e desposaria sua mãe. Édipo suspeita então ser ele próprio o assassino procurado. Insiste para que Jocasta faça vir do campo a única testemunha da morte de Laio ainda viva, a fim de interrogá-la. Antes de se submeter às penas que ele próprio proclamou, resta uma esperança: se o pastor ratificar que Laio foi atacado por um bando e não por um único homem, então Édipo estaria inocentado. (v.812-1028)]

CORIFEU

Dirigindo-se a JOCASTA, *após o silêncio subsequente à saída de* CREONTE.

Por que tardas, senhora, a levar
nosso rei de regresso ao palácio?

JOCASTA

Fá-lo-ei quando ouvir teu relato.

CORIFEU

815   Levantaram-se vagas suspeitas
provocadas por simples palavras.
A injustiça, bem sabes, ofende.

JOCASTA

Tua fala refere-se aos dois?

CORIFEU

Tanto a Édipo quanto a Creonte.

JOCASTA

820 Que diziam os dois no debate?

CORIFEU

Basta. Creio que basta ficarmos
onde a rude querela cessou.
Nossa terra já está muito aflita.

ÉDIPO

Que até então estivera absorto, em atitude de profunda meditação.

Vês aonde chegaste, apesar
825 de movido por boa intenção,
não querendo amparar minha causa
e deixando abalar-se a afeição
que deverias sentir por teu rei?

CORIFEU

Muitas vezes te disse, senhor,
830 que eu seria o maior dos estultos,
criatura sem raciocínio,
se algum dia pensasse em deixar-te,
em faltar ao herói que sozinho
libertou minha terra querida
835 quando outrora a desgraça a extinguia.
Inda agora, se podes, meu rei,
vem mostrar-te seu guia seguro!

JOCASTA

Por que razão, senhor (dize-me pelos deuses),
permites que essa cólera feroz te vença?

ÉDIPO

840 Dir-te-ei, mulher, pois te honro mais que a essa gente:
a causa foi Creonte com sua torpeza.

JOCASTA

Prossegue, se és capaz de recordar ainda
como a querela começou entre ele e ti.

ÉDIPO

Ele me acusa, a mim, de ter matado Laio.

JOCASTA

845 Foi por ciência própria ou por ouvir dizer?

ÉDIPO

Seu porta-voz foi um malévolo adivinho;
de sua própria boca nada nós ouvimos.

JOCASTA

Não há razões, então, para inquietação;
ouve-me atentamente e ficarás sabendo
850 que o dom divinatório não foi concedido
a nenhum dos mortais; em escassas palavras
vou dar-te provas disso. Não direi que Febo,
mas um de seus intérpretes, há muito tempo
comunicou a Laio, por meio de oráculos,
855 que um filho meu e dele o assassinaria;
pois apesar desses oráculos notórios
todos afirmam que assaltantes de outras terras
mataram Laio há anos numa encruzilhada.
Vivia nosso filho seu terceiro dia
860 quando rei Laio lhe amarrou os tornozelos
e o pôs em mãos de estranhos, que o lançaram logo
em precipícios da montanha inacessível.
Naquele tempo Apolo não realizou

as predições: o filho único de Laio
865 não se tornou o matador do próprio pai;
não se concretizaram as apreensões do rei
que tanto receava terminar seus dias
golpeado pelo ser que lhe devia a vida.
Falharam os oráculos; o próprio deus
870 evidencia seus desígnios quando quer,
sem recorrer a intérpretes, somente ele.

ÉDIPO

Após alguns instantes de silêncio, demonstrando preocupação.

Minha alma encheu-se de temores e a aflição
subiu-me à mente ouvindo-te falar, senhora...

JOCASTA
Que ânsia te possui para dizeres isso?

ÉDIPO
875 Terias dito há pouco que mataram Laio
em uma encruzilhada. Ou foi engano meu?

JOCASTA
Assim falaram e repetem desde então.

ÉDIPO
E onde ocorreu o evento lamentável? Sabes?

JOCASTA
A região chama-se Fócis; as estradas
880 de Delfos e de Dáulia para lá convergem.

ÉDIPO
Quando se deu o fato? Podes recordar-te?

JOCASTA

Pouco antes de assumires o poder aqui.

ÉDIPO

Zeus poderoso! Que fazes de mim agora?

JOCASTA

Qual o motivo dessa inquietação, senhor?

ÉDIPO

885 Não me interrogues. Antes quero que respondas:
Como era Laio e quantos anos tinha então?

JOCASTA

Ele era alto; seus cabelos começavam
a pratear-se. Laio tinha traços teus.

ÉDIPO

Ai! Infeliz de mim! Começo a convencer-me
890 de que lancei contra mim mesmo, sem saber,
as maldições terríveis pronunciadas hoje!

JOCASTA

Que dizes? Tenho medo de encarar-te, Édipo!

ÉDIPO

É horrível! Temo que Tirésias, mesmo cego,
tenha enxergado, mas ainda quero ouvir
895 uma palavra tua para esclarecer-me.

JOCASTA

Também estou inquieta mas responderei
a todas as tuas perguntas. Faze-as, pois.

ÉDIPO

Era pequena a escolta que seguia Laio,
ou numerosa guarnição o protegia
900 por se tratar de um homem poderoso, um rei?

JOCASTA

Seus seguidores eram cinco ao todo; entre eles
contava-se um arauto; um carro só levava-os.

ÉDIPO

Ah! Deuses! Tudo agora é claro! Mas, quem foi
que outrora te comunicou esses detalhes?

JOCASTA

905 Um serviçal que se salvou, ao regressar.

ÉDIPO

Inda se encontra no palácio esse criado?

JOCASTA

Não. Ao voltar, vendo-te no lugar de Laio,
tomou-me as mãos e suplicou-me que o mandasse
aos campos para apascentar nossos rebanhos,
910 pois desejava estar bem longe da cidade.
Fiz-lhe a vontade, pois o servo parecia
merecedor de recompensa inda maior.

ÉDIPO

Será possível tê-lo aqui em pouco tempo?

JOCASTA

Seguramente; mas por que esse desejo?

ÉDIPO

915 Temo, senhora, haver falado além da conta;
por isso tenho pressa em vê-lo e interrogá-lo.

JOCASTA

Ele virá mas creio merecer também
uma palavra tua sobre teus receios.

ÉDIPO

Não te recusarei, pois resta-me somente
920 uma esperança. A quem senão a ti, senhora,
eu falaria livremente nesse transe?

Pausa.

Meu pai é Pôlibo, coríntio, minha mãe,
Mérope, dórica. Todos consideravam-me
o cidadão mais importante de Corinto.
925 Verificou-se um dia um fato inesperado,
motivo de surpresa enorme para mim
embora no momento não me preocupasse,
dadas as circunstâncias e os participantes.
Foi numa festa; um homem que bebeu demais
930 embriagou-se e logo, sem qualquer motivo,
pôs-se a insultar-me e me lançou o vitupério
de ser filho adotivo. Depois revoltei-me;
a custo me contive até findar o dia.
Bem cedo, na manhã seguinte, procurei
935 meu pai e minha mãe e quis interrogá-los.
Ambos mostraram-se sentidos com o ultraje,
mas inda assim o insulto sempre me doía;
gravara-se profundamente em meu espírito.
Sem o conhecimento de meus pais, um dia
940 fui ao oráculo de Delfos mas Apolo
não se dignou de desfazer as minhas dúvidas;
anunciou-me claramente, todavia,
maiores infortúnios, trágicos, terríveis;
eu me uniria um dia à minha própria mãe

945 e mostraria aos homens descendência impura
depois de assassinar o pai que me deu vida.
Diante dessas predições deixei Corinto
guiando-me pelas estrelas, à procura
de pouso bem distante, onde me exilaria
950 e onde jamais se tornariam realidade
– assim pensava eu – aquelas sordidezas
prognosticadas pelo oráculo funesto.
Cheguei um dia em minha marcha ao tal lugar
onde, segundo dizes, o rei pereceu.
955 E a ti, mulher, direi toda a verdade agora.
Seguia despreocupado a minha rota;
quando me aproximei da encruzilhada tríplice
vi um arauto à frente de um vistoso carro
correndo em minha direção, em rumo inverso;
960 no carro viajava um homem já maduro
com a compleição do que me descreveste há pouco.
O arauto e o próprio passageiro me empurraram
com violência para fora do caminho.
Eu, encolerizado, devolvi o golpe
965 do arauto; o passageiro, ao ver-me reagir,
aproveitou o momento em que me aproximei
do carro e me atingiu com um dúplice aguilhão,
de cima para baixo, em cheio na cabeça.
Como era de esperar, custou-lhe caro o feito:
970 no mesmo instante, valendo-me de meu bordão
com esta minha mão feri-o gravemente.
Pendendo para o outro lado, ele caiu.
E creio que também matei seus guardas todos.
Se o viajante morto era de fato Laio,
975 quem é mais infeliz que eu neste momento?
Que homem poderia ser mais odiado
pelos augustos deuses? Estrangeiro algum,
concidadão algum teria o direito
de receber-me em sua casa, de falar-me;
980 todos deveriam repelir-me.
E o que é pior, fui eu, não foi outro qualquer,
quem pronunciou as maldições contra mim mesmo.
Também maculo a esposa do finado rei
ao estreitá-la nestes braços que o mataram!

985 Não sou um miserável monstro de impureza?
E terei de exilar-me e em minha vida errante
não poderei jamais voltar a ver os meus
nem pôr de novo os pés no chão de minha pátria,
pois se o fizesse os fados me compeliriam
990 a unir-me à minha mãe e matar o rei Pôlibo,
meu pai, a quem eu devo a vida e tudo mais!
Não, não, augusta majestade de meus deuses!
Fazei com que esse dia nunca, nunca chegue!
Fazei com que se acabe a minha vida antes
995 de essa vergonha imensa tombar sobre mim!

CORIFEU
Tudo isso nos aterroriza, a nós também,
senhor, mas sê esperançoso até que fale
a testemunha e esclareça os fatos todos.

ÉDIPO
É a única esperança que me resta, esse homem,
1000 esse pastor, só ele, nada e mais ninguém!

JOCASTA
Mas, que certeza a vinda dele pode dar-te?

ÉDIPO
Dir-te-ei: se o seu relato coincidir com o teu,
livrar-me-ei dessa iminente maldição.

JOCASTA
A que relato meu, tão sério, te referes?

ÉDIPO
1005 Ouvi de ti há pouco que, segundo ele,

os assassinos foram vários assaltantes.
Se ele vier e reiterar a afirmação,
o criminoso não sou eu; somente um homem
não equivale a vários. Mas, se ele falar
1010 de um homem só, de apenas um, então, senhora,
a imputação se aplicará a mim, sem dúvida.

JOCASTA
Ele falou exatamente como eu disse
e agora não irá mudar o seu relato.
Toda a cidade pôde ouvi-lo, além de mim.
1015 Se, entretanto, ele afastar-se das palavras
já divulgadas, inda assim não provará
que o crime perpetrado contra Laio há tempo
correspondeu à predição oracular,
pois Febo declarou que ele terminaria
1020 seus dias morto pelas mãos de um filho meu.
Mas Laio não morreu golpeado por meu filho;
meu pobre filho faleceu muito antes dele.
Também, de hoje em diante não mais olharei
à esquerda ou à direita em busca de presságios.[25]

ÉDIPO
1025 E tens razão. Quanto ao escravo, manda alguém
buscá-lo e não negligencies minhas ordens.

JOCASTA
Tua vontade será feita sem demora.
Nada faria contra teus desejos. Vamos.

JOCASTA e ÉDIPO entram no palácio.

---

25. Isto é, observando a direção do voo dos pássaros (ver nota 18).

2º ESTÁSIMO

[O Coro expressa em seu canto o desejo de viver piedosamente, conforme as leis divinas. Censura a natureza desmedida do tirano, cujo orgulho está na origem de muitos males, levando-o, inclusive, ao sacrilégio, numa alusão às calúnias que Édipo lança contra Tirésias. Num verso emblemático e autorreferencial (v.1063-1064), o Coro põe em dúvida sua participação nos festivais caso a justiça dos deuses não se faça valer entre os homens. Também não há por que frequentar santuários e templos se as profecias não são dignas de crédito. Por fim, o Coro dirige a Zeus uma súplica para que ele se manifeste contra esse estado de coisas. Os últimos versos esclarecem o motivo de tamanha indignação: a desconsideração com que Jocasta trata os profetas e os oráculos de Apolo. (v.1029-1080)]

CORO

Seja-me concedido pelos fados
1030 compartilhar da própria santidade
não só em todas as minhas palavras
como em minhas ações, sem exceção,
moldadas sempre nas sublimes leis
originárias do alto céu divino.
1035 Somente o céu gerou as santas leis;
não poderia a condição dos homens,
simples mortais, falíveis, produzi-las.
Jamais o oblívio as adormecerá;
há um poderoso deus latente nelas,
1040 eterno, imune ao perpassar do tempo.
O orgulho é o alimento do tirano;[26]
quando ele faz exagerada messe
de abusos e temeridades fátuas
inevitavelmente precipita-se
1045 dos píncaros no abismo mais profundo
de males de onde nunca mais sairá.
A emulação, porém, pode ser útil
se visa ao benefício da cidade;

---

26. O coro aborda um tema recorrente no pensamento grego que é o dos excessos da tirania. *"Tyrannos"*, em grego, designa aquele que ascende ao poder sem pertencer a uma linhagem real, como supostamente seria o caso de Édipo. Embora os gregos não atribuíssem valor pejorativo ao termo, o orgulho é mencionado aqui como uma das consequências da tirania, já que o tirano tende a se vangloriar por assumir o poder graças às suas qualidades. Nesta passagem, o coro refere-se a Édipo, tirano de Tebas e não seu rei. Para mais sobre o tema, ver a Introdução a esta peça.

que a divindade a estimule sempre
1050 e não me falte a sua proteção.
Mas o homem que nos atos e palavras
se deixa dominar por vão orgulho
sem recear a obra da justiça
e não cultua propriamente os deuses
1055 está fadado a doloroso fim,
vítima da arrogância criminosa
que o induziu a desmedidos ganhos,
a sacrilégios, à loucura máxima
de profanar até as coisas santas.
1060 Quem poderá, então, vangloriar-se,
onde tais atentados têm lugar,
de pôr-se a salvo dos divinos dardos?
Se crimes como esses são louvados,
por que cantamos os sagrados coros?[27]
1065 Não mais irei ao centro sacrossanto
do mundo reverenciar Apolo,
nem ao muito falado templo de Abas,
nem ao de Olímpia, se essas predições[28]
não forem confirmadas pelos fatos,
1070 de tal forma que se possa citá-las
como um exemplo para os homens todos.
Deus todo-poderoso, se mereces
teu santo nome, soberano Zeus,
demonstra que em tua glória imortal
1075 não és indiferente a tudo isso!
Desprezam os oráculos ditados
a Laio, como se nada valessem;
Apolo agora não é adorado
com o esplendor antigo em parte alguma;
1080 a reverência aos deuses já se extingue.

Entra JOCASTA *vinda do palácio, com criadas portando oferendas.*

---

27. Num dos raros momentos em que se pode perceber uma referência extradramática na tragédia grega, o coro alude à sua condição de participante do festival em honra a Dioniso e declara que, se a fé nos deuses for posta em dúvida, não há mais sentido em sua atividade.
28. "Centro sacrossanto do mundo", "templo de Abas" e "o de Olímpia": referências ao santuário de Apolo em Delfos e em Abas, cidades da Fócida, e ao de Zeus, em Olímpia, que já então abrigava competições atléticas a cada quatro anos. O templo de Apolo em Delfos era considerado pelos gregos o centro do mundo, razão pela qual, nos versos 1065-1066 do original grego, a expressão usada por Sófocles é literalmente "umbigo do mundo".

3º EPISÓDIO

[Como que atendendo ao conselho do Coro, Jocasta sai do palácio para reverenciar os deuses. Um mensageiro chega de Corinto com a notícia de que o rei Pôlibo morrera e que Édipo deve assumir o trono. Jocasta exulta com a notícia, que, a seu ver, atesta a falibilidade dos oráculos, já que Pôlibo não fora morto pelo filho conforme previsto em Delfos. Édipo sai do palácio e ouve do Mensageiro a notícia. De início une-se a Jocasta no desprezo aos oráculos, manifestando alívio de não ter sido causador da morte paterna. Em seguida, teme que venha ainda a se cumprir a segunda parte da profecia, a de que viria a unir-se a sua mãe. O Mensageiro, querendo acalmá-lo, revela que Édipo fora adotado pelos reis de Corinto: ele próprio o recebera das mãos de um pastor tebano, criado de Laio, e o levara para Corinto. Édipo descobre que o Pastor é o mesmo homem que, anos depois, testemunhara o assassinato de Laio, e então redobra os esforços para vê-lo e assim descobrir quem de fato é. Jocasta compreende a verdade: Édipo é a criança que ela tivera com Laio, as profecias se cumpriram. Ela tenta em vão impedi-lo de prosseguir o inquérito, mas Édipo julga que ela se envergonha de ter casado com alguém de baixa extração social. A rainha recolhe-se ao palácio. (v.1081-1280)]

JOCASTA
Veio-me o pensamento, cidadãos ilustres,
de dirigir-me aos deuses em seus santuários
levando-lhes nas mãos coroas e perfumes.
Sobem à mente de Édipo, como soubestes,
1085 inquietações sem número e nosso senhor
não interpreta, como fora razoável,
as novas predições à luz das mais antigas;
muito ao contrário, ele se curva a quem lhe fala,
desde que lhe relatem fatos tenebrosos.
1090 Se nada consegui com minhas advertências,
volto-me para ti, divino Apolo Lício,
que em teu altar estás mais próximo de nós,
prostrada e súplice com minhas oferendas;
peço-te que, purificando-nos da mácula,
1095 possas trazer-nos afinal a salvação.
Todos (por que negar?) sentimos medo hoje,
iguais a nautas ao notarem que o piloto
perde o domínio do timão e desespera.

JOCASTA depõe as oferendas sobre o altar de Apolo e se prosterna diante dele, enquanto as criadas queimam incenso. Vendo o MENSAGEIRO *chegar,* JOCASTA *junta-se ao* CORO.

MENSAGEIRO
Dirigindo-se aos anciãos do CORO.

Pergunto-vos onde é o palácio do rei Édipo;
1100 dizei-me, sobretudo, onde ele próprio está.

CORIFEU
Vês o palácio dele; o rei está lá dentro;
à tua frente está sua mulher e mãe
dos filhos dele. Eis a resposta, forasteiro.

MENSAGEIRO
Dirigindo-se a JOCASTA.

Auguro-te felicidade para sempre
1105 entre gente feliz, perfeita companheira
do homem que viemos procurar em Tebas.

JOCASTA
Desejo-te ventura idêntica, estrangeiro,
em retribuição aos votos generosos.
Mas, dize ao que vieste e que mensagem trazes.

MENSAGEIRO
1110 Notícias favoráveis para a tua casa,
senhora, e para teu real esposo, Édipo.

JOCASTA
De que se trata? De que terra estás chegando?

MENSAGEIRO
Vim de Corinto. Espero que minhas palavras
hão de trazer-te algum prazer – seguramente
1115 elas trarão – mas podem também afligir-te.

JOCASTA
Quais são essas palavras de eficácia ambígua?

MENSAGEIRO
Os habitantes todos de Corinto querem
fazer de Édipo seu rei, segundo afirmam.

JOCASTA
O quê? Já não detém o mando o velho Pôlibo?

MENSAGEIRO
1120 Não mais; a morte acaba de levá-lo ao túmulo.

JOCASTA
Estou ouvindo bem? Rei Pôlibo morreu?

MENSAGEIRO
Quero também morrer se não digo a verdade!

JOCASTA
Dirigindo-se a uma de suas criadas.

Corre, mulher! Vai sem demora anunciar
o fato ao teu senhor! Oráculos dos deuses!
1125 A que ficastes reduzidos neste instante!
Rei Édipo exilou-se apenas por temor
de destruir um dia a vida desse homem
agora morto pelos fados, não por ele!

Entra ÉDIPO.

ÉDIPO

Cara mulher, Jocasta, por que me fizeste
1130 sair de meu palácio para vir aqui?

JOCASTA

Ouve a mensagem deste forasteiro e vê
aonde levam os oráculos dos deuses.

ÉDIPO

Quem é este homem? Que vem ele anunciar-me?

JOCASTA

É de Corinto. Vem comunicar que Pôlibo,
1135 teu pai, já não existe; acaba de morrer.

ÉDIPO

Que dizes, estrangeiro? Fala-me tu mesmo!

MENSAGEIRO

Se assim desejas, falo: Pôlibo morreu.

ÉDIPO

Por traição, ou foi de morte natural?

MENSAGEIRO

Os males mais ligeiros matam gente idosa.

ÉDIPO

1140 O infeliz foi vítima de uma doença?

MENSAGEIRO
Foi, e dos muitos anos que ele viu passarem.

ÉDIPO
Por que, mulher, devemos dar tanta atenção
ao fogo divinal da profetisa pítica
ou, mais ainda, aos pios das etéreas aves?
1145 Segundo antigas predições eu deveria
matar meu próprio pai; agora ele repousa
debaixo da pesada terra e quanto a mim
não pus as mãos ultimamente em qualquer arma.

Ironicamente.

(Ele foi vítima, talvez, da grande mágoa
1150 que minha ausência lhe causou; somente assim
eu poderia motivar a sua morte...)
De qualquer forma Pôlibo pertence agora
ao reino de Hades e também levou com ele
as tristes profecias. Não, esses oráculos
1155 carecem todos de qualquer significado.

JOCASTA
Há quanto tempo venho usando essas palavras?

ÉDIPO
Dou-te razão, mas o temor desatinava-me.

JOCASTA
Pois não lhes dês mais atenção de hoje em diante.

ÉDIPO
Não deveria amedrontrar-me a perspectiva
1160 de partilhar o tálamo de minha mãe?

JOCASTA

O medo em tempo algum é proveitoso ao homem.
O acaso cego é seu senhor inevitável
e ele não tem sequer pressentimento claro
de coisa alguma; é mais sensato abandonarmo-nos
1165 até onde podemos à fortuna instável.
Não deve amedrontrar-te, então, o pensamento
dessa união com tua mãe; muitos mortais
em sonhos já subiram ao leito materno.
Vive melhor quem não se prende a tais receios.

ÉDIPO

1170 Seria válida tua argumentação
se minha mãe já fosse morta, mas é viva,
e embora julgue justas as tuas palavras
não tenho meios de evitar esse temor.

JOCASTA

De qualquer modo é grande alívio para ti
1175 saber que Pôlibo, teu pai, está no túmulo.

ÉDIPO

Concordo, mas receio aquela que está viva.

MENSAGEIRO

Que durante o diálogo de JOCASTA *com* ÉDIPO *tentara intrometer-se.*

E que mulher é causa desse teu receio?

ÉDIPO

Falo de Mérope, viúva do rei Pôlibo.

MENSAGEIRO

Ela é capaz de motivar os teus temores?

ÉDIPO

1180 Há um oráculo terrível, estrangeiro...

MENSAGEIRO

Podes expô-lo, ou é defeso a um estranho?

ÉDIPO

Vais conhecê-lo: disse Apolo que eu teria
de unir-me à minha própria mãe e derramar
com estas minhas mãos o sangue de meu pai.
1185 Eis a razão por que há numerosos anos
vivo afastado de Corinto, embora saiba
que é doce ao filho o reencontro com seus pais.

MENSAGEIRO

Deve-se o teu exílio, então, a tais receios?

ÉDIPO

Eu não queria assassinar meu velho pai.

MENSAGEIRO

1190 Por que inda não te livrei desses temores,
senhor, se vim movido por bons sentimentos?

ÉDIPO

Se for assim terás de mim o justo prêmio.

MENSAGEIRO

Estou aqui, sem dúvida, com a intenção
de beneficiar-me quando regressares...

ÉDIPO

1195 Não voltarei a aproximar-me de meus pais!

MENSAGEIRO

Não sabes o que fazes, filho; bem se vê...

ÉDIPO

Como, ancião? Desfaze minhas muitas dúvidas!

MENSAGEIRO

...se essas razões inda te afastam de Corinto.

ÉDIPO

Temo que Febo se revele um deus exato.

MENSAGEIRO

1200 Inda receias a união com tua mãe?

ÉDIPO

Exatamente, ancião; eis meu temor de sempre.

MENSAGEIRO

Sabes que nada justifica os teus receios?

ÉDIPO

Mas, como não temer se nasci deles dois?

MENSAGEIRO

Pois ouve bem: não é de Pôlibo o teu sangue!

ÉDIPO

1205 Que dizes? Pôlibo não é então meu pai?

MENSAGEIRO

Tanto quanto o homem que te fala, e nada mais.

ÉDIPO

Nada és para mim e és igual ao meu pai?

MENSAGEIRO

Ele não te gerou, e muito menos eu.

ÉDIPO

Por que, então, ele chamava-me de filho?

MENSAGEIRO

1210 O rei te recebeu, senhor, recém-nascido
– escuta bem –, de minhas mãos como um presente.

ÉDIPO

E ele me amava tanto, a mim, que lhe viera
de mãos estranhas? É plausível esse afeto?

MENSAGEIRO

Levou-o a isso o fato de não ter um filho.

ÉDIPO

1215 E antes de dar-me a ele havias-me comprado,
ou por acaso me encontraste abandonado?

MENSAGEIRO

Achei-te lá no Citéron, num vale escuro.

ÉDIPO

Por que motivos percorrias tais lugares?

MENSAGEIRO

Levava meu rebanho ao pasto, nas montanhas.

ÉDIPO

1220 Eras pastor, então, a soldo de um senhor?

MENSAGEIRO

Era, mas te salvei naquele tempo, filho.

ÉDIPO

E como estava eu quando me descobriste?

MENSAGEIRO

Lembro-me bem de teu estado deplorável;
teus tornozelos inda testemunham isso.

ÉDIPO

1225 Fazes-me recordar antigas desventuras!...

MENSAGEIRO

Desamarrei teus tornozelos traspassados...

ÉDIPO

Segue-me esse defeito horrível desde a infância.

MENSAGEIRO

Teu próprio nome te relembra esse infortúnio.[29]

ÉDIPO

Sabes se o devo à minha mãe ou ao meu pai?

MENSAGEIRO

1230 Não sei. Quem te entregou a mim deve saber.

ÉDIPO

Não me encontraste então tu mesmo, forasteiro?

MENSAGEIRO

Não, meu senhor; trouxe-te a mim outro pastor.

ÉDIPO

Quem era ele? Podes identificá-lo?

MENSAGEIRO

Ele era tido como servidor de Laio.

ÉDIPO

1235 Do antigo rei deste país, queres dizer?

MENSAGEIRO

Exato; era pastor do rei que mencionaste.

---

29. *Oedipus*, em grego, significa "o de pés inchados", aludindo às circunstâncias que marcam seu nascimento, quando foi atado pelos pés e dado ao pastor para ser abandonado no Citéron.

ÉDIPO

Esse pastor inda está vivo? Posso vê-lo?

MENSAGEIRO

Dirigindo-se aos anciãos do CORO.

Sois do país. Deveis saber melhor que eu.

ÉDIPO

Dirigindo-se aos mesmos.

Algum de vós sabe quem é esse pastor?
1240 Algum de vós o viu no campo ou na cidade?
Quem sabe? Eis o momento de aclarar-se tudo.

CORIFEU

Trata-se justamente – creio – do pastor
que há pouco desejavas ver; Jocasta pode
esclarecer como ninguém essa questão.

ÉDIPO

Dirigindo-se a JOCASTA, *que acompanhava o diálogo com visível agitação.*

1245 Pensas, mulher, que o homem que mandei buscar
há pouco é o mencionado pelo forasteiro?

JOCASTA

Agitada.

A quem aludes? Como? Não penses mais nisto!...
Afasta da memória essas palavras fúteis.

ÉDIPO

Seria inadmissível que, com tais indícios,
1250 eu não trouxesse à luz agora a minha origem.

JOCASTA

Peço-te pelos deuses! Se inda te interessas
por tua vida, livra-te dessas ideias!

À parte.

Já é demasiada a minha própria angústia!

ÉDIPO

Mesmo se for provado que sou descendente
1255 de tripla geração de escravos, nem por isso,
mulher, irás sofrer qualquer humilhação.

JOCASTA

Nada me importa! Escuta-me! Por favor: para!

ÉDIPO

Malgrado teu, decifrarei esse mistério.

JOCASTA

Move-me apenas, Édipo, teu interesse,
1260 e dou-te o mais conveniente dos conselhos!

ÉDIPO

Admito, mas esse conselho me desgosta.

JOCASTA

Ah! Infeliz! Nunca, jamais saibas quem és!

ÉDIPO

Ninguém trará até aqui esse pastor?

Um escravo sai correndo para procurar o pastor. ÉDIPO dirige-se ao MENSAGEIRO e aos anciãos do CORO.

Não vos preocupeis com a senhora; orgulha-se
1265 de seus antepassados nobres e opulentos.

JOCASTA

Ai de mim! Ai de mim! Infeliz! Eis o nome
que hoje mereces! Nunca mais ouvirás outro!

JOCASTA retira-se precipitadamente em direção ao palácio.

CORIFEU

Por que tua mulher se retirou, senhor,
arrebatada por um desespero insano?
1270 Não seja seu silêncio aceno de desgraças!

ÉDIPO

Irrompa o que tiver de vir, mas minha origem,
humilde como for, insisto em conhecê-la!
Ela, vaidosa como são sempre as mulheres,
talvez tenha vergonha de minha ascendência
1275 obscura, mas eu sinto orgulho de ser filho
da Sorte benfazeja e isso não me ofende.[30]
Eis minha mãe; nesta existência já provei
o anonimato e agora vivo em culminâncias.
Eis minha origem, nada poderá mudá-la.
1280 Não há razões para deixar de esclarecê-la.

---

30. Édipo não compreende a consternação de Jocasta e, ao contrário dela, se sente radiante por descobrir que não é o filho dos reis de Corinto. Para ele, é a oportunidade de reinventar sua biografia, livre de temores e de oráculos. Por isso considera-se "filho da Sorte benfazeja". O coro, no estásimo que se inicia no v.1281, compartilha do estado de espírito de seu amado governante.

3º ESTÁSIMO

[O Coro compartilha da alegre expectativa de Édipo acerca de sua origem, especulando se não seria ele o fruto dos amores de algum deus que sobrevivera graças aos cuidados das ninfas das montanhas. (v.1281-1301)]

CORO

Se minha inspiração é verdadeira
e tenho a mente alerta neste instante,
não, Citéron, não, pelo Olimpo[31] santo,
não deixarás de ver no plenilúnio
1285 nossa homenagem por haveres sido
o abrigo e o sustento do rei Édipo
entregue aos teus cuidados maternais.
Iremos festejar-te e dançaremos
no chão que alimentou nosso senhor.
1290 Sê-nos propício, Febo protetor!
Quem te gerou, meu filho, e te criou
entre as donzelas de anos incontáveis,[32]
após haver-se unido a Pan,[33] teu pai,
errante nas montanhas, ou depois
1295 de um amoroso amplexo de Loxias?
Ele ama todas as planuras rústicas.
Hermes também, que reina no Cileno[34]
onde o divino Baco é morador
nos altos montes, te acolheu um dia,
1300 rebento de uma ninfa do Helicon,[35]
seu entretenimento preferido.

Vê-se à distância, aproximando-se, o velho PASTOR *de Laio, entre serviçais de* ÉDIPO.

---

31. O monte Olimpo, montanha elevada na Grécia central, era a morada dos deuses.
32. Referência às Ninfas, entidades femininas que habitam as florestas e representam a natureza.
33. Divindade associada ao meio rural, protetor dos pastores, companheiro das Ninfas, a quem persegue. É um ser híbrido, meio homem, meio bode. O coro aventa a possibilidade de Édipo ser fruto dos amores clandestinos de Pan ou de Apolo (Loxias).
34. Hermes, deus que amava a vida em contato com a natureza, procurava a companhia das ninfas no monte Cileno, assim batizado em homenagem à ninfa Cilene.
35. O Helicon é uma montanha na Boiotia, na fronteira da Fócis consagrada às Musas.

4º EPISÓDIO

[O Pastor é conduzido a contragosto à presença de Édipo, que o interroga com a ajuda do Mensageiro coríntio. Relutante, sob ameaça de tortura, o escravo termina por revelar que recebera a criança das mãos de Jocasta e que, por piedade, a entregara para seu colega criar longe de Tebas, em Corinto. Horrorizado, Édipo elucida por fim o mistério de sua identidade e jura não mais contemplar a luz do sol. (v.1302-1392)]

ÉDIPO

Se é lícito conjecturar, anciãos tebanos,
sobre um mortal que vejo pela vez primeira,
eis o pastor cuja presença desejávamos.
1305 Sua velhice extrema o assemelha muito
a este mensageiro. Além de outros indícios,
creio reconhecer em seus acompanhantes
os serviçais que a mando meu foram buscá-lo.

Dirigindo-se ao CORIFEU.

Mas tu, que anteriormente viste este pastor,
1310 por certo tens opinião melhor a dar.

CORIFEU

Posso reconhecê-lo, se queres saber;
ele servia a Laio e lhe era mais fiel,
como pastor, que todos os demais campônios.

ÉDIPO

Dize-me agora, forasteiro de Corinto:
1315 é este mesmo o homem de quem nos falaste?

MENSAGEIRO

É ele; aqui o tens diante de teus olhos.

ÉDIPO

Dirigindo-se ao PASTOR *recém-chegado.*

Olha-me bem, ancião; responde a umas perguntas
que te farei: serviste antigamente a Laio?

PASTOR

Eu era seu escravo; ele não me comprou;
1320 desde pequeno fui criado em casa dele.

ÉDIPO

Como vivias? Que fazias para Laio?

PASTOR

Segui durante toda a vida seus rebanhos.

ÉDIPO

Em que lugares demoravas por mais tempo?

PASTOR

No Citéron, às vezes; outras vezes, perto.

ÉDIPO

Indicando o MENSAGEIRO.

1325 Podes dizer se te recordas deste homem?

PASTOR

Qual era o seu ofício? Mostra-me o tal homem.

ÉDIPO

É este aqui. Já o encontraste alguma vez?

PASTOR

Não posso responder de súbito... Não lembro...

MENSAGEIRO

Não é surpreendente a sua hesitação;
1330 ele esqueceu, mas vou reavivar depressa
sua memória. É certo que nos conhecemos
no monte Citéron; seu rebanho era duplo,
o meu era um só e éramos vizinhos;
durou três anos essa nossa convivência
1335 da primavera até o outono. Vindo o inverno
eu regressava com o rebanho aos meus estábulos
e ele trazia as muitas reses do rei Laio
aos seus currais. Não era assim? Agora lembras?

PASTOR

É bem verdade, mas passaram tantos anos...

MENSAGEIRO

1340 Vamos adiante. Lembras-te de que me deste
uma criança um dia para eu tratar
como se fosse um filho meu? Ou esqueceste?

PASTOR

Não ouvi bem. Qual a razão dessa pergunta?

MENSAGEIRO

Indicando ÉDIPO.

Aqui está a frágil criancinha, amigo.

PASTOR

1345 Queres a tua perdição? Não calarás?

ÉDIPO

Não deves irritar-te, ancião; tuas palavras,
não as deste estrangeiro, podem agastar-nos.

PASTOR

Que falta cometi, meu amo generoso?

ÉDIPO

Não respondeste à indagação sobre a criança.

PASTOR

1350 Esse homem fala sem saber; perde seu tempo.

ÉDIPO

Preferes responder por bem ou constrangido?

PASTOR

Não deves maltratar um velho! Tem piedade!

ÉDIPO

Não vamos amarrar-lhe logo as mãos às costas?

PASTOR

Sou mesmo um desgraçado! Qual a tua dúvida?

ÉDIPO

1355 Levaste-lhe a criança a que ele se refere?

PASTOR

Levei. Ah! Por que não morri naquele dia?

ÉDIPO

É o que te espera agora se silenciares.

PASTOR

Será pior ainda se eu falar, senhor!

ÉDIPO

Estás emaranhando-te em rodeios vãos.

PASTOR

1360 Não, meu senhor! Entreguei-lhe o recém-nascido.

ÉDIPO

De quem o recebeste? Ele era teu, ou de outrem?

PASTOR

Não era meu; recebi-o das mãos de alguém...

ÉDIPO

Das mãos de gente desta terra? De que casa?

PASTOR

Não, pelos deuses, rei! Não me interrogues mais!

ÉDIPO

1365 Serás um homem morto se não responderes!

PASTOR

Ele nascera... no palácio do rei Laio!

ÉDIPO

Simples escravo, ou então... filho do próprio rei?

PASTOR

Quanta tristeza! É doloroso de falar!

ÉDIPO

Mais doloroso de escutar, mas não te negues.

PASTOR

1370 Seria filho dele, mas tua mulher
que deve estar lá dentro sabe muito bem
a origem da criança e pode esclarecer-nos.

ÉDIPO

Foi ela mesma a portadora da criança?

PASTOR

Sim, meu senhor; foi Jocasta, com as próprias mãos.

ÉDIPO

1375 Por que teria ela agido desse modo?

PASTOR

Mandou-me exterminar a tenra criancinha.

ÉDIPO

Sendo ela a própria mãe? Não te parece incrível?

PASTOR

Tinha receios de uns oráculos funestos.

ÉDIPO

E quais seriam os oráculos? Tu sabes?

PASTOR

1380 Diziam que o menino mataria o pai.

ÉDIPO

Indicando o MENSAGEIRO.

Por que deste o recém-nascido a este ancião?

PASTOR

Por piedade, meu senhor; pensei, então,
que ele o conduziria a um lugar distante
de onde era originário; para nosso mal
1385 ele salvou-lhe a vida. Se és quem ele diz,
julgo-te o mais infortunado dos mortais!

ÉDIPO

Transtornado.

Ai de mim! Ai de mim! As dúvidas desfazem-se!
Ah! Luz do sol. Queiram os deuses que esta seja
a derradeira vez que te contemplo! Hoje
1390 tornou-se claro a todos que eu não poderia
nascer de quem nasci, nem viver com quem vivo
e, mais ainda, assassinei quem não devia!

ÉDIPO sai correndo em direção ao palácio. O MENSAGEIRO *sai por um lado,
o* PASTOR *por outro.*

4º ESTÁSIMO

[O Coro apresenta o destino de Édipo como exemplar e conclui que nenhum homem pode postular a felicidade nesta vida. Ao recapitular a trajetória de seu rei – que derrotou a Esfinge e salvou a cidade, conquistando a admiração de todos, mas que em um único dia foi reduzido à mais mísera condição –, o Coro lamenta sua sorte. (v.1393-1445)]

CORO
Lento e triste.

Vossa existência, frágeis mortais,
é aos meus olhos menos que nada.
1395 Felicidade só conheceis
imaginada; vossa ilusão
logo é seguida pela desdita.
Com teu destino por paradigma,
desventurado, mísero Édipo,
1400 julgo impossível que nesta vida
qualquer dos homens seja feliz!
Ele atirava flechas mais longe
que os outros homens e conquistou
(assim pensava, Zeus poderoso)
1405 incomparável felicidade.
Fez mais ainda, pois conseguiu
matar a virgem misteriosa
de garras curvas e enigmas bárbaros.
Quando ele veio de longes terras
1410 sua presença foi para nós
aqui em Tebas um baluarte;
graças a ele sobrevivemos.
Desde esse tempo, Édipo heroico,
nós te chamamos de nosso rei
1415 e nos curvamos diante de ti,
senhor supremo da grande Tebas.
E existe hoje qualquer mortal
cuja desdita seja maior?
Quem foi ferido por um flagelo
1420 e um sofrimento mais violentos?
Quem teve a vida tão transtornada?

Édipo ilustre, muito querido!
Tu és o filho que atravessou
a mesma porta por onde antes
1425 teu pai entrara; nela te abrigas
num matrimônio jamais pensado!
Como puderam, rei meu senhor,
as sementeiras do rei teu pai
dar-te acolhida, silenciosas,
1430 por tanto tempo? Como, infeliz?
O tempo eterno, que tudo vê,
mostrou um dia, malgrado teu,
as tuas núpcias abomináveis
que já duravam de longa data
1435 e te fizeram pai com a mulher
de quem és filho, com tua mãe!
Filho de Laio: prouvera aos céus
que estes meus olhos nunca, jamais
te houvessem visto! Ah! Por que viram?
1440 Gemo e soluço. Dos lábios meus
só saem gritos, gritos de dor!
E todavia graças a ti
foi-nos possível cerrar os olhos
aliviados e respirar
1445 tranquilamente por muito tempo.

Entra um CRIADO *vindo do palácio, com uma expressão de assombro.*

ÊXODO, Cena 1

[Um criado vem do palácio para transmitir notícias terríveis: Jocasta,
lamentando seu destino, suicidara-se; Édipo, transtornado, furara os próprios
olhos com um broche que prendia as roupas da rainha. Além disso, anunciara
a intenção de cumprir seu édito e partir para o exílio. (v.1446-1536)]

CRIADO
Varões ilustres desta terra, sempre honrados,
que fatos ouvireis, que dores sentireis,
que luto vos aguarda como cidadãos
inda fiéis à gente e à casa dos labdácidas!

1450 Nem mesmo as águas do Istros e do Fásis juntas[36]
agora purificariam esta casa,
tão grandes são os males que ela hoje encobre!
Logo ela vai expor à luz outras desgraças,
conscientes desta vez, e não involuntárias;
1455 os sofrimentos são inda maiores quando
autor e vítima são uma só pessoa.

CORIFEU
Gemíamos sentidamente pelos fatos
já conhecidos; vais contar-nos novos males?

CRIADO
Direi depressa e ouvireis também depressa:
1460 Jocasta não existe mais, nossa rainha!

CORIFEU
Ah! Infeliz Jocasta! E como foi a morte?

CRIADO
Com as próprias mãos ela deu fim à existência.
Talvez fosse melhor poupar-vos dos detalhes
mais dolorosos, pois os fatos lastimáveis
1465 não se desenrolaram em vossa presença.
Contudo sabereis o que sofreu Jocasta,
até onde eu puder forçar minha memória.
Quando a infeliz transpôs a porta do seu quarto
lançou-se como louca ao leito nupcial;
1470 com as duas mãos ela arrancava seus cabelos.
Depois fechou as portas violentamente,
chamando aos gritos Laio há tanto tempo morto,
gritando pelo filho que trouxera ao mundo
para matar o pai e que a destinaria

---

36. Rios importantes no imaginário grego: o Istros, antigo nome do rio Danúbio, desemboca no mar Negro, assim como o Fásis (hoje Faoz, na Armênia), considerado pelos antigos o maior rio da Ásia.

1475 a ser a mãe de filhos de seu próprio filho,
se merecessem esse nome. Lamentava-se
no leito mesmo onde ela havia dado à luz
– dizia a infeliz – em dupla geração
aquele esposo tido de seu próprio esposo
1480 e os outros filhos tidos de seu próprio filho!
Como em seguida ela morreu, não sei contar.
Aos gritos Édipo acorreu, mas também ele
não pôde presenciar a morte da rainha.
Os nossos olhos não se despregavam dele
1485 correndo como um louco em todos os sentidos,
pedindo em altos brados que um de nós lhe desse
logo um punhal, gritando-nos que lhe disséssemos
onde se achava sua esposa (esposa não,
mas a mulher de cujo seio maternal
1490 saíram ele próprio e todos os seus filhos).
Em seu furor não sei que deus fê-lo encontrá-la
(não foi nenhum de nós que estávamos por perto).
Então, depois de dar um grito horripilante,
como se alguém o conduzisse ele atirou-se
1495 de encontro à dupla porta: fez girar os gonzos,
e se precipitou no interior da alcova.
Pudemos ver, pendente de uma corda, a esposa;
o laço retorcido ainda a estrangulava.
Ao contemplar o quadro, entre urros horrorosos
1500 o desditoso rei desfez depressa o laço
que a suspendia; a infeliz caiu por terra.
Vimos, então, coisas terríveis. De repente
o rei tirou das roupas dela uns broches de ouro
que as adornavam, segurou-os firmemente
1505 e sem vacilação furou os próprios olhos,
gritando que eles não seriam testemunhas
nem de seus infortúnios nem de seus pecados:
"nas sombras em que viverei de agora em diante",
dizia ele, "já não reconhecereis
1510 aqueles que não quero mais reconhecer!"
Vociferando alucinado, ainda erguia
as pálpebras e desferia novos golpes.
O sangue que descia em jatos de seus olhos
molhava toda a sua face, até a barba;
1515 não eram simples gotas, mas uma torrente,

sanguinolenta chuva em jorros incessantes.
São ele e ela os causadores desses males,
e os infortúnios do marido e da mulher
estão inseparavelmente entrelaçados.
1520 Ambos provaram antes a felicidade,
herança antiga; hoje lhes restam só gemidos,
vergonha, maldição e morte, ou, em resumo,
todos os males, todos, sem faltar um só!

CORIFEU
E agora o desditoso rei está mais calmo?

CRIADO
1525 Ele esbraveja e manda que abram o palácio
e mostrem aos tebanos logo o parricida,
o filho cuja mãe... não posso repetir
suas sacrílegas palavras; ele fala
em exilar-se e afirma que não ficará
1530 neste palácio, vítima das maldições
por ele mesmo proferidas. Deveremos
levar-lhe apoio, dar-lhe um guia, pois seu mal
é muito grande para que ele o sofra só.
Logo ele vai aparecer. As portas abrem-se.
1535 Vereis um espetáculo que excitaria
piedade até num inimigo sem entranhas!

Aparece ÉDIPO, *com os olhos perfurados, vindo do palácio.*

ÊXODO, Cena 2
[As portas do palácio se abrem e revelam Édipo. O impacto dessa aparição
é imenso sobre o Corifeu, que passa a lastimar sua sorte. Édipo reconhece-
lhe a amizade e, em meio a lamentos, anuncia sua partida. (v.1537-1676)]

CORIFEU
Ah! Sofrimento horrível para os olhos,
o mais horrível de todos que vi!

Ah! Que loucura, infortunado Édipo,
1540 tombou neste momento sobre ti?
Que divindade consumou agora
teu trágico destino inelutável,
prostrando-te com males que ultrapassam
a intensidade máxima da dor?
1545 Ah! Como és infeliz! Faltam-me forças
para encarar-te, e eu desejava tanto
fazer indagações, ouvir-te, olhar-te;
é muito forte a sensação de horror
que teu aspecto lastimável causa!

ÉDIPO

1550 Ai de mim! Como sou infeliz!
Aonde vou? Aonde vou? Em que ares
minha voz se ouvirá? Ah! Destino!...
Em que negros abismos me lanças?

CORIFEU

Num turbilhão de imensa dor, insuportável
1555 até na descrição, até à simples vista!

ÉDIPO

Nuvem negra de trevas, odiosa,
que tombaste do céu sobre mim,
indizível, irremediável,
que não posso, não posso evitar!
1560 Infeliz! Infeliz outra vez!
Com que ponta aguçada me ferem
o aguilhão deste meu sofrimento
e a lembrança de minhas desgraças?

CORIFEU

É natural que se teus males crescem tanto
1565 os teus gemidos também sejam redobrados,
pois pesam-te nos ombros redobradas penas.

ÉDIPO

Ah! Amigo! És o único amigo
que me resta, pois inda te ocupas
deste cego em que me transformei.
1570 Ai de mim! Sei que estás muito perto;
mergulhado na noite eu ainda
reconheço-te a voz, companheiro!

CORIFEU

Terríveis atos praticaste! Como ousaste
cegar teus próprios olhos? Qual das divindades
1575 deu-te coragem para ir a tais extremos?

ÉDIPO

Foi Apolo! Foi sim, meu amigo!
Foi Apolo o autor de meus males,
de meus males terríveis; foi ele!
Mas fui eu quem vazou os meus olhos.
1580 Mais ninguém. Fui eu mesmo, o infeliz!
Para que serviriam meus olhos
quando nada me resta de bom
para ver? Para que serviriam?

CORO

Nada dizes além da verdade.

ÉDIPO

1585 Que haveria de olhar ou amar?
Que palavras ainda ouviria
com prazer, meus amigos? Nenhuma!
Só me resta pedir-vos: levai-me
para longe daqui sem demora.
1590 Eu vos peço: levai, meus amigos,
o maldito, motivo de horror,
odiado por deuses e homens!

CORIFEU

Quantos motivos tens para lamentações!
São grandes os teus males e inda sofres mais
1595 por teres a noção de sua enormidade.
Ah! Se eu jamais te houvesse conhecido, Édipo!

ÉDIPO

Por que vive esse homem que outrora
num recanto deserto livrou
os meus pés das amarras atrozes
1600 e salvou-me da morte somente
para ser infeliz como sou?
Se eu tivesse morrido mais cedo
não seria o motivo odioso
de aflição para meus companheiros
1605 e também para mim nesta hora!

CORIFEU

Essa é também a minha opinião sincera.

ÉDIPO

E jamais eu seria assassino
de meu pai e não desposaria
a mulher que me pôs neste mundo.
1610 Mas os deuses desprezam-me agora
por ser filho de seres impuros
e porque fecundei – miserável! –
as entranhas de onde saí!
Se há desgraça pior que a desgraça,
1615 ela veio atingir-me, a mim, Édipo!

CORIFEU

Não sei como justificar tua atitude.
Talvez fosse melhor morrer que viver cego.

ÉDIPO

Não tentes demonstrar que eu poderia agir
talvez de outra maneira, com maior acerto.
1620 Não quero teus conselhos. Como encararia
meu pai no outro mundo, ou minha mãe, infeliz,
depois de contra ambos perpetrar tais crimes
que nem se me enforcassem eu os pagaria?
Teria eu algum prazer vendo o semblante
1625 dos pobres filhos meus, nascidos como foram?
Não, certamente já não poderia vê-los,
nem a minha cidade, nem seus baluartes,
nem as imagens sacrossantas de seus deuses,
eu, o mais infeliz entre os desventurados!
1630 Após haver vivido em Tebas a existência
mais gloriosa e bela eu mesmo me proibi
de continuar a usufruí-la ao ordenar
que todos repelissem o maldito ser,
impuro para os deuses, da raça de Laio.
1635 Depois de ter conhecimento dessa mácula
que pesa sobre mim, eu poderia ver
meu povo sem baixar os olhos? Não! E mais:
se houvesse ainda um meio de impedir os sons
de me chegarem aos ouvidos eu teria
1640 privado meu sofrido corpo da audição
a fim de nada mais ouvir e nada ver,
pois é um alívio ter o espírito insensível
à causa de tão grandes males, meus amigos.

Pausa.

Ah! Citéron! Por que tu me acolheste um dia?
1645 Por que não me mataste? Assim eu não teria
jamais mostrado aos homens todos quem eu sou!
Ah! Pôlibo e Corinto! Ah! Palácio antigo
que já chamei de casa de meus pais! Que nódoas
maculam hoje aquele que vos parecia
1650 outrora bom e tantos males ocultava!...
Pois hoje sou um criminoso, um ser gerado
por criminosos como todos podem ver.
Ah! Tripla encruzilhada, vales sombreados,

florestas de carvalhos, ásperos caminhos,
1655 vós que bebestes o meu sangue, derramado
por minhas próprias mãos – o sangue de meu pai –
ainda tendes a lembrança desses crimes
com que vos conspurquei? Pois outros cometi
depois. Ah! Himeneu! Deste-me a existência
1660 e como se isso não bastasse inda fizeste
a mesma sementeira germinar de novo!
Mostraste ao mundo um pai irmão dos próprios filhos,
filhos-irmãos do próprio pai, esposa e mãe
de um mesmo homem, as torpezas mais terríveis
1665 que alguém consiga imaginar. Mostraste-as todas!

Pausa.

Mas vamos logo, pois não se deve falar
no que é indecoroso de fazer. Levai-me!
Depressa, amigos! Ocultai-me sem demora
longe daqui, bem longe, não importa onde;
1670 matai-me ou atirai-me ao mar em um lugar
onde jamais seja possível encontrar-me!
Aproximai-vos e não tenhais nojo, amigos,
de pôr as vossas mãos em mim, um miserável.
Crede-me! Nada receeis! Meu infortúnio
1675 é tanto que somente eu, e mais ninguém,
serei capaz de suportá-lo nesta vida!

Entra CREONTE.

ÊXODO, Cena 3

[Creonte aproxima-se e, como novo rei de Tebas, assume o controle da situação. Édipo reconhece a injustiça com que o tratou anteriormente e pede-lhe que sepulte Jocasta e que cuide de suas filhas em sua ausência. As meninas vêm chorando ao encontro do pai para a despedida. Creonte atende aos apelos de Édipo, mas ordena que ele retorne ao palácio até que Apolo, em novo oráculo, se manifeste sobre seu destino. Ao final da tragédia, o Corifeu considera que, em vista das inconstâncias que regem nossa existência, somente após a morte se pode avaliar se um homem foi de fato feliz. (v.1677-1814)]

CORIFEU

Para atender ao teu pedido e aconselhar-te
chega Creonte em boa hora; ele tornou-se
o único guardião de Tebas, sucedendo-te.

ÉDIPO

1680 Que poderia eu dizer-lhe e esperar dele?
Antes fui por demais injusto com Creonte.

CREONTE

Não vim até aqui para insultar-te, Édipo,
nem para censurar teus erros no passado.
Mas vós, homens de Tebas, se não respeitais
1685 as gerações dos homens, reverenciai
ao menos esta luz do sol, nutriz de tudo.
Sede mais recatados; não queirais mostrar
assim sem véus este ente impuro, tão impuro
que nem a terra, nem a chuva abençoada,
1690 nem mesmo a luz agora poderão tocar.
Levai-o logo até o palácio; é sobretudo
aos consanguíneos, só a eles, que as desditas
de seus parentes, tanto vistas como ouvidas,
inspiram piedade. Não deveis tardar!

ÉDIPO

1695 Escuta-me, Creonte, pelos deuses peço-te,
a ti, que, contrariando a minha expectativa,
te mostras bom para com este criminoso
pior que todos: é no teu próprio interesse,
e não no meu, que antes de ir quero falar.

CREONTE

1700 E que pretendes conseguir de mim ainda?

ÉDIPO

Lança-me fora desta terra bem depressa,
em um lugar onde jamais me seja dado
falar a ser humano algum e ser ouvido.

CREONTE

Eu já teria satisfeito o teu desejo
1705 se não quisesse antes indagar do deus
qual deve ser minha conduta nesta hora.

ÉDIPO

Mas o divino mandamento é conhecido:
mate-se o parricida, mate-se o impuro!

CREONTE

Sim, isso já foi dito, mas nesta emergência
1710 convém saber exatamente o que fazer.

ÉDIPO

Consultarás então o oráculo a propósito
de um miserável como eu? Será preciso?

CREONTE

E desta vez crerás em suas predições.

ÉDIPO

Suplico-te além disso que tu mesmo cuides
1715 de um funeral conveniente à infeliz
inda insepulta no palácio; cumprirás
apenas um dever, pois ela tem teu sangue.
Jamais permitas, quanto a mim, que eu inda habite
a terra de meus ancestrais; deixa-me antes
1720 viver lá nas montanhas, lá no Citéron,

183

a pátria triste que meus pais me destinaram
para imutável túmulo quando nasci;
assim eu morrerei onde eles desejaram.
Há uma coisa, aliás, que tenho como certa:
1725 não chegarei ao fim da vida por doença
nem males semelhantes, pois se me salvei
da morte foi para desgraças horrorosas.
Mas siga então seu curso meu destino trágico,
qualquer que seja ele. Quanto aos filhos meus
1730 varões, não devem preocupar-te, pois são homens;
onde estiverem não carecerão jamais
de nada para subsistir; mas minhas filhas
tão infelizes, dignas de tanta piedade,
que partilharam de minha abundante mesa,
1735 e cujas mãos eu dirigi aos pratos próprios,
zela por elas, peço-te por tudo, e deixa-me
tocá-las uma vez ainda com estas mãos
e deplorar a sua desventura enorme!
Atende-me, Creonte, rei de raça nobre!
1740 Sentindo-as pelo toque destas minhas mãos,
creria que inda as tenho como quando as via.

Ouve-se o choro de crianças nas proximidades.

Que ouço, deuses? Devem ser as minhas filhas,
as minhas duas filhas muito amadas, perto,
chorando! Foi Creonte que se condoeu
1745 e mandou virem as crianças? É verdade?

CREONTE
Foi, sim. Mandei trazê-las. Eu sabia, Édipo,
que a ânsia de revê-las te invadia a alma.

Entram ANTÍGONA *e* ISMENE, *ainda crianças, trazidas por uma criada.*

ÉDIPO
Sejas feliz por as deixares vir, Creonte!
Protejam-te os augustos deuses mais que a mim!
1750 Minhas crianças, onde estais? Vinde até mim!

Vinde até minhas mãos... fraternas. Foram elas
– estas mãos – que privaram meus olhos da luz,
olhos outrora brilhantes de vosso pai!
Eu nada via então, desconhecia tudo,
1755 minhas pobres crianças, e vos engendrei
no ventre de onde eu mesmo antes saíra! Choro!
Choro por vós, pois já não posso contemplar-vos,
pensando nas inumeráveis amarguras
que ides suportar ao longo desta vida.
1760 A que assembleias dos tebanos, a que festas
ireis sem regressar ao lar antes da hora,
chorando lágrimas sem conta? E quando houverdes
chegado à idade florescente do himeneu,
quem, minhas filhas, quem terá a ousadia
1765 de carregar convosco todas as torpezas
que serão sempre a maldição de minha raça
e da que nascerá de vós? Que falta agora
à vossa desventura? Vosso pai matou
seu próprio pai e desposou a própria mãe,
1770 de quem ele nasceu, e vos gerou depois
nas entranhas onde há mais tempo foi gerado!
Eis as injúrias que sempre tereis de ouvir!
E quem vos há de desposar? Quem, minhas filhas?
Ninguém! Ninguém, crianças, e definhareis
1775 estéreis e na solidão! E tu, Creonte,
que agora és pai – apenas tu – destas crianças,
pois a mãe delas e eu nada mais somos, ouve:
não abandones estas criaturas frágeis,
do mesmo sangue teu, à sua própria sorte!
1780 Esperam-nas sem ti a fome e a mendicância.
Não lhes imponhas uma vida igual à minha.
Tem piedade delas, vendo-as, nesta idade,
privadas de qualquer apoio, salvo o teu:
faze um sinal de assentimento, homem bom!
1785 Sê generoso! Toca-me com tua mão!

CREONTE *atende ao pedido de* ÉDIPO.

E vós, minhas crianças, se já possuísseis
entendimento eu vos daria um só conselho:

apenas desejai, onde estiverdes, filhas,
viver uma existência mais feliz que a minha!

CREONTE

1790 Já choraste demais. Volta agora ao palácio, infeliz.

ÉDIPO

Tuas ordens são desagradáveis, mas devo segui-las.

CREONTE

Ages bem. Tudo é bom quando é feito na hora oportuna.

ÉDIPO

Por acaso já sabes em que condições eu irei?

CREONTE

Só depois de tu mesmo as dizeres poderei sabê-las.

ÉDIPO

1795 Deverás afastar-me de Tebas, Creonte, exilando-me.

CREONTE

Só o deus poderá decidir quanto ao teu banimento.

ÉDIPO

Mas os deuses me odeiam!

CREONTE

Talvez ouvirão teu pedido.

ÉDIPO
És sincero, Creonte?

CREONTE
1800 Só falo depois de pensar.

ÉDIPO
Então leva-me!

CREONTE
Vamos depressa! Libera as crianças.

ÉDIPO
Não as tires de mim, por favor!

CREONTE
Não pretendas mandar.
1805 Teu poder de outros tempos agora deixou de existir.

ÉDIPO, *conduzido por* CREONTE, *encaminha-se lentamente para o palácio, seguido a certa distância pelas filhas e pela criada.*

CORIFEU
Vede bem, habitantes de Tebas, meus concidadãos!
Este é Édipo, decifrador dos enigmas famosos;
ele foi um senhor poderoso e por certo o invejastes
em seus dias passados de prosperidade invulgar.
1810 Em que abismos de imensa desdita ele agora caiu!
Sendo assim, até o dia fatal de cerrarmos os olhos
não devemos dizer que um mortal foi feliz de verdade
antes dele cruzar as fronteiras da vida inconstante
sem jamais ter provado o sabor de qualquer sofrimento!

FIM

Perfis dos personagens

ÉDIPO: A personagem de Édipo suscitou diferentes interpretações com o passar do tempo. Para alguns, ele representa a insignificância dos homens diante dos deuses. Para C.M. Bowra, a trajetória do herói deve exemplificar o poder ilimitado dos deuses. A queda de Édipo se deveria à impiedade que demonstra no enfrentamento com Tirésias ou à desconfiança que nutre contra os oráculos (Clitemnestra, que também sofre reviravolta, é mais cética), ou ainda no orgulho desmedido de sua inteligência. Para outros, o herói incorpora o livre-arbítrio, pois todas as suas ações derivam de sua própria vontade, sem que haja coerção divina – opinião partilhada por Cedric H. Whitman e Bernard Knox, para quem Édipo encarna o ateniense típico em sua iniciativa e ímpeto de poder. Para E.R. Dodds, Édipo simboliza a inteligência humana em seu afã de desvendar todos os mistérios que nos cercam. Freud o elegeu para ilustrar o desejo infantil pela mãe. Mas talvez tenha sido Pierre Vernant quem melhor captou a essência da personagem sofocliana ao afirmar que Édipo é duplo, carregando em si a ambiguidade que Tirésias aponta no 1º episódio e que, então, ele não pode reconhecer. É justamente por inspirar tantas leituras que Édipo é das figuras mais instigantes do teatro universal.[1]

Filho de Laio e Jocasta, reis de Tebas, Édipo é exposto à morte na montanha logo após nascer, para evitar que se cumprisse a profecia segundo a qual Laio seria morto pelo filho. Seu nome recorda esse episódio de sua infância, já que Édipo em grego significa "pés inchados", consequência das cordas com que lhe ataram os tornozelos. A criança foi salva pelo pastor encarregado de abandoná-la, que, apiedado, entregou-a a um colega coríntio. Este, por sua vez, o confiou aos reis de Corinto, Pôlibo e Mérope, que não tinham filhos.

---

1. Cf. C.M. Bowra, *Sophoclean Tragedy*. Oxford: Clarendon Press, 1944; C.H. Whitman, *Sophocles. A Study of Heroic Humanism*. Cambridge: Harvard University Press, 1951; B. Knox, *Édipo em Tebas*. Op.cit.; E.R. Dodds, "On misunderstanding the *Oedipus Rex*", in E. Segal (org.) *Greek Tragedy: Modern Essays in Criticism*. Nova York: Harper and Row, 1983; S. Freud, "A dissolução do complexo de Édipo", in Edição Standard Brasileira das Obras Psicológicas Completas, vol.XIX. Rio de Janeiro: Imago, 1974; J.-P. Vernant e P. Vidal-Naquet, "Ambiguidade e reviravolta", op.cit.

Mais tarde, desconfiado de que não fosse filho natural desses reis, Édipo foi consultar o oráculo de Delfos, mas ouviu em resposta que mataria o pai e desposaria a mãe. Temeroso, decide não retornar a Corinto. Na estrada que leva a Tebas, encontra numa encruzilhada um homem e seu cortejo e, ao ser por ele desacatado, reage e mata todos à exceção de um escravo, que foge. Chegando a Tebas, Édipo defronta-se com a Esfinge, monstro com cabeça de mulher, corpo de leão e asas de águia, que propunha enigmas aos viajantes e os devorava, caso não soubessem respondê-los. Édipo acerta a resposta e, com isso, o monstro mata-se. Como recompensa, Édipo assume o trono vacante de Laio e desposa Jocasta, ignorando o parentesco que os unia. A tragédia de Sófocles começa quando Édipo já é o governante de Tebas há tempos. Uma peste assola a cidade e o oráculo revela que ela só cessará com a punição do assassino de Laio. Édipo toma para si a investigação, durante a qual terminará por descobrir a verdade sobre sua origem. Ao final da tragédia, ele se cega para não mais ver o mundo e deseja apenas partir de Tebas para uma vida errante e miserável.

SACERDOTE: O idoso sacerdote de Zeus é o interlocutor de Édipo na cena inicial da tragédia, dando voz aos temores e anseios da população de Tebas em decorrência da peste e evidenciando a origem divina da calamidade.

CREONTE: O irmão de Jocasta e cunhado de Édipo, de quem é uma espécie de braço direito, terá destaque nas tragédias do ciclo tebano. Assume o trono após a derrocada do herói, mas não será mais afortunado. No *Édipo em Colono*, Sófocles o faz partir ao encalço de Édipo e sequestrar-lhe as filhas para forçá-lo a retornar a Tebas, evitando assim a luta fratricida pelo trono. Em *As fenícias*, de Eurípides, vê sua cidade sitiada pela expedição dos Sete contra Tebas, liderada por Polinices, filho de Édipo. Em *Antígona*, também de Sófocles, Creonte volta ao poder após a morte dos dois herdeiros do trono, Polinices e Eteócles. Proíbe Antígona de enterrar Polinices, o invasor da cidade, e, diante de sua desobediência, condena-a à morte. Essa atitude de reafirmação do poder custa-lhe caro: seu filho, noivo da morta, e sua esposa se suicidam. No *Édipo rei*, no entanto, parece desapegado do poder, apesar das suspeitas em contrário do tirano. Encarregado por ele, consulta o oráculo de Apolo em busca de uma solução para a peste que assola a cidade e sugere a entrevista com Tirésias, contribuindo para a reconstituição das circunstâncias que cercam o assassinato do rei Laio. Édipo, no entanto, suspeita que ele deseje destituí-lo do poder, aliando-se a Tirésias, para assumir o trono de Tebas. No final da tragédia, tendo Édipo que cumprir o édito e partir para o exílio, Creonte acaba de fato por se tornar rei de Tebas.

CORO DE ANCIÃOS TEBANOS: O coro, composto por cidadãos de Tebas, é notável por sua piedade e pela confiança que deposita em Édipo, a quem apoia do começo ao fim da peça.

TIRÉSIAS: É o adivinho por excelência no ciclo tebano. Faz sua primeira aparição na *Odisseia*, de Homero, onde ensina a Odisseu o caminho que deve tomar para voltar a Ítaca e recuperar seu lugar de direito. Nas *Bacantes*, Eurípides o faz companheiro de Cadmo, rei já mítico no *Édipo rei*. Tirésias ainda sobrevive para aconselhar Creonte em *Antígona*. O adivinho tebano, cego e idoso, é o principal interlocutor de Édipo no 1º episódio, ocasião em que, instigado pelo rei, revela-lhe toda a sua miséria: é o assassino do pai, o marido da mãe e o irmão de seus filhos. Como nesse momento da tragédia essas acusações são incompreensíveis – afinal Édipo é considerado filho dos reis de Corinto, um estrangeiro em Tebas –, paira sobre o profeta a suspeita de charlatanismo ou de corrupção em prol de Creonte. O desenrolar da trama, no entanto, mostrará que ele é um profeta veraz.

JOCASTA: A rainha tebana é viúva de Laio, o rei assassinado, com quem tivera um filho, que fora abandonado nas montanhas ao nascer em vista de antiga profecia. Logo após a morte de Laio, a Esfinge passa a ameaçar Tebas, devorando aqueles que falham em responder o enigma proposto. Creonte, então rei, promete o trono e a mão da rainha a quem derrotar o monstro. Édipo chega à cidade, vence a Esfinge, casa-se com Jocasta e tem com ela quatro filhos: Polinices, Eteócles, Antígona e Ismenia. Jocasta caracteriza-se pela desconfiança que nutre dos oráculos e profecias, a ponto de despertar a censura do coro. É a primeira a perceber a terrível verdade sobre a origem de Édipo e seu casamento maldito. Como nota Bernard Knox, a descoberta a condena ao silêncio, já que lhe faltam palavras para nomear o inominável: "filho", "marido", termos antes afetuosos, adquirem um sentido funesto. Diante da impossibilidade de fazer com que o herói interrompa a investigação, resta-lhe apenas uma saída: a morte.

MENSAGEIRO DE CORINTO: O mensageiro é um personagem recorrente na tragédia grega, encarregado de relatar ações transcorridas fora de cena. No *Édipo rei*, esse personagem anônimo é emissário dos coríntios e traz a Édipo a notícia da morte de Pôlibo, seu pai, transmitindo-lhe o desejo dos cidadãos de que ele venha a sucedê-lo no trono. Sua participação poderia encerrar-se aqui, mas ganha vulto porque ele fora testemunha de um fato crucial da biografia de Édipo: tendo sido pastor um dia, recebera das mãos de um colega tebano o menino abandonado pelos pais à morte e o levara para os reis de Corinto criar. Assim, ao revelar a Édipo que ele não era filho biológico de Pôlibo, mas oriundo de Tebas, e tendo condições de reconhecer o antigo colega, o Mensageiro contribui de maneira decisiva para a solução do enigma que cerca a identidade do herói. Aristóteles, na *Poética*, ressalta sua atuação como agente da peripécia do herói.

PASTOR: Nascido no palácio de Laio, o Pastor era um servidor fiel do rei. Foi encarregado por Jocasta de levar seu filho recém-nascido para as montanhas. Com pena, entregou a criança a um colega coríntio, para que o criasse longe dali. Estava na comitiva de Laio quando este foi assassinado na encruzilhada da estrada para Delfos, sendo a única testemunha a sobreviver ao ataque. Ao retornar à cidade encontrou Édipo no trono de Laio e reconheceu nele o assassino. Com medo, implorou à rainha que fosse mandado para o campo, para cuidar dos rebanhos. É figura-chave na tragédia por ter testemunhado dois momentos decisivos da vida do herói: seu nascimento e o parricídio, que, contrafeito, confirma. Com isso, assiste também à derrocada de Édipo.

CRIADO DO PALÁCIO: O Criado do palácio cumpre o papel de um segundo mensageiro na tragédia. Ele entra em cena no êxodo para relatar a morte de Jocasta e a automutilação de Édipo, que fura seus olhos para não mais ter que encarar os outros. Convencionalmente o teatro grego não exibia mortes em cena ou ferimentos extremos, embora depois explorasse o impacto emocional que os cadáveres e os feridos causavam nos espectadores.

MEDEIA

Eurípides

Introdução: Eurípides e a *Medeia*

POUCO SE CONHECE DAS VIDAS de Ésquilo e Sófocles, mas ainda menos sabemos sobre a de Eurípides. Os registros transmitidos nas antigas *Vidas*, relatos entre o biográfico e o anedótico, desprovidos de bases documentais e que tomam muitas vezes informações emprestadas da obra do autor retratado, dão conta de um nascimento quase mítico: em Salamina, no mesmo dia em que os gregos bateram os persas na célebre batalha naval de 480 a.C. Os comediógrafos diziam-no "o filho da feirante", o que alguns entendem como uma alusão à sua origem humilde. Isso é altamente improvável, no entanto, já que a dedicação à poesia requeria ócio e uma formação custosa. A alcunha explica-se melhor pela dicção menos elevada de suas tragédias, o destaque que dá a personagens oriundos dos extratos mais baixos da sociedade ou, ainda, pela propensão de rebaixar alguns heróis do mito – a Electra da tragédia homônima, por exemplo, se casa com um camponês pobre e vai, ela mesma, buscar água na fonte para abastecer a casa.

O interesse de Eurípides pelas doutrinas dos sofistas, que aparece em sua obra na crítica à tradição e no gosto pelos embates retóricos, lhe confere aura intelectual. Talvez por isso atribua-se a ele a posse de uma das primeiras bibliotecas de Atenas. O relato de que, para compor, se isolava no fundo de uma caverna pode derivar do fato de não ter alcançado em vida a mesma popularidade de que gozou após a morte e, portanto, não ter sido inteiramente aceito por seus contemporâneos. Alguns comentadores interpretam nesse mesmo sentido o autoexílio na corte de Arquelau, da Macedônia, onde viveu seus dois últimos anos. Segundo algumas fontes, Eurípides teria morrido em 406 a.C., despedaçado pelos cães de caça do rei, o que o iguala aos heróis de suas tragédias. Segundo outros, teve um fim mais prosaico, em Atenas mesmo, às vésperas de um concurso dramático. Conta-se que Sófocles vestiu a si e a seus atores de luto para lamentar a morte do colega.

Paradoxalmente, é desse poeta que só alcançou a vitória quatro vezes nos concursos públicos de dramaturgia, durante uma carreira de quase meio século, que foi preservado o maior número de tragédias, dezessete, excluída a apócrifa *Reso*, além de um drama satírico, *O ciclope*. No total, calcula-se que tenha composto cerca de noventa peças. Isto se explica em parte pelo prestígio do tragediógrafo nos séculos que se seguiram imediatamente à sua morte, já que sua influência sobre os poetas posteriores – tanto trágicos quanto cômicos, diga-se de passagem – eclipsou a obra de Ésquilo e de Sófocles. Mas os acasos da preservação de manuscritos na Antiguidade também contribuíram para que tantos títulos de Eurípides chegassem até nós.

Pouco se sabe da sua produção inicial, pois, ainda que tenha começado a competir em 455 a.C., a "tragédia" mais antiga que ficou é *Alceste*, de 438 a.C. As aspas se justificam pela originalidade da peça, que é *mezzo* trágica *mezzo* cômica – de fato ela ocupou o quarto lugar da tetralogia, normalmente reservado para o drama satírico. A censura que as mulheres dirigem a Eurípides na comédia *As tesmoforiantes*, de Aristófanes – a saber, que ele apresentava em suas tragédias apenas heroínas depravadas, mas jamais uma Penélope, modelo de fidelidade feminina –, careceria de fundamento, caso se lembrassem de Alceste.

Em sua devoção à família, a personagem não fica atrás da Antígona sofocliana, uma vez que cede sua vida para salvar a do marido, Admeto. Ele fora agraciado por Apolo com uma vida longa, desde que encontrasse alguém que se dispusesse a morrer em seu lugar no momento previamente fixado pelas Moiras, as divindades que controlam o destino. Somente a esposa se dispõe a trocar de lugar com ele. A despedida de Alceste dos seus familiares é a parte tocante da peça. Com a entrada de um Héracles espalhafatoso e bufão, o tom muda. O herói arrebata Alceste das mãos de Tânatos, a Morte em pessoa, restituindo-a ao mundo dos vivos, numa ação que só tem paralelo na comédia, como por exemplo em *As rãs*, de Aristófanes, em que um Dioniso disfarçado de Héracles vai ao Hades para trazer de volta à luz ninguém mais, ninguém menos que... Eurípides!

Alceste, entretanto, não se enquadra no padrão do drama satírico, a começar pela ausência do coro de sátiros que lhe confere o nome. De fato, satírico aqui nada tem a ver com sátira, que era uma prerrogativa da comédia. A quarta peça das tetralogias constituía tradicionalmente um burlesco mitológico, no qual se empregava, embora mais livremente, os mesmos metro e linguagem da tragédia, usualmente parodiando-a.

O Ciclope é o único exemplar conservado na íntegra deste gênero. Nele, Eurípides adapta o episódio do encontro entre Odisseu e o ciclope Polifemo narrado por Homero no canto IX da *Odisseia*. Os sátiros entram na história como náufragos escravizados por Polifemo – a servidão e exílio involuntário também são constantes nos enredos do drama satírico. Com a ajuda do coro, desejoso de voltar para casa e para o cortejo de Dioniso, de quem são acompanhantes, Odisseu embebeda e cega o monstro de um olho só, escapando a seguir para o navio junto com seus novos amigos. Sem dúvida, há algo de patético nesta peça, em que Odisseu vem a cena descrever minuciosamente como seus marinheiros foram devorados pelo gigante canibal e em que, depois, o monstro ensanguentado urra de dor no palco. Tudo isto, contudo, é contrabalançado pelas zombarias, cantos jocosos e tiradas obscenas da parte dos sátiros.

Além dessas duas peças, sobreviveram as seguintes tragédias de Eurípides: *Medeia, Hipólito, Heráclidas, Hécuba, Electra, Andrômaca, As suplicantes, As troianas, Helena, As fenícias, Héracles, Íon, Ifigênia em Táuris, Orestes, As bacantes* e *Ifigênia em Áulis*, as duas últimas apresentadas em Atenas postumamente. A partir desta lista, já se percebe a forte presença das figuras femininas no teatro de Eurípides. Antípoda de Alceste, Medeia é, sem dúvida, uma das mais conhecidas desta galeria.

Produzida em 431 a.C., na antevéspera da Guerra do Peloponeso, a peça sobre a vingança da estrangeira contra o marido que a abandona para desposar a filha do rei foi rotulada, por alguns comentadores, como o primeiro drama burguês, em que o ciúme é o motor dos acontecimentos. No entanto, o que está no centro desta tragédia é a honra, não o ciúme. Medeia é uma heroína ciosa de sua reputação, não concebendo tornar-se alvo de comentário e chacota alheios. A decisão de punir Jasão, apoiada pelo coro de mulheres coríntias que a cerca, é precipitada pela ordem vinda de Creonte, rei de Corinto (não confundir com o homônimo tebano, cunhado de Édipo), para que ela deixe imediatamente a cidade, acompanhada dos filhos. Sem poder contar com o amparo de sua família – que traíra ao ajudar Jasão a se apoderar do velocino de ouro –, duplamente sem pátria, impedida de retornar à sua terra natal e expulsa de Corinto, Medeia prevê para si e para os filhos um futuro desonroso. O exílio é a "gota d'água" (aliás, título da peça em que Chico Buarque e Paulo Pontes revisitam a tragédia euripidiana, situando-a no subúrbio carioca na década de 1970).[1] Jasão é culpado por subordinar os juramentos sagrados, com que se unira a Medeia, à sua sede de poder, abandonando a família à própria sorte.

Através de sua heroína, Eurípides denuncia a condição da mulher na patriarcal sociedade grega. Numa longa fala (v.258-283), Medeia expõe toda a fragilidade de seu sexo, que, com o dote, paga para servir a um marido que não escolhe, reclusa e sem reclamar, sob o risco de ser repudiada. A declara-

---

1. Chico Buarque e Paulo Pontes. *Gota d'água. Uma tragédia brasileira*. Rio de Janeiro: Civilização Brasileira, 2009 (1ª ed. 1973).

ção de que preferiria três vezes ir à guerra a parir uma única vez é sintomática. Alinhando-a aos heróis da época, revela que não se adapta ao padrão de comportamento feminino e que não irá se submeter às decisões masculinas, e sim combatê-las.

Sua arma, no entanto, não é a força, mas a persuasão e a magia. Medeia descende de uma família de feiticeiras (Circe, que transforma com suas drogas os companheiros de Odisseu em animais, na *Odisseia*, é sua tia), fator que contribui para o choque cultural que se dá entre ela, representante de um mundo arcaico e impregnado de sacralidade, e o marido, racionalista e pragmático – num embate bem-marcado, por exemplo, no filme de Pier Paolo Pasolini homônimo da tragédia.[2] São as drogas, com as quais embebe as finas vestes presenteadas a sua rival, que de um só golpe tiram a vida da princesa e a do rei, mortos num abraço. Jasão afirmará que ela ousou o que nenhuma grega ousaria (v.1530-1), atribuindo semelhantes atos à sua condição de bárbara.

Ainda assim, é pela palavra, atributo de que os gregos se orgulhavam, que Medeia convence Creonte a lhe dar mais um dia em solo coríntio; Egeu, rei ateniense, a recebê-la em Atenas; Jasão a levar seus filhos à presença da noiva para, com oferendas e súplicas, garantir que ao menos estes permaneçam na cidade (os presentes envenenados porão fim às bodas reais de Jasão). A habilidade de Medeia no que toca ao discurso é inegável, mas ela a emprega para enganar e alavancar seus planos de vingança.

Ao enviar os filhos como portadores da morte, Medeia sela o destino deles, pois, se não viessem a perecer pelas mãos maternas, certamente seriam apedrejados até a morte pelos habitantes de Corinto. Em uma das versões do mito, é exatamente isso que acontece; o filicídio, ao que tudo indica, foi uma invenção de Eurípides.

A liberdade com que manipula a herança mítica e dialoga com a tradição poética é uma característica de Eurípides. Logo no início da tragédia, no prólogo expositivo, que por sinal é outra de suas marcas, uma serva de Medeia, ama de seus filhos, repassa com os espectadores o relato estabelecido nas fontes anteriores à peça, basicamente Hesíodo e Píndaro.[3] Destaca-se a trajetória de Medeia desde a Cólquida, terra bárbara nos confins do mundo conhecido,

---

2. Pier Paolo Pasolini, *Medea*, 1969, disponível em DVD.

3. O mito de Medeia associa-se à expedição dos Argonautas, liderados por Jasão, a Cólquida em busca do velocino de ouro. Há referências a essas histórias em Homero (*Ilíada*, VII, 468-9; XXI, 40-1; *Odisseia*, XI, 235-59; XII, 69-72), Hesíodo (*Teogonia*, 992-1002), Píndaro (IV *Pítia*). Outros poetas, tanto épicos quanto dramáticos, compuseram obras sobre o tema, que subsistem apenas em fragmentos, se tanto. Não menos importante para recompor a história é a iconografia, especialmente a pintura cerâmica.

até a Grécia. De lá viera em companhia de Jasão, a quem ajudara na conquista do velocino de ouro, inclusive matando o próprio irmão para possibilitar a fuga do herói. Na cidade grega de Iolco, persuade as filhas do rei usurpador Pélias, tio de Jasão, a matar o pai, sob o pretexto de rejuvenescê-lo, fervendo-o num caldeirão (Eurípides estreia nos festivais dramáticos com *Pelíades*, tragédia que trata justamente desse episódio do mito). Segue-se o exílio do casal e seus filhos em Corinto, onde se passa a ação da *Medeia*. Dentre as novidades que o poeta parece ter introduzido estão a passagem de Egeu, rei ateniense, por Corinto para pessoalmente oferecer asilo à heroína; o assassinato de Creonte e da princesa por meio de presentes levados pelas crianças; a fuga na carruagem do Sol, além, é claro, do infanticídio.

O impacto dessas mudanças deve ter contribuído muito para tornar esta uma das tragédias mais polêmicas do *corpus* antigo. Sua recepção, quando da estreia, não foi das melhores. A trilogia apresentada por Eurípides recebeu o terceiro (e último, vale lembrar)[4] prêmio. Aristóteles, na *Poética*, censura a intervenção de Egeu na tragédia, que lhe parece desmotivada do ponto de vista da ação dramática (como justificar a visita tão oportuna do rei?), e o fato de o desenlace apoiar-se no uso do *deus ex machina*. Sua influência posterior, no entanto, é inegável e impressionante: Apolônio de Rodes, Ovídio, Sêneca, Corneille, Anouilh, Heiner Müller, Christa Wolf são apenas alguns dos que, seguindo os rastros do poeta grego, revisitaram o mito de Medeia.

Outro traço marcante da tragédia é a exposição do ser dilacerado da heroína. A decisão de matar os filhos, que lhe custa o apoio do coro, não está livre de sofrimento. O monólogo em que pondera se a punição ao pai vale a morte das crianças é justamente famoso (v.1159-1230). Nele, Medeia considera abandonar seu plano e salvar a vida dos filhos, empreendendo com eles a fuga. Prevalece, porém, o senso de honra e o ímpeto de vingança. O espectador é convidado a acompanhar o processo de tomada de decisão da perspectiva interna da personagem, algo inusitado no teatro da época.

Ao final da peça, Eurípides recorre ao *deus ex machina* para exibir uma Medeia divinizada a bordo da carruagem do Sol, de Apolo, seu avô, cercada pelos cadáveres dos filhos. Os atos da heroína, repugnantes do ponto de vista humano, são, então, ratificados no âmbito divino. Ela transcende a natureza feminina para tornar-se um demônio vingador do perjuro Jasão, conforme ele mesmo nota (v.1523-4). Diante de tamanhos infortúnios, compreende-se por que Aristóteles julgava Eurípides o mais trágico dos poetas trágicos.

---

4. Ver Apresentação geral, p.7.

MEDEIA

Época da ação: Idade heroica da Grécia
Local: Corinto
Primeira representação: 431 a.C., em Atenas

Personagens
MEDEIA
AMA
JÁSON
CREONTE, rei de Corinto
EGEU, rei de Atenas
PRECEPTOR
MENSAGEIRO
FILHOS de Jáson e Medeia
CORO de mulheres coríntias

Cenário
O frontispício da casa de Medeia em Corinto.

PRÓLOGO, Cena 1

[A criada de Medeia expõe a situação inicial da peça, ressaltando o estado lamentável em que sua senhora se encontra após o anúncio das bodas de Jasão com a princesa coríntia. Estrangeira em terras gregas e, agora, abandonada pelo marido, Medeia não tem a quem recorrer. A Ama teme que ela, devido a seu temperamento, cometa um ato extremo, atentando contra a própria vida ou a de outros. (v.1-61)]

AMA
Saindo da casa de MEDEIA.

Ah! Se jamais os céus tivessem consentido
que Argó[1] singrasse o mar profundamente azul
entre as Simplégades,[2] num voo em direção
à Cólquida, nem que o pinheiro das encostas
5 do Pélion[3] desabasse aos golpes do machado
e armasse assim com os remos as mãos dos varões
valentes que, cumprindo ordens do rei Pelias,[4]

---

1. Argó (ou Argo, na grafia mais corrente) é o navio que transportou Jasão e seus companheiros à Cólquida. Os argonautas, como ficaram conhecidos, foram encarregados por Pélias, tio do herói, de trazer de volta à Grécia o velocino de ouro. Medeia, filha de Aietes, rei da Cólquida, apaixona-se por Jasão, e sua ajuda é decisiva para o sucesso da missão. Ao seu término, ela parte com Jasão rumo à Grécia.
2. São, literalmente, as rochas que se chocam, também conhecidas como Ciâneas, rochas escuras. Nos mitos, as Simplégades representavam um obstáculo à navegação, uma vez que se uniam à aproximação de qualquer embarcação no intuito de barrar-lhe a passagem ou esmagá-la. Os argonautas teriam conseguido passar por elas, que desde então ficaram imóveis.
3. O monte Pélion fica próximo de Iolco, a cidade de Jasão e ponto de partida da expedição dos argonautas. Seus bosques teriam fornecido a madeira para construção de Argo e dos remos que a impulsionaram.
4. Rei de Iolco, era tio de Jasão. Temendo que o sobrinho o destronasse, enviou-o aos confins do mundo em busca do velocino de ouro, intencionando assim livrar-se dele.

foram buscar o raro velocino de ouro![5]
Não teria Medeia, minha dona, então,
10 realizado essa viagem rumo a Iolco
com o coração ardentemente apaixonado
por Jáson, nem, por haver convencido as filhas
de Pelias a matar o pai, viveria
com Jáson e com seus dois filhos nesta terra,
15 Corinto célebre. Ela se esforçava ao máximo
por agradar aos habitantes da cidade
que é seu refúgio e, tanto quanto era capaz,
por sempre concordar com Jáson, seu marido
(salva-se o casamento com maior certeza
20 quando disputas não afastam a mulher
de seu consorte). Mas agora a inimizade
a cerca por todos os lados e ela vê-se
ameaçada no que tem de mais precioso:
traidor dos filhos e de sua amante, sobe
25 Jáson em leito régio, desposando a filha
do rei Creonte, senhor do país. Medeia,
a infeliz, ferida pelo ultraje invoca
os juramentos, as entrelaçadas mãos
– penhor supremo. Faz dos deuses testemunhas
30 da recompensa que recebe do marido
e jaz sem alimento, abandonando o corpo
ao sofrimento, consumindo só, em pranto,
seus dias todos desde que sofreu a injúria
do esposo; nem levanta os olhos, pois a face
35 vive pendida para o chão; como um rochedo,
ou como as ondas do oceano, ela está surda
à voz de amigos, portadora de consolo.
Às vezes, todavia, a desditosa volve
o colo de maravilhosa alvura e chora
40 consigo mesma o pai querido, sua terra,
a casa que traiu para seguir o homem
que hoje a despreza. Frente aos golpes do infortúnio,

---

5. Velocino ou tosão de ouro, ou ainda velo de ouro, era um troféu cobiçado pelos heróis gregos. Segundo o mito, Zeus teria enviado um carneiro alado de pelagem dourada para resgatar os filhos de Atamas, que decidira sacrificá-los. Frixo, uma das crianças, refugiou-se na Cólquida. Para agradecer sua acolhida, dedicou o animal aos deuses e entregou a pelagem a Aietes. O rei a escondeu em uma floresta sob a vigilância de um dragão.

sente a coitada quão melhor teria sido
se não abandonasse a pátria de seus pais.
45 Os filhos lhe causam horror e já não sente
satisfação ao vê-los. Chego a recear
que tome a infeliz qualquer resolução
insólita; seu coração é impetuoso;
ela não é capaz de suportar maus-tratos.
50 Conheço-a e temo que, dissimuladamente,
traspasse com punhal agudo o próprio fígado
nos aposentos onde costuma dormir;
ou que chegue ao extremo de matar o rei
e o próprio esposo e, consequentemente, chame
55 sobre si mesma uma desgraça inda pior.
Ela é terrível, na verdade, e não espere
a palma da vitória quem atrai seu ódio.
Mas vêm aí os filhos dela, que acabaram
de exercitar-se nas corridas; não percebem
60 quão desditosa é sua mãe; o coração
dos jovens não se adapta logo ao sofrimento.

Entra o PRECEPTOR com os filhos de MEDEIA.

PRÓLOGO, Cena 2
[O Preceptor chega do ginásio trazendo os dois filhos de Jasão e
Medeia, além de uma notícia arrasadora: Creonte decidira expulsar
Medeia e as crianças de Corinto. Medeia é apresentada como desvalida,
digna de piedade; Jasão, como desprezível, traidor da família. Ainda
assim, a Ama teme pelas crianças, dado o ânimo selvagem da mãe,
prevendo que em breve a dor resultará em fúria. (v.62-114)]

PRECEPTOR
Idosa serva da casa de minha dona,
por que estás aí, sozinha em frente à porta,
trazendo à própria mente a tua inquietação?
65 Preferirá Medeia ficar só, sem ti?

AMA

Velho guardião dos filhos de Medeia, a dor
dos donos é também de seus servos fiéis
e lhes destroça o coração. A minha mágoa
é tanta que fui dominada pela ânsia
70 de vir até aqui contar ao céu e à terra
os infortúnios todos de minha senhora.

PRECEPTOR

Não para de gemer, então, a desditosa?

AMA

Invejo a tua ingenuidade! Mal começam
suas desgraças; nem chegaram à metade!

PRECEPTOR

75 Ah! Desvairada (se posso falar assim
de meus senhores)! Ela ignora os novos males!

AMA

Mas, que se passa, velho? Por favor, explica-te!

PRECEPTOR

Nada... Arrependo-me do que falei há pouco.

AMA

Com um gesto de súplica.

Não, por teu queixo! Nada deves ocultar
80 à companheira deste longo cativeiro.
Não falarei de modo algum aos lá de dentro.

PRECEPTOR

Ouvi dissimuladamente uma conversa,
sem dar a perceber sequer se a escutava,
ao chegar perto de uns jogadores de dados,
lá para os lados da água santa de Pirene[6]
onde os mais velhos vão sentar-se. Eles diziam
que os filhos iam ser expulsos de Corinto,
e a mãe com eles, por Creonte, nosso rei.
Não sei se esse rumor é exato (antes não seja!).

85

AMA

E deixará Jáson tratarem desse modo
os filhos, apesar do desentendimento
que se manifestou entre a mãe deles e ele?

90

PRECEPTOR

Cede a aliança antiga em face de uma nova
e ele já não se mostra amigo desta casa.

AMA

Então estamos arruinados se juntamos
nova desgraça à anterior, antes de exausta
inteiramente a desventura mais antiga.

95

PRECEPTOR

Fica tranquila, ao menos tu, e nada digas;
nossa senhora inda não deve ouvir os fatos.

AMA

Dirigindo-se aos filhos de MEDEIA.

Estais ouvindo como vosso pai vos trata,
crianças? Não quero que morra (é meu senhor),
mas ele é mau com quem deveria ser bom.

100

---

6. A fonte Pirene era a mais importante de Corinto, chamada santa por fornecer água
para os rituais.

PRECEPTOR

Qual dos mortais não é assim? Só hoje aprendes,
vendo um pai maltratar os filhos por amor,
que todos se julgam melhores do que são?

105

AMA

Dirigindo-se aos filhos de JÁSON *e* MEDEIA.

Tudo irá bem, crianças; ide para casa.

Dirigindo-se ao PRECEPTOR.

Tenta mantê-los afastados, se possível;
não lhes permitas chegar perto de uma mãe
desesperada; vi-a olhando-os ferozmente,
como se meditasse alguma ação funesta.
Ela por certo não refreará a cólera
até haver vibrado sobre alguém seus golpes.
Que os atos dela ao menos sejam praticados
contra inimigos e jamais contra os amigos!

110

Ouve-se a voz de MEDEIA *no interior da casa.*

PRÓLOGO, Cena 3
[Vindos do interior da casa, ouvem-se os lamentos da heroína.
A Ama inquieta-se com o estado de sua senhora e pede às crianças
que entrem na casa e evitem aproximar-se da mãe. Ela termina a
cena fazendo o elogio da moderação e de uma vida modesta que,
a seu ver, afasta o risco do descomedimento. (v.115-146)]

MEDEIA

Como sou infeliz! Que sofrimento o meu,
desventurada! Ai de mim! Por que não morro?

115

AMA

Caras crianças, é assim; está inquieto
o coração de vossa mãe, inquieta a alma.

Ide sem vacilar em direção à casa.
120 Fugi ao seu olhar, evitai encontrá-la.
Deveis guardar-vos bem de seu gênio selvagem,
desse ânimo intratável, mau por natureza.
Ide mais velozmente, entrai sem vos deterdes!

As crianças e o PRECEPTOR *entram em casa.*

Vê-se que essa ascendente nuvem de soluços
125 logo se ampliará com mais furor ainda.
Quão longe irá esse inquieto coração,
essa alma indômita mordida pela dor?

MEDEIA
Do interior.

Pobre de mim! Que dor atroz! Sofro e soluço
demais! Filhos malditos de mãe odiosa,
130 por que não pereceis com vosso pai? Por que
não foi exterminada esta família toda?

AMA
Ah! Infeliz! Teus filhos não têm culpa alguma
nos desacertos de seu pai. Por que os odeias?
Tenho tanto receio de vos ver sofrer,
135 crianças minhas, neste desespero extremo!...
Os príncipes quando decidem são terríveis.
Mais afeitos ao mando que ao comedimento,
muito lhes custa recuar nas decisões.
É preferível aceitar a vida humilde;
140 pretendo apenas que me caiba envelhecer
longe dessas grandezas, em lugar seguro!
O justo meio até pelo seu nome obtém
a palma da vitória e sua utilidade
é incomparável na existência dos mortais.
145 Quanto ao excesso, em hora alguma ajuda os homens;
traz-lhes apenas as piores consequências.

Várias mulheres de Corinto, já idosas, constituindo o CORO, *entram em cena e desfilam
silenciosamente, enquanto a* AMA *pronuncia os últimos versos.*

PÁRODO

[O Coro, composto por mulheres coríntias, ouve os lamentos de Medeia e
vem a sua porta saber o que a afeta e oferecer solidariedade. A Ama explica
a situação. O diálogo entre Coro e Ama é intercalado por novos gemidos
e imprecações da heroína, ainda dentro do palácio. (v.147-236)]

CORO
Ouvimos todas nós os gritos dela,
da infortunada princesa estrangeira.
A quietude ainda não chegou.

Dirigindo-se à AMA.

150 Tu, velha, fala! Ouvimos os soluços
no interior da casa resguardada;
sentimos igualmente a aflição
de um lar tão caro também para nós.

AMA
Já não existe o lar, tudo acabou.
155 Jáson prefere agora um leito nobre
e em sua alcova minha dona passa
os dias sem que a voz de amigo algum
consiga acalentar-lhe o coração.

MEDEIA
Do interior.

Por que as chamas do fogo celeste
160 não vêm cair sobre minha cabeça?
Qual o proveito de viver ainda?
Ai! Ai! Que venha a morte! Que eu me livre,
abandonando-a, desta vida odiosa!

CORO
Zeus, terra e luz! Ouvistes o clamor
165 da desditosa esposa soluçante?

Que força, então, te prende, triste louca,
ao horroroso leito? É certa a morte,
o fim de tudo, e logo chegará.
Por que chamá-la agora? Se o amor
170 de teu esposo quis encaminhá-lo
a novo leito, não o odeies tanto;
a tua causa está nas mãos de Zeus.
Não morras de chorar por um marido!

MEDEIA
Do interior.

Zeus poderoso e venerável Têmis,[7]
175 vedes o sofrimento meu após
os santos juramentos que me haviam
ligado a esse esposo desprezível?
Ah! Se eu pudesse um dia vê-los, ele
e a noiva reduzidos a pedaços,
180 junto com seu palácio, pela injúria
que ousam fazer-me sem provocação!
Meu pai, minha cidade de onde vim
para viver tão longe, após haver
matado iniquamente meu irmão!

AMA
185 Estais ouvindo seus lamentos, gritos
com que ela invoca Têmis, guardiã
da fé jurada, e Zeus, para os mortais
penhor do cumprimento das promessas?
Não é com pouco esforço que se pode
190 frear a cólera de minha dona!

CORO
Como conseguiremos vê-la aqui
em frente aos nossos olhos e ao alcance

---

7. Têmis é a deusa da justiça.

de nossa voz? Talvez esqueça o ódio
que faz pesar-lhe o coração, talvez
195 esqueça o fogo que lhe queima a alma.
Que ao menos com meu zelo eu possa ser
amiga dos amigos meus. Vai, traze-a
até aqui e leva-lhe a certeza
de nosso afeto. Mas apressa-te, antes
200 que ela possa fazer algo de mal
aos seus, pois nota-se que a infeliz
soltou as rédeas de seu desespero.

AMA
Sim, obedecerei, mas tenho medo
e dúvidas quanto a persuadir
205 minha senhora. Seja como for,
irei desincumbir-me da tarefa
para agradar-vos, mas ela nos olha,
a nós, criadas, com o olhar feroz
de uma leoa que teve filhotes,
210 se alguém se acerca com uma palavra
à flor dos lábios. Com razão diríamos
que os homens do passado eram insanos,
pois inventaram hinos para as festas,
banquetes e outras comemorações,
215 lisonjeando ouvidos já alegres;
nunca, porém, se descobriram meios
de amenizar com cantos e com a música
das liras o funesto desespero,
e dele vêm a morte e os infortúnios
220 terríveis que fazem ruir os lares.
A música seria proveitosa
se conseguisse a cura desses males,
mas, de que serve modular a voz
nas festas agradáveis? Os prazeres
225 dos banquetes alegres já contêm
bastantes atrativos em si mesmos.

Sai a AMA *e entra em casa de* MEDEIA.

CORO

Ouvimos muitas queixas soluçantes,
sentidas, lamentos sem fim e gritos
de dor e desespero vindos dela
230 contra o esposo pérfido, traidor
do leito. Golpeada pela injúria,
clama por Têmis, filha de Zeus, deusa
dos juramentos, pois jurando amá-la,
Jáson a trouxe até a costa helênica
235 singrando as ondas negras e transpondo
o estreito acesso ao mar amargo e imenso.[8]

Abre-se a porta. Sai MEDEIA, *que avança em direção ao* CORO, *seguida pela* AMA, *ainda em pranto.*

1º EPISÓDIO, Cena 1

[Medeia sai de casa e dirige um discurso ao Coro, no qual lamenta a triste condição das mulheres que, submissas aos maridos, sofrem com toda espécie de maus-tratos. Com isso, conquista-lhe a simpatia e a promessa de manter segredo sobre seus planos de vingança contra Jasão, o rei e sua filha. (v.237-307)]

MEDEIA

Saí para não merecer vossas censuras,
coríntias. Sei muito bem que há pessoas
altivas (umas vi com os meus próprios olhos,
240 de outras ouvi falar) que, por lhes repugnar
aparecer em público, levam a fama
desagradável de soberbas. Com efeito,
carecem de justiça os olhos dos mortais
quando, antes de haver penetrado claramente
245 no íntimo de um coração, sentem repulsa
por quem jamais lhes fez o menor mal, apenas
por se deixarem levar pelas aparências.
Devem também os estrangeiros integrar-se

---

8. Trata-se do estreito de Bósforo, atravessado por Jasão na viagem da Cólquida para a Grécia.

e não posso aprovar tampouco o cidadão
250 que, por excesso de altivez, ofende os outros
negando-se ao convívio natural com todos.
Mas, quanto a mim, despedaçou-me o coração
o fato inesperado que vem de atingir-me;
estou aniquilada, já perdi de vez
255 o amor à vida; penso apenas em morrer.
O meu marido, que era tudo para mim
– isso eu sei bem demais –, tornou-se um homem péssimo.
Das criaturas todas que têm vida e pensam,
somos nós, as mulheres, as mais sofredoras.
260 De início, temos de comprar por alto preço[9]
o esposo e dar, assim, um dono a nosso corpo
– mal ainda mais doloroso que o primeiro.
Mas o maior dilema é se ele será mau
ou bom, pois é vergonha para nós, mulheres,
265 deixar o esposo (e não podemos rejeitá-lo).
Depois, entrando em novas leis e novos hábitos,
temos de adivinhar para poder saber,
sem termos aprendido em casa, como havemos
de conviver com aquele que partilhará
270 o nosso leito. Se somos bem-sucedidas
em nosso intento e ele aceita a convivência
sem carregar o novo jugo a contragosto,
então nossa existência causa até inveja;
se não, será melhor morrer. Quando um marido
275 se cansa da vida do lar, ele se afasta
para esquecer o tédio de seu coração
e busca amigos ou alguém de sua idade;
nós, todavia, é numa criatura só
que temos de fixar os olhos. Inda dizem
280 que a casa é nossa vida, livre de perigos,
enquanto eles guerreiam. Tola afirmação!
Melhor seria estar três vezes em combates,
com escudo e tudo, que parir uma só vez!
Mas uma só linguagem não é adequada
285 a vós e a mim. Aqui tendes cidadania,
o lar paterno e mais doçuras desta vida,

---

9. O verso faz referência ao dote que a família da noiva tinha que dar ao noivo para selar
o casamento.

e a convivência com os amigos. Estou só,
proscrita, vítima de ultrajes de um marido
que, como presa, me arrastou a terra estranha,
290 sem mãe e sem irmãos, sem um parente só
que recebesse a âncora por mim lançada
na ânsia de me proteger da tempestade.
Ah! Vou dizer tudo que espero obter de vós:
se eu descobrir um meio, um modo de fazer
295 com que Jáson pague o resgate de seus males
e sejam castigados quem lhe deu a filha
e aquela que ele desposou, guardai segredo!
Vezes sem número a mulher é temerosa,
covarde para a luta e fraca para as armas;
300 se, todavia, vê lesados os direitos
do leito conjugal, ela se torna, então,
de todas as criaturas a mais sanguinária!

CORIFEU
Eu te obedecerei, Medeia; punirás
o teu marido justamente. Não estranho
305 o pranto que derramas por teu infortúnio.
Mas eis aí Creonte, rei deste país.
Por certo vem falar de novas decisões.

Entra o velho rei CREONTE, *seguido de escolta.*

1º EPISÓDIO, Cena 2

[Creonte chega ao palácio para informar a Medeia que ela e seus filhos
devem partir para o exílio imediatamente, pois teme-se que ela faça
algum mal contra ele ou sua filha. Demonstrando pleno controle de si
e fingindo docilidade, a heroína trata de persuadir o rei de que, embora
insatisfeita com Jasão, nada tem contra ele, e pede para ficar em
Corinto. Diante da recusa de Creonte, Medeia o convence a lhe dar um
dia a mais de prazo para partir. Creonte deixa a cena. (v.308-401)]

CREONTE
É a ti, Medeia, esposa em fúria, face lúgubre,
que falo: sai deste lugar para o exílio

310 com teus dois filhos! Sai depressa! Não demores!
Estou aqui para cuidar do cumprimento
de minha decisão, e não retornarei
a meu palácio antes de haver-te afugentado
para terras distantes de nossas fronteiras.

MEDEIA

315 Pobre de mim! Consuma-se a minha desgraça!
Meus inimigos soltam suas velas todas
e não diviso um porto em que possa abrigar-me
para escapar à ruína! Mas, sem ponderar
em minha desventura, quero perguntar-te:
320 por que razão, Creonte, me banes daqui?

CREONTE

É inútil alinhar pretextos: é por medo.
Temo que faças mal sem cura à minha filha.
Muitas razões se somam para meu temor:
és hábil e entendida em mais de um malefício
325 e sofres hoje por te veres preterida
no leito conjugal. Ouço dizer – transmitem-me –
que vens ameaçando atentar contra a vida
do pai que prometeu a filha, do marido
e da segunda esposa. Antes de ser vítima,
330 ponho-me em guarda. Prefiro atrair agora
o teu rancor a chorar lágrimas amargas,
mais tarde, sobre minha eventual fraqueza.

MEDEIA

Não é só hoje, rei Creonte; com frequência
a minha fama traz-me esses transtornos. Nunca
335 os homens de bom-senso deveriam dar
aos filhos um saber maior que o ordinário.
Além do nome de ociosos, eles ganham
com isso a inveja iníqua dos concidadãos.
Se aos ignorantes ensinares coisas novas
340 serás chamado não de sábio, mas de inútil.

E se além disso te julgarem superior
àqueles que se creem mais inteligentes,
todos suspeitarão de ti. Minha ciência
atrai de alguns o ódio, a hostilidade de outros.
345 Este saber, porém, não é tão grande assim.
Mas, seja como for, tu me receias. Temes
que eu tenha meios de causar-te sofrimentos.
Não me preocupa agora ameaçar um rei;
não tremas diante de mim, pois que maldade
350 já me fizeste? Não ofereceste a filha
a quem a quis? Odeio o meu esposo, sim;
mas, quanto a ti, creio que procedeste bem;
tua felicidade não me causa inveja.
Casem-se os dois, sejam felizes, mas me deixem
355 viver aqui. Suportarei sem um murmúrio
as injustiças. Os mais fortes me venceram.

CREONTE
Disseste coisas agradáveis aos ouvidos
mas temo que, no fundo da alma, premedites
uma desgraça e minha confiança em ti
360 se torna inda menor. É mais fácil guardar-se
de uma mulher desatinada pela cólera
– tanto quanto de um homem – que da astuta e fria
em seu silêncio. Parte, então, e sem demora.
Não fales; minha decisão é inabalável.
365 Nem com ardis conseguirias prolongar
a tua estada aqui, pois és minha inimiga.

MEDEIA
Ajoelhando-se e abraçando os joelhos de CREONTE, *num gesto de súplica.*

Por teus joelhos e por tua filha, a noiva,
suplico-te: permite-me ficar aqui!

CREONTE
Palavras vãs. Jamais conseguirás dobrar-me!

MEDEIA

370 Banir-me-ias sem ouvir as minhas súplicas?

CREONTE

Eu não te prezo mais que à minha própria casa!

MEDEIA

Ah! Minha pátria! Neste instante a tua imagem
volta ao meu coração com tanta intensidade!...

CREONTE

Só aos meus filhos eu estimo mais que à pátria!

MEDEIA

375 Que mal terrível é o amor para os mortais!...

CREONTE

Tudo depende, penso eu, das circunstâncias.

MEDEIA

Que não te escape, Zeus, o autor de minha ruína!

CREONTE

Parte, insensata, e livra-me deste desgosto!

MEDEIA

Viver é ter desgostos e eles não nos faltam.

CREONTE

Indicando a escolta.

380 Meus homens te farão sair à força e já!

MEDEIA

Ah! Isso não, Creonte! Ouve um pedido meu!

CREONTE

Não me leves a extremos ásperos, mulher!

MEDEIA

Aceito o exílio. É outro o fim de minha súplica.

CREONTE

Por que, então, resistes em vez de partir?

MEDEIA

385 Um dia só! Deixa-me aqui apenas hoje
para que eu pense no lugar de nosso exílio
e nos recursos para sustentar meus filhos,
já que o pai deles não está cuidando disto.
Tem piedade deles! Tu és pai também;
390 é natural que sejas mais benevolente.
Não é por mim (não me inquieta o meu destino);
é por eles que choro e por seu infortúnio.

CREONTE

Minha vontade nada tem de prepotente
e a piedade já me foi funesta antes.
395 Tenho noção agora mesmo de que erro,
mas apesar de tudo serás atendida.
Quero, porém, deixar bem claro de antemão:
se a santa claridade do próximo sol
vos encontrar ainda, a ti e a teus dois filhos,
400 dentro de nosso território, morrerás.
Tudo foi dito e com palavras verdadeiras.

Retira-se CREONTE *com sua escolta.*

1º EPISÓDIO, Cena 3

[O Coro expressa sua preocupação com o destino da amiga, condenada a vagar pela terra sem abrigo. Medeia, no entanto, exulta e, numa longa fala, revela que Creonte pagará caro pelo dia a mais concedido: ele vai lhe propiciar o tempo necessário para articular sua vingança, que consistirá na morte de seus inimigos por meio de venenos, cuja ciência domina. Resta apenas definir aonde irá após o crime, pois não pode suportar a ideia de vir a ser capturada e tornar-se motivo de escárnio para os coríntios, numa demonstração do senso heroico que a guia. (v.402-467)]

CORO

Quanta desgraça a tua, infortunada!...
Para que chão dirigirás teus passos?
A quem suplicarás que te receba?
405   Onde acharás um lar, uma cidade
a salvo da desdita? Vais errar
sem esperança nesse mar de angústias
a que foste lançada pelos deuses.

MEDEIA

Dirigindo-se ao CORO.

Meu sofrimento é imenso, incontestavelmente,
410   mas não considereis ainda definida
a sucessão dos acontecimentos próximos.
Pode o futuro reservar lutas difíceis
para os recém-casados e terríveis provas
para quem os levou às núpcias. Estai certas:
415   lisonjeei Creonte para meu proveito
e minhas súplicas foram premeditadas.
Eu nem lhe falaria se não fosse assim,
nem minhas mãos o tocariam, mas tão longe
o leva a insensatez que, embora ele pudesse
420   deter meus planos expulsando-me daqui,
deixou-me ficar mais um dia. E neste dia
serão cadáveres três inimigos meus:

o pai, a filha e seu marido. Vêm-me à mente
vários caminhos para o extermínio deles,
425 mas falta decidir qual tentarei primeiro,
amigas: incendiarei o lar dos noivos,
ou lhes mergulharei no fígado um punhal
bem afiado, entrando a passos silenciosos
na alcova onde está preparado o leito deles?
430 Mas uma dúvida me ocorre e me detém:
se eu for surpreendida traspassando a porta
na tentativa de atingi-los com meus golpes,
rirão de mim, vendo-me morta, os inimigos.
Melhor será seguir diretamente a via
435 que meus conhecimentos tornam mais segura:
vencê-los-ei com meus venenos. Assim seja!
Estarão mortos, mas que povo, que cidade
me acolherão depois? Que bom anfitrião,
abrindo-me seu território para asilo
440 e a casa para abrigo, me defenderá?
Nenhum. Então devemos esperar um pouco.
Quando eu puder contar com um refúgio certo,
consumarei o assassinato usando astúcia
e dissimulação; e quando eu decidir,
445 nada, nenhum obstáculo me deterá,
e de punhal na mão os eliminarei,
inda que tenha de morrer, sem recear
o apelo à força. Não, por minha soberana,
pela deusa mais venerada e que escolhi
450 para ajudar-me – Hecate,[10] que entronei no altar
de minha gente –: nenhum deles há de rir
por ter atormentado assim meu coração!
Quero que se arrependam de seu matrimônio
amargamente, e amargamente se arrependam
455 de sua aliança e de meu iminente exílio.

---

10. No panteão grego Hecate descende de um casal de titãs, mas é uma divindade marginal, não participando de lendas importantes. Seu culto, entretanto, era popular, já que se acreditava que concedia dons diversos aos que a invocavam. Também estava associada à magia e ao mundo espectral, sendo adorada à noite nas encruzilhadas. Vem daí a devoção de Medeia.

Vamos, Medeia! Não poupes recurso algum
de teu saber em teus desígnios e artifícios!
Começa a marcha para a tarefa terrível!
Chegou a hora de provar tua coragem!
460   Não vês como te tratam? Não deves pagar
um tributo de escárnio ao himeneu do sangue
de Sísifo[11] com um Jáson qualquer, Medeia,
filha de um nobre pai, tu, da raça do Sol![12]
Tens a ciência e, afinal, se a natureza
465   fez-nos a nós, mulheres, de todo incapazes
para as boas ações, não há, para a maldade,
artífices mais competentes do que nós!

1º ESTÁSIMO

[O Coro anima-se com a perspectiva de as mulheres virem em breve a
ser louvadas e os homens terem reconhecidas suas perfídias, revertendo
o discurso misógino que predomina na Grécia. Medeia é tratada como
vítima, e Jasão é acusado de transgredir os juramentos sagrados. Apesar
da punição violenta que a heroína reserva para seus inimigos, ela
ainda conta com o apoio das mulheres coríntias. (v.468-502)]

CORO

Voltam os sacros rios para as fontes
e com a justiça marcham para trás
470   todas as coisas. Os homens meditam
ardis e a fé jurada pelos deuses
vacila. Muito breve, todavia,
a notoriedade há de falar
outra linguagem e não disporá
475   de elogios bastantes para nós.

---

11. Sísifo é tido como fundador de Corinto e seu primeiro rei, daí a expressão "sangue de
Sísifo" ser sinônima de "coríntia". Além disso, a menção ao herói, notoriamente ardiloso
e trapaceiro, alude à natureza traiçoeira de Jasão. Por causa dessa astúcia Sísifo foi condenado pelos deuses a empurrar uma enorme pedra até o topo de uma montanha, ao qual
nunca chegava porque a pedra tornava a rolar montanha abaixo.
12. O pai de Medeia, Aietes, é filho de Hélio, o Sol, divindade que vai apoiá-la diversas vezes.
Provêm dele os presentes que a heroína envia à princesa e o carro alado que propicia sua
fuga espetacular ao final da tragédia.

Não vejo a hora em que se louvará
o nosso sexo e não mais pesará
sobre as mulheres tão maldosa fama.
Não mais celebrará nossa perfídia
480 a poesia dos bardos eternos.
Febo,[13] o maestro de todos os cantos,
não fez o nosso espírito dotado
para a inspirada música das liras;
se assim não fosse nós entoaríamos
485 um hino contra a raça masculina.
Em sua longa caminhada o tempo
dá o que falar tanto dos homens como
de nós, mulheres. Tu mesma, Medeia,
com o coração ansioso navegaste
490 para bem longe da casa paterna,
além do extremo dos rochedos gêmeos.[14]
Moras agora numa terra estranha,
tomam-te o leito, levam-te o marido
(ah! Infeliz!) e expulsam-te vilmente
495 para o exílio. Não existe mais
respeito aos juramentos, e o pudor
desaparece da famosa Hélade,
voando para os céus. E tu (coitada!)
não tens um lar onde possas lançar
500 a âncora, ao abrigo da desgraça.
Outra princesa manda em tua casa
após tornar-se dona de teu leito.

Entra JÁSON.

---

13. Epíteto de Apolo, deus da profecia e da música. "Febo" significa "luminoso".
14. Referência ao estreito de Bósforo, que Medeia teve que atravessar para passar da Ásia à Europa.

2º EPISÓDIO

[Jasão procura Medeia para censurá-la por sua animosidade, responsabilizando-a pelo exílio. Para eximir-se de culpa, argumenta que tudo que fizera visava ao bem dos seus. Medeia o acusa de pensar somente em si e de ingratidão, uma vez que ela o ajudou em muitas de suas conquistas, à custa mesmo de laços familiares e de hospitalidade. Ele credita a atitude de Medeia ao ciúme; ela aponta a ambição como motor das ações dele. Dá-se uma disputa verbal (*agon*, em grego) entre Medeia e Jasão, em que cada um tenta fazer valer seu ponto de vista. Ao final, nenhum dos dois é persuadido, o que evidencia a total impossibilidade de reconciliação entre eles. Jasão lava as mãos e deixa a cena. (v.503-726)]

JÁSON

Dirigindo-se a MEDEIA.

Esta não é a vez primeira. Já senti
em várias ocasiões que o ânimo irascível
505 é um mal insuportável. Até poderias
continuar vivendo aqui por toda a vida,
neste país e nesta casa, se aceitasses
submissa as decisões dos mais fortes que tu.
Essas arengas incessantes, todavia,
510 te expulsam desta terra. A mim não me importunas;
tens liberdade para alardear de Jáson
que ele é o pior dos homens, mas depois de ouvirem
teus impropérios contra o rei, é até suave
teu banimento imediato. Eu me esforçava
515 continuadamente para dissipar
a contrariedade do rei irritado
e desejava ver-te ficar onde estás.
Tu, ao invés de refreares a loucura,
injuriavas dia e noite o soberano.
520 Agora expulsam-te por isso da cidade.
Eu, entretanto, mesmo nestas circunstâncias
não renego os amigos. Traz-me aqui, mulher,
meu cuidado com tua sorte; não desejo
ver-te banida sem recursos com teus filhos
525 nem que te falte algo. Bastam as agruras
da triste condição de desterrada. Odeias-me,
mas nem por isso te desejo o menor mal.

MEDEIA

Maior dos cínicos! (É a pior injúria
que minha língua tem para estigmatizar
530 a tua covardia!) Estás aqui, apontas-me,
tu, meu inimigo mortal? Não é bravura,
nem ousadia, olhar de frente os ex-amigos
depois de os reduzir a nada! O vício máximo
dos homens é o cinismo. Mas, pensando bem,
535 é preferível ver-te aqui; abrandarei
meu coração retribuindo teus insultos
e sofrerás ouvindo-me. Começarei
pelo princípio. Eu te salvei (todos os gregos
que embarcaram contigo na Argó bem sabem),
540 quando foste enviado para submeter
ao duro jugo o touro de hálito inflamado
e para semear a morte em nossos campos.
Fui eu que, oferecendo-te modos e meios
de matar o dragão, guarda do tosão áureo,
545 imune ao sono, com seus múltiplos anéis,
fiz brilhar para ti a luz da salvação.
Traí meu pai, eu, sim, e traí a família
para levar-te a Iolco (foi maior o amor
que a sensatez); fiz Pelias morrer também,[15]
550 da morte mais cruel, imposta pelas filhas,
e te livrei de todos os receios, Jáson.
Tratado assim por nós, homem mais vil de todos,
tu me traíste e já subiste em leito novo
(e já tinhas teus filhos!). Se ainda estivesses
555 sem descendência, então seria perdoável
que desejasses outro leito. Dissipou-se
a fé nos juramentos teus e não sei mais
se crês que os deuses de outros tempos já não reinam
ou se pensas que no momento há novas leis
560 para os mortais, pois deves ter noção, ao menos,
de tua felonia em relação a mim.
Ah! Esta mão direita e estes meus joelhos

---

15. Medeia teria convencido as filhas de Pelias a esquartejar o pai e lançá-lo em um caldeirão para rejuvenescê-lo. Jasão teria se beneficiado com a morte, pois assumiria o trono de
Iolco, mas, em vista do crime, os cidadãos votaram por seu exílio.

que tantas vezes seguraste! Ah! Foi em vão
que tantas vezes me abraçaste, miserável!
565 Como fui enganada em minhas esperanças!...

Silêncio.

Continuemos; quero fazer-te perguntas
como se fosses meu amigo: francamente,
que posso ainda ter de ti? Não me respondes?
Prosseguirei; minhas perguntas tornarão
570 mais evidente a tua infâmia. Para onde
irão meus passos hoje? Para o lar paterno,
que já traí, como traí a minha pátria,
para seguir-te? Ou para as filhas do rei Pelias?
(Que bela recepção me proporcionariam
575 as infelizes em seu lar, a mim, que um dia
causei a morte de seu pai!). Eis a verdade:
hoje sou inimiga de minha família
e só para agradar-te hostilizei amigos
que deveria ser a última a ferir.
580 Esta é a minha recompensa e, todavia,
eu esperava que, graças ao teu amor,
muitas mulheres gregas teriam inveja
de uma felicidade que devias dar-me.
Revelas-te admirável e fiel esposo
585 da infeliz que sou, em fuga, expulsa assim
daqui, sem um amigo, apenas com meus filhos
repudiados! Que magnífica torpeza
para um recém-casado ver os próprios filhos
partirem sós comigo – com quem te salvou –
590 para levarem vida errante e miserável!
Ah! Zeus! Por que deste às criaturas humanas
recursos para conhecer se o ouro é falso,
e não puseste no corpo dos homens marcas
que nos deixassem distinguir os bons dos maus?

CORIFEU
595 Terrível e difícil de curar é a cólera
que lança amigos contra amigos e os separa!

JÁSON

Se não me engano, é necessário que eu não seja
inábil no falar e, como um nauta alerta,
recolha as minhas velas, para ver se escapo
600 a essa tempestade desencadeada
aqui por tua língua mórbida, mulher.
Com relação a mim (já que exaltaste tanto
os teus serviços), devo atribuir a Cípris,[16]
e a mais ninguém, seja mortal ou seja deus,
605 todo o sucesso em minha expedição. Sem dúvida
o teu espírito é sutil e não admites
sem relutância que o Amor, com suas setas
inevitáveis, fez com que tu me salvasses.
De resto, não pretendo ser muito preciso
610 quanto a esses detalhes e não faço queixas,
quer tenha sido grande a ajuda, quer pequena.
Por minha salvação, porém, já recebeste
como compensação mais do que deste. Explico-me:
primeiro, a terra grega em vez de um país bárbaro
615 passou a ser tua morada. Conheceste
as leis e podes viver segundo a justiça,
liberta do jugo da força. Os gregos todos
respeitam a tua ciência (hoje és famosa,
mas se ainda morasses nos confins da terra
620 quem falaria de teu nome?). Quanto a mim,
eu não desejaria ter grandes riquezas,
nem voz mais bela que a de Orfeu,[17] se essa ventura
não atraísse olhares. Eis o que eu queria
dizer-te acerca dessa propalada ajuda,
625 já que tu mesma provocaste este debate.
Quanto ao meu casamento com a filha do rei,
de que falas tão acremente, provarei
que agindo como agi, primeiro fui sensato

---

16. Por ser cultuada em Chipre, Afrodite é designada pelo epíteto Cípris. Jasão argumenta
aqui que seu sucesso se deve a Afrodite, deusa do desejo erótico, por ter feito com que
Medeia se apaixonasse por ele.

17. Um dos argonautas, partiu com Jasão para a Cólquida. Era músico notável e dono de
uma voz capaz de encantar homens e feras. Quando sua esposa, Eurídice, morreu, Orfeu
desceu ao Hades na tentativa de recuperá-la dentre os mortos. Daí ser irônica sua menção
por parte de Jasão.

e depois hábil e, afinal, fui bom amigo
630 em relação a ti e a meus primeiros filhos.

A um *gesto indignado de* MEDEIA.

Tem calma! Quando vim de Iolco para cá
envolto em tantas, inelutáveis desgraças,
podia acontecer-me algo de mais feliz
que me casar aqui com a filha do rei,
635 eu, um banido? Não pelos motivos torpes
que te amarguram, não por odiar teu leito
ou por simples desejo de uma nova esposa;
tampouco por ambicionar uma progênie
mais numerosa (já tenho filhos bastantes,
640 não vou queixar-me). Desejava – isto é importante –
assegurar-nos uma vida boa e próspera,
isenta de dificuldades, pois os pobres
veem fugir para bem longe seus amigos.
Ainda mais: criar condignamente os filhos,
645 dar aos gerados em teu ventre mais irmãos,
pô-los todos num mesmo nível de igualdade
e ser feliz vendo a união de minha raça.
Tu, que necessidade tens de novos filhos?
É de meu interesse, todavia, tê-los,
650 a fim de assegurar aos filhos atuais
o apoio dos futuros. Crês que estou errado?
Se não te devorasse este ciúme enorme,
nem tu censurarias a minha conduta.
Mas as mulheres são assim; nada lhes falta
655 se o leito conjugal é respeitado; se ele
recebe um dia o menor golpe, então as coisas
melhores e mais belas vos parecem péssimas.
Se se pudesse ter de outra maneira os filhos
não mais seriam necessárias as mulheres
660 e os homens estariam livres dessa praga!

CORIFEU
Tuas palavras foram habilmente ditas,
Jáson, e as enfeitaste bem, mas ousarei

contrariar a tua opinião; direi
que agiste mal abandonando esta mulher.

MEDEIA

665 Sem dúvida sou diferente em muitas coisas
da maioria dos mortais. Assim, entendo
que alguém, se além de mau é hábil no falar,
merece punição ainda mais severa,
pois confiado no poder de seus discursos
670 para ocultar os maus desígnios com palavras
bonitas, não receia praticar o mal.
Mas ele não é tão solerte quanto pensa.
Para também de me impingir tua conversa
cínica e artificiosa. Uma palavra
675 apenas é bastante para confundir-te.
Não fosses tu um traidor e deverias
ter começado por tentar persuadir-me
antes de consumar teu novo casamento,
em vez de ser omisso com a tua amiga.

JÁSON

680 Creio que me terias ajudado muito
em meus projetos para o outro casamento
se alguma vez eu te houvesse falado neles,
tu que, neste momento, nem podes frear
esse rancor terrível de teu coração.

MEDEIA

685 Isso não te preocupava; só pensavas
que o casamento com Medeia – uma estrangeira –
te encaminhava para uma velhice inglória.

JÁSON

Repito: não foi para ter outra mulher
que me esforcei por conquistar um leito régio;
690 foi só, como já disse, para te salvar,

para que os filhos meus fossem irmãos de reis
e para dar à minha casa solidez.

MEDEIA
Não quero uma felicidade tão penosa,
nem opulência que me esmague o coração!

JÁSON
695 Se desejas mudar e parecer sensata,
não penses que a ventura possa ser funesta
nem que a fortuna torne alguém infortunado.

MEDEIA
Insulta-me! Sabes que estás seguro aqui,
mas eu devo partir desprotegida e só.

JÁSON
700 Foi tua a escolha. Não ponhas a culpa em outros.

MEDEIA
Mas como? Então sou eu que caso e que te traio?

JÁSON
Lançaste sobre o rei terríveis maldições.

MEDEIA
Amaldiçoarei também teu novo lar!

JÁSON
Não mais discutirei contigo; se quiseres
705 para ti mesma e nossos filhos no degredo
parte de minhas posses, fala; prontifico-me
a dar-te com mão liberal e a pleitear

de meus amigos cujas terras procurares
boa acolhida para ti. Se recusares
710 a minha oferta, darás prova de loucura.
Põe termo a tanta cólera para teu bem.

MEDEIA
Jamais recorrerei a teus anfitriões,
pois nada quero deles nem nada de ti;
não há proveito nas ofertas de homens maus.

JÁSON
715 Invoco as divindades como testemunhas
do meu desejo de fazer tudo por ti
e pelos filhos. O bem de que sou capaz
te desagrada e tua intransigência afasta
os amigos de ti; sofrerás mais assim.

MEDEIA
720 Vai logo embora! Estás ansioso por rever
a tua nova amante e contas os momentos
desperdiçados longe do palácio dela.
Corre! Vai consumar depressa o casamento,
pois se os deuses me ouvirem tuas reais bodas
725 serão de tal maneira estranhas que nem tu
hás de querer a noiva para tua esposa!

2º ESTÁSIMO

[O Coro mantém a simpatia por Medeia, atribuindo sua infelicidade aos
extremos da paixão causada por Afrodite. Ao mesmo tempo, expressa o
desejo de não incorrer na paixão desmedida. Também lamenta a vida
de exílio a que a heroína está condenada, e censura a traição daqueles
que, como Jasão, não honram seus casamentos. (v.727-756)]

CORO
Amor sem freios não traz aos mortais
honra ou virtude. Quando, porém, Cípris

é comedida, não há divindade
730 mais benfazeja, mais cheia de graça.
Jamais, rainha, teu arco dourado[18]
atire contra nós flechas fatais
molhadas com o veneno do desejo!
Que nos sorria sempre a castidade,
735 a mais preciosa dádiva dos deuses!
Possa Cípris terrível preservar-nos
da fúria da discórdia e das querelas
sem fim, poupando nossas almas puras
do frenesi de uma paixão ignóbil.
740 São venturosas as núpcias pacíficas
e bem-aventuradas as mulheres
cuja fidelidade é incensurável.
Ah! Nossa pátria e lar! Queiram os céus
que nunca nos desterrem nem levemos
745 uma vida penosa na miséria,
de todas as desditas a mais digna
de piedade! Que nos fira a morte
antes de contemplarmos esse dia,
pois vemos – não contamos por ouvir
750 de estranhos – que tu não tiveste pátria
nem um amigo para comover-se
com o cruel destino que te esmaga!
Morra o ingrato que não foi capaz
de honrar, como devia, a sua amiga
755 e não lhe abriu os mais puros recônditos
da alma! Não queremos tais amigos!

Entra EGEU *vestido de peregrino.*

---

18. Referência a Afrodite, cujo filho, Eros, sob suas ordens alvejava os mortais fazendo com que se apaixonassem.

3º EPISÓDIO, Cena 1

[Egeu, de passagem por Corinto, encontra-se com Medeia. Vinha de Delfos, onde fora saber de Apolo como fazer para ter filhos, pois, apesar de casado, ainda não os tivera. Medeia vê no encontro a oportunidade para garantir acolhida depois de executada sua vingança. Assim, promete ao rei que, caso a receba em Atenas em seu exílio, garantirá sua descendência por meio do conhecimento que detém das drogas. Ele jura fazê-lo e retoma a viagem. (v.757-869)]

EGEU
Salve, Medeia, pois este é o melhor início
para os encontros entre amigos como nós!

MEDEIA
Salve, filho do sábio Pandion, Egeu!
760 De onde vieste para visitar-me aqui?

EGEU
Venho do antigo templo dedicado a Apolo.[19]

MEDEIA
Qual a razão de tua ida ao santuário
onde o deus profetiza no centro do mundo?

EGEU
Para saber de Apolo como procriar.

MEDEIA
765 Desejas tanto um filho e vives sem o ter?

---

19. O templo de Apolo em Delfos, onde ficava o oráculo mais famoso da Antiguidade grega. Delfos antes se chamava Pito, donde o termo pitonisa, a sacerdotisa encarregada das profecias. Dada a importância desse oráculo, os gregos diziam que Delfos era o centro do mundo.

EGEU

Vivo sem filhos pela vontade dos deuses.

MEDEIA

Já tens esposa, ou inda não te casaste?

EGEU

Não me furtei ao jugo das núpcias normais.

MEDEIA

Que disse Apolo à tua súplica por filhos?

EGEU

770 Falou alto demais para a razão humana.

MEDEIA

Posso saber qual foi a réplica do deus?

EGEU

Podes e deves; tua mente é penetrante.

MEDEIA

Qual é, então, o oráculo? Dize que eu ouço.

EGEU

Ele não quer que eu solte o pé que sai do saco...[20]

---

20. Como de costume, o oráculo de Apolo é enigmático. A interpretação mais aceita, já proposta na Antiguidade por Plutarco, entende que "pé" alude ao pênis e "saco", ao ventre. O deus teria avisado ao rei que não tivesse relações sexuais antes de retornar a seu país, ao convívio de sua esposa, porque da próxima vez que o fizesse geraria filhos. Egeu não compreende o aviso e se une a Aitra, filha de Piteu, em Trezena, união da qual nascerá Teseu.

MEDEIA

775 Antes de ir aonde, ou de fazer o quê?

EGEU

...antes de retornar à terra de meus pais.

MEDEIA

Que desígnios te obrigam a voltar, Egeu?

EGEU

Lá mora o rei Piteu,[21] que manda nos trezênios...

MEDEIA

Filho de Pêlops[22] e muito devoto – dizem.

EGEU

780 ...a quem devo dizer o oráculo do deus.

MEDEIA

Ele é um sábio e entendido neste assunto.

EGEU

E para mim é o aliado mais querido.

MEDEIA

Com voz sumida.

Vai, sê feliz, então, e tenhas o que almejas!...

---

21. Rei de Trezena, dedicou um templo a Apolo e era exímio intérprete de oráculos. Avô de Teseu, ele se encarregará da criação do menino.

22. Pêlops, pai de Piteu, teria sido o fundador dos Jogos Olímpicos. De seu nome deriva "Peloponeso", onde se localiza Trezena, no litoral do mar Egeu.

EGEU
Observando melhor MEDEIA.

Por que este olhar triste, esta expressão sofrida?

MEDEIA
785 O meu marido, Egeu, é o pior dos homens...

EGEU
Como? Conta-me tuas penas com detalhes!

MEDEIA
Jáson me ultraja sem que eu tenha culpa alguma.

EGEU
Explica-te com mais clareza: que fez Jáson?

MEDEIA
Outra mulher agora é dona de seu lar.

EGEU
790 Ele jamais seria tão indigno e mau!

MEDEIA
Pois foi; despreza-me depois de haver-me amado.

EGEU
Foi por ter outro amor, ou por ódio a teu leito?

MEDEIA
Um novo amor o faz trair a amiga de antes.

EGEU

Deixa-o, então, se é tão perverso quanto dizes.

MEDEIA

795   Casando-se com outra ele se alia a um rei.

EGEU

E quem lhe dá a filha? Dize logo tudo!

MEDEIA

Creonte, o soberano daqui de Corinto.

EGEU

Então a tua dor é natural, Medeia.

MEDEIA

Estou perdida; fui expulsa desta terra...

EGEU

800   Por quem? Falas agora de nova desgraça.

MEDEIA

Creonte me degrada e bane-me daqui.

EGEU

Isto é insuportável! E Jáson consente?

MEDEIA

Não em palavras, mas seus desejos o vencem.
Por isso tudo te conjuro, por teu queixo,
805   por teus joelhos, pelos direitos sagrados

dos suplicantes! Compadece-te de mim,
tem piedade de meu imenso infortúnio!
Não me deixes viver no exílio, abandonada!
Dá-me acolhida em teu país, em tua casa!
810 Em retribuição deem-te os deuses filhos,
como desejas, para que morras feliz.
Não imaginas quão afortunado foste
em vir ao meu encontro aqui; graças a mim
não ficarás sem filhos, logo serás pai;
815 conheço filtros com essa virtude mágica.

EGEU
Muitas razões, mulher, levam-me a conceder-te
a graça que me pedes; inicialmente,
o respeito devido aos deuses, e depois
vem a esperança dos filhos que me prometes
820 (voltam-se para esse desejo há muito tempo
meus pensamentos). Eis minha resolução:
vem para o meu país; lá eu me empenharei
em dar-te, como devo, a melhor acolhida.
Quero dizer-te apenas uma coisa mais:
825 não penso em tirar-te daqui eu mesmo, agora,
mas se te dirigires por tua vontade
à minha casa, nela encontrarás asilo
inviolável; a ninguém te entregarei.
Levem-te de Corinto, então, teus próprios passos
830 para que não me acusem meus anfitriões.

MEDEIA
Assim será, mas eu teria mais certeza
se decidisses empenhar tua palavra.

EGEU
Não confias em mim? Ou algo te inquieta?

MEDEIA

Confio, mas me são hostis os descendentes
835   de Pelias e da família de Creonte.
Se pretendessem arrancar-me de teu lar
– de meu asilo –, tu, preso por juramento,
não deixarias que me tirassem de lá.
Se, todavia, houver apenas entre nós
840   simples palavras, sem um juramento aos deuses,
será que não conseguirão persuadir-te
e levar-te a ceder à voz de seus arautos?
Sou fraca, enquanto eles são ricos e são reis.

EGEU

Usas uma linguagem cheia de prudência.
845   Se preferes assim eu não me esquivarei
a teu pedido. Ele me dá inda mais força
para antepor às injunções dos inimigos
a palavra jurada; tua proteção
será maior. Que deuses queres que eu invoque?

MEDEIA

850   Jura pela face da terra e pelo sol,
pai de meu pai, e pelas divindades todas.

EGEU

Que vou fazer ou deixar de fazer? Conclui!

MEDEIA

Jura que nunca, em tempo algum, me expulsarás
de tua terra e se qualquer de meus algozes
855   quiser, com violência, tirar-me de lá,
jamais consentirás enquanto fores vivo.

EGEU

Juro pela face da terra, pela luz
claríssima do sol e por todos os deuses
fazer intransigentemente o que me dizes.

MEDEIA

860 Isto é bastante para mim. Mas, se faltares
ao juramento, em que penas incorrerás?

EGEU

Nas reservadas aos mais ímpios dos mortais.

MEDEIA

Parte feliz, então; tudo irá bem agora.
E quanto a mim, dentro de muito pouco tempo
865 irei para tua cidade, após haver
realizado meus desígnios e desejos.

CORO

Dirigindo-se a EGEU, *que se retira com sua escolta.*

Vai com Hermes,[23] o deus filho de Maia!
Que teus desejos sejam exalçados,
Egeu, pois te mostraste generoso!

---

23. Hermes é o deus protetor dos viajantes.

3º EPISÓDIO, Cena 2

[Medeia exulta, pois, tendo garantido abrigo e proteção, pode pôr em marcha seu plano. Numa espécie de segundo prólogo, revela ao Coro que enganará Jasão, fingindo arrependimento e submissão, para ele interceder pelos filhos junto à princesa. Para isso, ela os fará portadores de presentes para a noiva, que, envenenados, custarão a vida de sua adversária e, possivelmente, por atraírem a fúria de Creonte, a de seus próprios filhos. Deixando Jasão sem descendentes, ela então escapará para Atenas. Assim provará sua verve heroica, tratando os inimigos de forma implacável. Pela primeira vez a Corifeu desaprova os planos da heroína e pede-lhe que desista do infanticídio, mas Medeia insiste e manda chamar Jasão. (v.870-943)]

MEDEIA

870 Zeus! Justiça de Zeus! Cintilação do sol!
Agora, amigas minhas, poderei vencer
todos os inimigos gloriosamente!
Tenho esperanças, hoje que a marcha começa,
de ver caírem, justamente castigados,
875 meus adversários, pois no auge da tormenta
em que me debatia apareceu esse homem,
porto seguro onde depois de realizar
os meus desígnios, irei amarrar as cordas
quando chegar lá em Atenas gloriosa.

Dirigindo-se à CORIFEU.

880 Agora vou contar-te todos os meus planos
(minhas palavras não serão para agradar).
Enviarei a Jáson um de meus criados
para pedir-lhe que venha encontrar-me aqui.
Quando chegar, falar-lhe-ei suavemente;
885 direi que suas decisões são acertadas
e concordo com elas; ele me abandona
para casar-se com a filha do rei; faz bem,
pois isso corresponde aos interesses dele.
Mas pedirei que deixe meus filhos aqui,
890 não que eu queira largá-los numa terra hostil
nem os expor à sanha de quem os odeia,
mas a fim de aprontar para a filha do rei,

por intermédio deles, a armadilha atroz
em que ela morrerá levando o pai à morte.
895 Mandá-los-ei a ela com presentes meus
para a nova mulher, a fim de que ela evite
o exílio deles: um véu dos mais finos fios
e um diadema de ouro. Se ela receber
os ornamentos e com eles enfeitar-se,
900 perecerá em meio às dores mais cruéis
e quem mais a tocar há de morrer com ela,
tão forte é o veneno posto nos presentes.

Com uma expressão de horror.

Mas mudo aqui meu modo de falar, pois tremo
só de pensar em algo que farei depois:
905 devo matar minhas crianças e ninguém
pode livrá-las desse fim. E quando houver
aniquilado aqui os dois filhos de Jáson,
irei embora, fugirei, eu, assassina
de meus muito queridos filhos, sob o peso
910 do mais cruel dos feitos. Não permitirei,
amigas, que riam de mim os inimigos!
Terá de ser assim. De que vale viver?
Já não existem pátria para mim, meu lar,
nenhum refúgio nesta minha desventura.
915 Fui insensata quando outrora abandonei
o lar paterno, seduzida pela fala
desse grego que, se me ajudarem os deuses,
me pagará justa reparação em breve.
Jamais voltará ele a ver vivos os filhos
920 que me fez conceber, e nunca terá outros
de sua nova esposa que – ah! miserável! –
deverá perecer indescritivelmente
graças aos meus venenos! Que ninguém me julgue
covarde, débil, indecisa, mas perceba
925 que pode haver diversidade no caráter:
terrível para os inimigos e benévola
para os amigos. Isso dá mais glória à vida.

CORIFEU

Já que nos fazes estas confidências, quero,
ao mesmo tempo, dar-te um conselho profícuo
930 e tomar a defesa das humanas leis:
desiste de levar avante esses teus planos!

MEDEIA

Não pode ser de outra maneira, mas entendo
teu modo de falar, pois não estás sofrendo
o tratamento desumano que me dão.

CORIFEU

935 Ousarás mesmo exterminar teus próprios filhos?

MEDEIA

Matando-os, firo mais o coração do pai.

CORIFEU

E tornas-te a mulher mais infeliz de todas.

MEDEIA

Terá de ser assim. Deste momento em diante
quaisquer palavras passarão a ser supérfluas.

Dirigindo-se à AMA, *que permanecia perto.*

940 Vai, traze Jáson para cá; recorro a ti
quando a missão requer pessoa confiável.
Não fales a ninguém de minhas decisões
se queres bem à tua dona e se és mulher.

Sai a AMA.

3º ESTÁSIMO

[O Coro, horrorizado, suplica a Medeia que abandone a ideia de matar os filhos, ponderando que um ato tão monstruoso poderia lhe custar o asilo em Atenas, cidade agraciada pelos deuses e pelas artes. Conclui apostando que ela recuará de sua decisão diante da súplica dos filhos. (v.944-976)]

CORO

Os Erecteidas[24] sempre foram prósperos,
945 filhos dos deuses bem-aventurados;
numa terra sagrada e até hoje invicta
eles se nutrem da sapiência excelsa,
haurindo o ar puro e transparente, em marcha
airosa lá onde a loura Harmonia,
950 segundo muitos dizem, deu à luz
as santas Pierides[25] – nove Musas.
Contam, também, que Cípris aspirou
nas ondas do Céfiso[26] alegre o hálito
fresco e dulcíssimo que ainda paira
955 por lá, quando, encantada, colhe as rosas
mais perfumadas para coroar
seus cabelos formosos, com os Amores,
convivas da Sapiência, auxiliares
de todas as virtudes. Como, então,
960 a cidade dos rios consagrados,
a terra acolhedora dos amigos,
iria receber-te, a ti, a má,
a infanticida? Não pensas nos golpes
que decidiste desfechar nos filhos,
965 no morticínio que vais perpetrar?
Não, pelos teus joelhos, todas nós
te suplicamos com todas as forças:
não os abatas! Onde em tua alma,
onde em teus braços buscarás coragem

---

24. Remete a Erecteu, rei mítico de Atenas, filho de Hefesto e de Gaia, o deus do fogo e a Terra. Aqui é sinônimo de atenienses, que se consideravam descendentes de Erecteu.
25. Referência às Musas, que, segundo a versão apresentada por Eurípides, teriam por mãe Harmonia, a filha de Afrodite e Ares, e nascido na Piéria (hoje na Macedônia grega); tradicionalmente são consideradas filhas de Zeus e da Memória.
26. Céfiso é o principal rio que corta Atenas.

970 para assestar ao coração dos filhos
os golpes de uma audácia inominável?
Como, volvendo o olhar para teus filhos,
serás, sem lágrimas, sua assassina?
Não poderás, diante de teus filhos
975 prostrados, suplicantes, mergulhar
em sangue tuas implacáveis mãos!

Entra JÁSON, *seguido pela* AMA.

4º EPISÓDIO

[Medeia finge-se arrependida das duras palavras que antes dirigira a
Jasão e pede-lhe perdão, supostamente por reconhecer que ele agira
com sensatez em prol de um futuro melhor para os filhos. Diz-se disposta
a partir para o exílio, como determinou Creonte, mas suplica ao ex-
marido que garanta a permanência das crianças em Corinto. Como
prova de boa vontade, pede aos filhos que entreguem pessoalmente
presentes valiosos para a princesa, de modo a conquistar-lhe o favor.
Satisfeito e sem desconfiar da súbita mudança de opinião de Medeia,
Jasão parte com os filhos para o palácio de Creonte. (v.977-1107)]

JÁSON

Estou aqui em atenção a teu chamado;
não pude ficar insensível ao apelo,
mesmo sabendo de teu ódio contra mim,
980 e venho ouvir, Medeia, teu novo pedido.

MEDEIA

Imploro, Jáson! Peço-te perdão por tudo
que já te disse; deves ser compreensivo
em meus momentos de exasperação, depois
das provas incontáveis de paixão recíproca!
985 Eu mesma ponderei e até me censurei:
"Por que tamanha insensatez e hostilidade
contra decisões razoáveis, infeliz?
Por que tratar como inimigos os senhores
deste lugar e um marido que age de acordo

990 com nossos interesses ao casar agora
com uma princesa para dar novos irmãos
aos filhos meus? Não renunciarei, então,
ao meu rancor? Que sentimentos serão esses
quando os bons deuses encaminham bem as coisas?
995 Não tenho filhos? Já não fui banida antes[27]
de outras paragens, de onde vim sem um amigo?"
Essas ponderações me fizeram sentir
toda a minha imprudência e toda a desrazão
de meu ressentimento. Agora estou de acordo
1000 com teu procedimento e julgo-te sensato
por teres desejado uma aliança nova
e chamo-me demente, pois eu deveria
ter-me aliado a ti em tuas pretensões
e te ajudar a realizá-las, e ficar
1005 junto ao leito da noiva e sentir o prazer
de dispensar-lhe mil cuidados. Afinal,
nós, as mulheres, somos todas o que somos
e não falarei mal de nós. Não deverias,
pois, imitar-me nas injúrias nem, tampouco,
1010 opor frivolidades a frivolidades.
Rendo-me à evidência agora e reconheço
que antes pensava erradamente, mas tomei
há pouco uma resolução mais acertada.

Voltando-se em direção à casa.

Filhos! Meus filhos! Vinde ao meu encontro aqui!

Os filhos aparecem, seguidos pelo PRECEPTOR.

1015 Vinde saudar o vosso pai e dirigir-lhe,
como vossa mãe, umas palavras; esquecei,
comigo, o ódio em relação aos bons amigos.
Vamos fazer as pazes, ceda nossa cólera.
Tomai em vossas mãos a mão direita dele!

---

27. Medeia se refere a seu banimento de Iolco, em companhia de Jasão (cf. p.199).

À parte, enquanto os filhos seguram a mão de JÁSON.

1020 Ah! Penso agora numa desgraça latente!
Por quanto tempo ainda estendereis, meus filhos,
vossos braços queridos?

Voltando ao normal.

Ah! Pobre de mim!
Com que facilidade eu choro e sou vencida
1025 pelo temor! Na ocasião em que se acabam
minhas altercações com vosso pai, meus olhos
enchem-se de sentidas, incontáveis lágrimas!

CORIFEU
Os meus, também, não podem resistir ao pranto.
Que não resulte mal maior dos males de hoje!

JÁSON
1030 Agradam-me, mulher, essas tuas palavras,
e não censuro as que disseste no passado.
Sempre as mulheres voltam-se contra os maridos
quando eles optam por um novo casamento.
Teu coração, porém, mudou para melhor;
1035 o tempo te fez afinal reconhecer
qual a vontade que deve preponderar.
Agem dessa maneira as mulheres sensatas.

Voltando-se para os filhos.

Não descuidou de vós o vosso pai, meus filhos;
ele vos dá, com o beneplácito dos deuses,
1040 um bom futuro. Creio que aqui em Corinto
um dia atingireis as posições mais altas
em companhia dos outros irmãos. Crescei,
então; o resto cabe ao vosso pai e aos deuses,
dos quais espero a graça de vos ver chegar
1045 à juventude exuberantes de vigor,
em tudo mais capazes que meus inimigos.

Dirigindo-se a MEDEIA, que chorava.

Mas, por que banham os teus olhos tantas lágrimas?
Por que procuras esconder teu rosto pálido?
Minhas palavras não te deixam satisfeita?

MEDEIA

1050 Nada... Pensava apenas em nossas crianças...

JÁSON

Então fica tranquila; estou cuidando delas.

MEDEIA

Quero ficar; não devo duvidar de ti
mas a mulher é fraca e chora facilmente.

JÁSON

Basta, pois, de lamentações sobre teus filhos.

MEDEIA

1055 Fui eu quem os gerou; quando fazia votos
para que a vida lhes sorrisse, perguntava-me,
entristecida, se seria assim. Voltemos
às coisas que eu queria expor-te; algumas delas
já foram ditas; falarei do resto agora.
1060 Agrada ao rei ver-me afastada desta terra;
compreendo tudo muito bem e eu mesma julgo
que minha vida não deve ser empecilho
nem para ti nem para o rei, pois consideram-me
hostil à casa dele. Então eu partirei
1065 para o exílio, mas consegue de Creonte
que nossos filhos não sejam também banidos
para que tuas mãos de pai os encaminhem.

JÁSON

Não sei se vou persuadi-lo; tentarei.

MEDEIA

Quem sabe se tua nova mulher não pode
1070 obter do pai que deixe as crianças aqui?

JÁSON

Bem dito; acho possível convencê-la disso.

MEDEIA

Sim, se ela for igual às outras. Aliás,
também posso ajudar-te nessa tentativa.
Mandar-lhe-ei presentes muito mais formosos
1075 que os conhecidos nesta terra (muito mais!):
um véu diáfano e um diadema de ouro,
que lhe serão entregues por nossas crianças.

Falando em direção à casa.

Trazei-me sem demora, servas, os presentes!

Falando a JÁSON.

Ela não há de ter somente uma ventura;
1080 serão inúmeras, por encontrar em ti,
para levá-la ao leito, um esposo perfeito,
e por tornar-se dona de belos adornos
que o Sol, pai de meu pai, deu a seus descendentes.

Uma criada traz da casa o véu e o diadema, que MEDEIA *entrega aos filhos.*

Tomai estes presentes nupciais, meus filhos,
1085 em vossas mãos; levai-os à própria princesa;
é uma oferenda minha à venturosa esposa.
Não são regalos desprezíveis que ela ganha.

JÁSON

Por que vais desfazer-te destes bens preciosos?
Perdeste o senso? Pensas que a casa real
1090 carece de ouro? Guarda-os! Não te prives deles!
Se nos dispensa essa mulher algum apreço,
o meu pedido a moverá mais que riquezas.

MEDEIA

Não fales deste modo. Dizem que os presentes
dobram até as divindades e que o ouro
1095 tem mais poder para os mortais que mil pedidos.
Pende o destino para o lado dela, um deus
a favorece agora e lhe dá boa sorte.
Ela é mais jovem, reinará. Para salvar
meus filhos do desterro eu lhe daria a vida,
1100 além do ouro. Ide, filhos, ide logo
até o palácio e suplicai à nova esposa
de vosso pai, minha senhora; implorai dela
que não consinta em vosso exílio, oferecendo-lhe
estes adornos. É importante que ela pegue
1105 com as próprias mãos estes presentes valiosos.

Os filhos se afastam com JÁSON *e o* PRECEPTOR.

Ide depressa, filhos, e trazei notícias
de que vossa mãe teve o sucesso esperado.

4º ESTÁSIMO

[O Coro lamenta a morte iminente da princesa e das crianças, motivada
pela traição de Jasão contra o leito conjugal e por sua incapacidade
de perceber o que se passa. Apesar de discordar dos planos de
Medeia, o Coro ainda nutre piedade por ela, reconhecendo que
a morte dos filhos atingirá também a mãe. (v.1108-1132)]

CORO

Não temos esperanças quanto à vida
dessas crianças; elas se encaminham

1110 agora para a morte. A nova esposa,
a infeliz, receberá – coitada! –
a perdição dourada; em toda a volta
de seus cabelos louros já vai pôr,
com suas próprias mãos, aquele adorno
1115 que a levará à morte. O encanto dele
e o brilho eterno a induzirão depressa
a usar o véu e o áureo diadema,
presentes dessas núpcias infernais.
Eis a armadilha, a sentença de morte
1120 em que irá emaranhar-se a moça;
ela não pode fugir ao destino.
E tu, funesto e desgraçado esposo,
que te aliaste a nossos reis, preparas
inadvertidamente a destruição
1125 de teus filhos sem sorte e a morte horrível
de tua nova esposa! Até que ponto
te enganas, infeliz, quanto a teu fado!
Choramos por teu sofrimento enorme,
desventurada mãe dessas crianças,
1130 pois vais matá-las por causa do amor
que teu esposo perjuro traiu
só para conquistar outra mulher!

O PRECEPTOR *reaparece com as crianças.*

5º EPISÓDIO

[O Preceptor retorna com as crianças anunciando o sucesso da empreitada: a princesa aceitou os presentes e concordou com a permanência dos filhos de Jasão em Corinto. Surpreendentemente, Medeia lamenta esse desfecho, que sela também o destino dos meninos. O Preceptor entra na casa acreditando que sua senhora angustia-se com a partida iminente de Corinto. Medeia passa a se despedir dos filhos com palavras ambíguas, que, aos olhos do Coro e dos espectadores, apontam para a morte próxima. Nesse famoso monólogo, a heroína mostra-se dilacerada, hesitante quanto à decisão a tomar: deve poupar a vida dos filhos e fugir com eles de Corinto ou matá-los para punir o pai e evitar a zombaria dos inimigos? A veia heroica fala mais alto e decide-se por matá-los ela própria, para que não venham a perecer pelas mãos de outros. Mais uma vez manda chamar as crianças, para a derradeira despedida. A decisão está tomada. (v.1133-1230)]

PRECEPTOR
Dirigindo-se a MEDEIA.

Aqui estão teus filhos, salvos do desterro.
A jovem recebeu pronta e alegremente
1135 os teus presentes das mãos deles. Fez-se a paz
com as crianças lá. Mas, por que estás aflita?
Por que demonstras nas feições tanto transtorno
quando afinal a sorte está a teu favor?
Por que procuras ocultar o rosto assim
1140 e acolhes constrangida a minha informação?

MEDEIA
Ai! Ai de mim!

PRECEPTOR
Isto é incompatível com minhas palavras.

MEDEIA
Ai! Ai de mim!

PRECEPTOR
Teria eu, sem perceber, anunciado
1145 uma desgraça? Então me equivoquei pensando
que te trazia uma mensagem agradável?

MEDEIA
Disseste o que disseste; não te recrimino.

PRECEPTOR
Por que esses olhos cerrados, essas lágrimas?

MEDEIA

É natural, e muito, ancião. Já se consumam
1150 as intenções divinas e as maquinações
de minha mente e seus terríveis pensamentos.

PRECEPTOR

Anima-te! Trazida por teus próprios filhos,
reaparecerás um dia em Corinto.

MEDEIA

Antes farei com que desapareçam outros
1155 nas profundezas desta terra! Ai de mim!

PRECEPTOR

Não és a única, porém, que é separada
dos filhos. Nós, mortais, devemos enfrentar
com naturalidade os golpes do destino.

MEDEIA

Procederei assim. Retorna à minha casa
1160 e cuida das crianças como de costume.

Sai o PRECEPTOR. *Os filhos continuam em cena.*

Queridos filhos meus! Agora vos espera
para meu desespero um mundo diferente,
outra morada onde estareis eternamente
sem vossa mãe! E me fazem partir, banida
1165 para uma terra estranha, sem haver podido
colher as muitas alegrias que esperava
de vós, antes de ver vossa felicidade,
antes de vos haver levado ao matrimônio,
de haver composto vosso leito nupcial
1170 e de acender as tochas rituais nas bodas!...
Ah! Infeliz de mim! Que presunção a minha!
Criei-vos, filhos meus, em vão, sofri em vão

por vós, dilacerada nas dores atrozes
do parto! Ah! Devo confessar – infortunada! –
1175 que já depositei em vós muita esperança:
que vós sustentaríeis a minha velhice
e, quando eu falecesse, vossas mãos piedosas
me enterrariam (todas desejamos isso).
Mas desvanecem-se esses doces pensamentos!
1180 Arrancada de vós, terei de suportar
uma existência de amargura e sofrimentos.
E nunca, nunca mais, vossos olhos queridos
poderão ver-me! (Partirei para outra vida...)
Ai de mim! Ai de mim! Por que voltais os olhos
1185 tão expressivamente para mim, meus filhos?
Por que estais sorrindo para mim agora
com este derradeiro olhar? Ai! Que farei?
Sinto faltar-me o ânimo, mulheres, vendo
a face radiante deles... Não! Não posso!
1190 Adeus, meus desígnios de há pouco! Levarei
meus filhos para fora do país comigo.
Será que apenas para amargurar o pai
vou desgraçá-los, duplicando a minha dor?
Isso não vou fazer! Adeus, meus planos... Não!
1195 Mas, que sentimentos são estes? Vou tornar-me
alvo de escárnio, deixando meus inimigos
impunes? Não! Tenho de ousar! A covardia
abre-me a alma a pensamentos vacilantes.
Ide para dentro de casa, filhos meus!

Saem os filhos.

1200 Quem não quiser presenciar o sacrifício,
mova-se! As minhas mãos terão bastante força!
Ai! Ai! Nunca, meu coração! Não faças isso!
Deves deixá-los, infeliz! Poupa as crianças!
Mesmo distantes serão a tua alegria.
1205 Não, pelos deuses da vingança nos infernos!
Jamais dirão de mim que eu entreguei meus filhos
à sanha de inimigos! Seja como for,
perecerão! Ora: se a morte é inevitável,
eu mesma, que lhes dei a vida, os matarei!

1210 De qualquer modo isso terá de consumar-se.
Não vejo alternativas. Deve estar morrendo
a princesinha, com o diadema na cabeça,
envolvida no véu (quanta certeza eu tenho!).
Portanto, já que deverei seguir a via
1215 do supremo infortúnio e fazê-los trilhar
caminho ainda mais desesperado, agora
devo chamar meus filhos para a despedida.

MEDEIA *acena em direção à casa*
e os filhos são trazidos de volta à cena.

Vinde, meus filhos, e estendei a mão direita
para que vossa mãe inda possa estreitá-la.

MEDEIA *abraça e beija os filhos.*

1220 Ah! Muito amadas mãos! Ah! Lábios muito amados!
Ah! Porte e rostos muito altivos de meus filhos!
Sede felizes, ambos, mas noutro lugar,
pois vosso pai vos privou da ventura aqui.
Ah! Doce abraço e tão aveludados rostos
1225 e hálito suave de meus filhos! Ide!

MEDEIA *afasta dela os filhos e os faz voltarem para casa.*

Faltam-me forças para contemplar meus filhos.
Sucumbo à minha desventura. Sim, lamento
o crime que vou praticar, porém maior
do que minha vontade é o poder do ódio,
1230 causa de enormes males para nós, mortais!

5º ESTÁSIMO

[O Coro faz aqui observações de caráter geral sobre as expectativas dos pais em relação aos filhos, as dificuldades envolvidas em sua criação, as incertezas que cercam seu futuro e as preocupações incessantes que suscitam. Assim, os que não têm filhos parecem-lhe mais felizes que os que são pai ou mãe. Essa reflexão antecipa o sofrimento tanto de Jasão e Medeia quanto o de Creonte, todos prestes a perder seus filhos. (v.1231-1263)]

CORO
Vezes inúmeras nos entregamos
a muitas e sutis divagações
ao meditar sobre temas mais altos
do que às mulheres é normal versar.
1235 Nós também cultuamos nossa Musa,
que nos infunde sua sapiência
(a todas, não; a poucas entre muitas
que se mostram fiéis à devoção).
Apregoamos que os mortais alheios
1240 ao casamento e à procriação
desfrutam de maior felicidade
que os pais e mães. Ignoram os sem filhos
se a prole só lhes traria alegrias
ou também dores; sua inexistência
1245 lhes poupa mágoas e incontáveis males.
Mas sofrem de cuidados infindáveis
aqueles cujos lares as crianças
adornam numa doce floração;
querem criar os filhos bem, deixar-lhes
1250 meios de subsistência, mas não sabem
se apesar dos cuidados hão de ser
bons ou perversos. Também falaremos
do último dos males e incertezas:
ainda que tenham amontoado
1255 bastantes bens e que seus filhos cheguem
à juventude e tenham boa índole,
se for vontade do destino a morte
os rouba logo e leva deste mundo.
Que benefício advém, então, aos homens
1260 se para ter a descendência arriscam-se
a receber, mandado pelos deuses
além de tantos outros sofrimentos,
esse castigo mais cruel de todos?

6º EPISÓDIO

[Um mensageiro traz a notícia da morte de Creonte e sua filha e aconselha Medeia a fugir o mais rápido possível. Ela, no entanto, exulta e pede-lhe que narre em detalhe as circunstâncias das mortes. Findo o relato, a Corifeu reconhece que Jasão foi justamente castigado, mas apieda-se de Medeia, cuja vida lhe parece por um fio. A heroína redobra sua intenção de matar as crianças e, em meio a lamentos e autoexortação, entra em casa para cumprir a penosa tarefa. (v.1264-1428)]

MEDEIA
Estou na expectativa de acontecimentos
1265   há muito tempo, amigas, só imaginando
o que pode haver ocorrido no palácio.
Agora vejo um dos servidores de Jáson
chegar correndo aqui; sua respiração
entrecortada mostra que nos vem trazer
1270   notícias de alguma desgraça singular.

Entra precipitadamente o MENSAGEIRO.

MENSAGEIRO
Tu que, violentando as leis, premeditaste
e praticaste um crime horripilante, foge!
Foge, Medeia, seja por que meios for
ou por que via, mar ou terra, nave ou carro!

MEDEIA
1275   Por que devo fugir? Que houve? Dize logo!

MENSAGEIRO
Morreram nosso rei Creonte e sua filha,
faz pouco tempo, vítimas de teus venenos.

MEDEIA
Tuas palavras não podiam ser mais belas.
De agora em diante és meu amigo e benfeitor.

MENSAGEIRO

1280 Como, Medeia? Teu juízo está perfeito,
ou estás louca? Logo após exterminar
a família real demonstras alegria
em vez de estremecer ouvindo esta notícia?

MEDEIA

Tenho palavras para responder-te, amigo,
1285 mas não te precipites; fala tu agora.
Conta! Como morreram eles? Meu prazer
será dobrado se eu ouvir que pereceram
atormentados pelas dores mais terríveis!

MENSAGEIRO

Quando teus filhos – tua dupla descendência –
1290 chegaram com o pai deles e foram levados
ao palácio real, sentimo-nos felizes,
nós, os criados, que sofríamos por ti;
e de um ouvido a outro foi-se repetindo
que chegara a bom termo o desentendimento
1295 havido entre Jáson e ti. Alguns beijavam
as mãos, beijavam outros as louras cabeças
dos filhos teus; eu mesmo, cheio de alegria,
segui com as crianças para os aposentos
onde ficavam as mulheres. A senhora
1300 que reverenciávamos em teu lugar
antes de ver teus filhos dirigiu a Jáson
um olhar cheio de ternura, mas depois
cobriu com véus os olhos e quis desviar
o rosto pálido, pois a presença deles
1305 causava-lhe aversão. Tentava o teu esposo
atenuar a cólera e o desagrado
da jovem, ponderando: "Não será possível
suavizar esta aparência contrafeita
ao encontrar amigos? Trata de acalmar
1310 o teu ressentimento e vira novamente
o rosto para eles. Considera teus
os meus próprios amigos. Olha bem e aceita

estes presentes deles e pede a teu pai
que em consideração a mim dê às crianças
1315 o generoso asilo." À vista dos adornos
ela não resistiu e logo concordou
com seu marido. Sem esperar que teus filhos
e que o pai deles chegassem mais perto, a moça
quis apanhar depressa o véu de muitas cores,
1320 ansiosa por usá-lo. Em frente a um espelho
vestiu o véu, e com o diadema de ouro
já na cabeça ela compunha o penteado,
sorrindo à sua própria imagem refletida.
Depois, erguendo-se do suntuoso assento,
1325 movimentou-se, pousando no chão com graça
os pés de radiosa alvura, deslumbrada
com teus presentes, observando muitas vezes
o véu que lhe descia até os calcanhares
e se ajeitando. Mas, quase no mesmo instante,
1330 um espetáculo terrível se mostrou
aos nossos olhos: sua cor mudou e o corpo
dobrou-se; ela oscilou e seus formosos membros
tremiam, e só teve tempo de voltar
até o assento para não cair no chão.
1335 Uma velha criada, pensando tratar-se
de algum mal súbito mandado pelos deuses,
pôs-se a fazer invocações em altos brados,
até que da boca da jovem escorreu
esbranquiçada espuma e as pupilas dela
1340 puseram-se a girar e o sangue lhe fugiu
da pele; então, em vez de invocações ouviram-se
soluços fortes. Uma de suas criadas
correu em direção ao quarto do pai dela;
outra precipitou-se à procura de Jáson
1345 para contar-lhe o que ocorrera à nova esposa.
E no palácio todo apenas escutavam-se
passos precipitados. Pouco tempo após,
a infortunada moça abriu os belos olhos
e recobrando a voz gemeu horrivelmente.
1350 Exterminava-a dupla calamidade:
do diadema de ouro em seus lindos cabelos
saía uma torrente sobrenatural

de chamas assassinas; o véu envolvente
– presente de teus filhos – consumia, ávido,
1355 as carnes alvas da infeliz. Ela inda pôde
erguer-se e quis correr dali, envolta em fogo,
movendo em todos os sentidos a cabeça
no afã de se livrar do adorno flamejante,
mas o diadema não saía do lugar
1360 e quanto mais a moça agitava a cabeça
mais se alastravam as devoradoras chamas.
Ela caiu no chão, por fim, aniquilada
e tão desfigurada que somente os olhos
do pai foram capazes de reconhecê-la.
1365 Não se podiam distinguir sequer as órbitas
nem ver de forma alguma o rosto antes tão belo;
corria muito sangue de sua cabeça
e misturava-se com as chamas; suas carnes,
roídas pelos muitos dentes invisíveis
1370 de teus venenos, desprendiam-se dos ossos,
e à semelhança da resina dos pinheiros
desintegravam-se numa cena horrorosa.
Todos temíamos tocar em seu cadáver,
pois tanta desventura nos deixava atônitos.
1375 O pai, então, ainda alheio ao desenlace
horrível, entrou transtornado no aposento
e se lançou de encontro à morta; soluçava
pungentemente e, envolvendo-a com seus braços,
beijou-a e disse: "Minha desditosa filha!
1380 Que deus quis infligir-te essa aviltante morte?
Quem decidiu privar de ti um ancião
à beira do sepulcro? Que a morte me leve
contigo, minha filha!" E quando terminou
de lamentar-se e soluçar, quis aprumar
1385 o velho corpo mas, igual à hera unida
ao tronco do loureiro, ele continuava
inseparavelmente preso ao fino véu.
A luta foi terrível; ele se esforçava
por levantar-se, ajoelhando-se primeiro;
1390 o peso do cadáver, todavia, agindo
em sentido contrário, derribava o pai.
Se o ancião tentava erguer-se de uma vez,

soltava-se dos ossos sua velha carne.
Vencido, finalmente, ele entregou a alma
1395 – infortunado! –, sem forças para enfrentar
tanta desgraça. Agora jazem mortos, juntos,
o idoso pai e a filha, uma calamidade
que justificaria torrentes de lágrimas.

Dirigindo-se a MEDEIA.

Nada quero dizer, Medeia, a teu respeito;
1400 verás voltar-se contra ti a punição.
Há muito tempo considero que os mortais
vivem como se fossem sombras, e os que julgam
ser mais sagazes e pensar melhor que os outros
são os mais castigados. Criatura alguma
1405 é venturosa até o fim; muitas possuem
bens incontáveis, mas não têm felicidade.

CORIFEU
Os deuses tentam atingir agora Jáson
com numerosas desventuras merecidas.
Ah! Infeliz filha do rei! Sentimos tanto
1410 que, vítima da união com Jáson, chegues
antes do tempo às portas da mansão dos mortos!

MEDEIA
Não volto atrás em minhas decisões, amigas;
sem perder tempo matarei minhas crianças
e fugirei daqui. Não quero, demorando,
1415 oferecer meus filhos aos golpes mortíferos
de mãos ainda mais hostis. De qualquer modo
eles devem morrer e, se é inevitável,
eu mesma, que os dei à luz, os matarei.
Avante, coração! Sê insensível! Vamos!
1420 Por que tardamos tanto a consumar o crime
fatal, terrível? Vai, minha mão detestável!
Empunha a espada! Empunha-a! Vai pela porta
que te encaminha a uma existência deplorável,

e não fraquejes! Não lembres de todo o amor
1425 que lhes dedicas e de que lhes deste a vida!
Esquece por momentos de que são teus filhos,
e depois chora, pois lhes queres tanto bem
mas vais matá-los! Ah! Como sou infeliz!

MEDEIA entra em casa.

6º ESTÁSIMO

[O Coro invoca a Terra e o Sol, avô de Medeia, como testemunhas do crime que está prestes a se consumar. Também suplica aos deuses que impeçam a matança e lamenta que o ódio tenha conduzido Medeia ao extermínio de sua prole, prevendo que sofrerá um castigo condizente com os seus atos. Ouvem-se os gritos de socorro das crianças no interior da casa. O Coro cogita intervir, mas apenas lamenta o desfecho dos fatos, apresentando Ino como exemplo mítico para o infanticídio. (v.1429-1473)]

CORO

Ah! Terra! Sol que trazes luz a tudo!
1430 Olhai-a! Vede essa mulher funesta
antes de ela descer sobre seus filhos
a mão sangrenta prestes a matar
a sua própria carne! Eles descendem
de uma raça de ouro[28] e é horrível
1435 que o sangue de um deus corra sob os golpes
de uma criatura humana! Vem, então,
luz nascida de Zeus, fá-la parar,
detém-na, expulsa em tempo lá de dentro
a miserável Fúria[29] sanguinária
1440 entregue à sanha de gênios malignos!
Sofreste em vão, Medeia, por teus filhos,
em vão pariste uma prole querida,
tu, que venceste o traiçoeiro estreito
de águas azuis e escolhos da Simplégades!

---

28. Sendo Medeia neta do Sol (cf. nota 12), seus filhos também descenderiam dele.
29. As Fúrias, equivalente latino das Erínias gregas, são divindades punitivas, castigando especialmente crimes consanguíneos. Em número de três – Alectó, Tisifone e Megera –, nasceram do sangue de Urano, castrado por Cronos.

1445 Ah! Infeliz! Por que tanto furor,
e tão feroz avassalou tua alma,
presa desse delírio criminoso?
A maldição do sangue dos parentes
pesa sobre os mortais e precipita
1450 contra quem mata a sua própria raça
desgraças infligidas pelos deuses
na proporção exata de seus crimes.

OS FILHOS DE MEDEIA
Do interior da casa.

Ai! Ai!

CORIFEU
Ouvistes os gritos dos filhos? Não ouvistes?

1º FILHO
1455 Ah! Que fazer? Como fugir de minha mãe?

2º FILHO
Não sei, irmão querido! Estamos sendo mortos!

CORIFEU
Vamos entrar! Salvemos as frágeis crianças!

1º FILHO
Sim, pelos deuses! Vinde já para salvar-nos!

2º FILHO
Já fomos dominados! Vemos o punhal!

CORIFEU

1460 Ah! Infeliz! Tu és então de pedra ou ferro
para matar assim, com tuas próprias mãos,
os dois filhos saídos de tuas entranhas?

1ª MULHER DO CORO

Somente uma mulher ousou até agora
exterminar assim os seus filhos queridos!

2ª MULHER DO CORO

1465 Foi Ino,[30] que expulsa pela mulher de Zeus
de sua casa e sem destino, enlouqueceu.

3ª MULHER DO CORO

Lançou-se a desditosa aos vagalhões amargos,
impondo aos filhos uma morte impiedosa.

4ª MULHER DO CORO

Precipitando-se de altíssimo penhasco
1470 ao mar, ela levou seus filhos para a morte.

CORIFEU

Que poderia acontecer de mais terrível?
Ah! Leito nupcial, fecundo em sofrimentos
para as mulheres, quantos males já causaste!

Entra JÁSON precipitadamente.

---

30. Por ter acolhido e criado Dioniso, filho de Zeus com uma mortal, Ino ganhou a inimizade de Hera. Num surto de loucura, provocado pela esposa de Zeus, Ino teria saltado ao mar levando consigo os filhos que tivera com Atamas.

ÊXODO

[Jasão chega a casa para tentar salvar os filhos da vingança dos parentes de Creonte e descobre que Medeia já os assassinou. Ao tentar forçar a porta para ver os corpos dos filhos, encontra Medeia no carro alado que seu avô, o Sol, enviara para sua fuga. Jasão enfatiza sua condição de bárbara e sua selvageria, para justificar tamanha monstruosidade. Ela insiste que o desrespeito com que ele a tratara fora a causa de tanto infortúnio. De posse dos cadáveres dos filhos, ela se comporta como uma divindade, determinando o funeral deles, seu autoexílio e o destino de Jasão. De fato, ela ocupa a posição em geral reservada aos deuses, suspensos nos ares pelo guindaste, o *deus ex machina*. Sua vitória sobre os inimigos está completa, embora reconheça que sofrerá com a morte dos filhos. As palavras finais do Coro revelam a sua perplexidade diante das surpresas que os deuses reservam aos mortais. (v.1474-1617)]

JÁSON

Dizei, mulheres que aqui vejo em frente à casa:
1475 Medeia, autora desse crime pavoroso,
ainda está lá dentro, ou se afastou fugindo?
Que ela se esconda nas profundezas da terra,
ou, recebendo asas, suba ao infinito,
se não quiser pagar agora o justo preço
1480 de sua crueldade! Ou pensa ela que,
depois de haver causado a morte dos senhores
desta cidade, fugirá impunemente?
Mais do que nela estou pensando nos meus filhos.
Ela receberá de volta o mal que fez
1485 às suas vítimas; é a vida de meus filhos
que vim salvar, pois temo que a real família
pretenda castigar nos frágeis descendentes
o crime horrendo cometido pela mãe.

CORIFEU

Ah! Jáson! Não pudeste perceber ainda
1490 – infortunado! – toda a tua desventura!
Se já soubesses, não falarias assim.

JÁSON

Que há? Ela queria matar-me também?

CORIFEU

Teus filhos estão mortos. Sua mãe matou-os.

JÁSON

Que dizes? Ai de mim! Mataste-me, mulher!

CORIFEU

1495 Fica sabendo: já não existem teus filhos.

JÁSON

Onde ela os trucidou? Dentro ou fora de casa?

CORIFEU

Entra em teu lar; verás teus filhos já sem vida.

JÁSON

Gritando em direção à casa.

Abri logo os ferrolhos e tirai as trancas,
criados, para que eu veja meus filhos mortos
1500 – dupla infelicidade a minha! – e sua mãe,
a quem darei a merecida punição!

Não obtendo resposta, JÁSON *se lança contra a porta, tentando forçá-la.*
MEDEIA *aparece por cima da casa, num carro flamejante, no qual se veem, também,
os cadáveres de seus dois filhos.*

MEDEIA

Por que tentas forçar e destruir as portas?
Procuras os cadáveres e a criminosa?
Poupa-te esta fadiga; se quiseres ver-me,

1505 estou aqui. Dize o que esperas. Tuas mãos,
porém, jamais me tocarão. Este é o carro
que o Sol, pai de meu pai, fez chegar até mim,
para me proteger contra o braço inimigo.

JÁSON
Monstro! Mulher de todas a mais odiada
1510 por mim e pelos deuses, pela humanidade!
Tiveste a incrível ousadia de matar
tuas crianças com um punhal, tu, que lhes deste
a vida, e também me atingiste mortalmente
ao me privar dos filhos! E depois do crime
1515 ainda tens o atrevimento de mostrar-te
ao sol e à terra, tu, sim, que foste capaz
de praticar a mais impiedosa ação!
Tens de morrer! Hoje, afinal, recuperei
minha razão, perdida no dia fatídico
1520 em que te trouxe de teu bárbaro país
para uma casa grega, tu, flagelo máximo,
traidora de teu pai e da terra natal!
Lançaram contra mim os deuses um demônio
sedento de vingança que te acompanhava,
1525 pois já tinhas matado teu irmão em casa
antes de entrar em minha nau de bela proa.
Foi este o teu começo. Logo te casaste
com o homem que te fala e, depois de lhe dar
dois filhos, imolaste-os às tuas bodas
1530 e ao leito nupcial. Jamais houve uma grega
capaz de um crime destes, e eu te preferi
em vez de outra. Para desespero meu
fui aliar-me a uma inimiga, uma leoa
e não uma mulher, ser muito mais feroz
1535 que os monstros mais selvagens. Mas, por que falar?
Eu não te ofenderia nem com mil injúrias,
tão insensível és! Dana-te, pois, infame,
nojenta infanticida! Resta-me somente
gemer curvado aos golpes deste meu destino.
1540 Não provei o sabor, sequer, das novas núpcias
e não vou conviver com os filhos, pois perdi-os!

MEDEIA
Se Zeus pai não soubesse como te tratei
e como e quanto me ofendeste, esta resposta
à tua falação teria de ser longa.
1545 Não deverias esperar, após o ultraje
contra meu leito, que fosses passar a vida
rindo de mim, tranquilo com a filha do rei;
Creonte, que te deu a filha para esposa,
não haveria de querer impunemente
1550 expulsar-me daqui, onde cheguei contigo.
Chama-me agora, se quiseres, de leoa
e monstro; quis apenas devolver os golpes
de teu instável coração como podia.

JÁSON
Mas também sofres. Nossas dores são as mesmas.

MEDEIA
1555 É claro, porém sofro menos se não ris.

JÁSON
Minhas crianças! Que mãe perversa tivestes!

MEDEIA
Matou-vos a perfídia deste pai, meus filhos!

JÁSON
Mas não foi minha a mão que lhes tirou a vida.

MEDEIA
Foi teu ultraje, teu segundo casamento!

JÁSON

1560 O leito abandonado justifica o crime?

MEDEIA

Essa injúria é pequena para uma mulher?

JÁSON

Se ela é sensata. Para ti, tudo é ofensa.

MEDEIA

Apontando para as crianças mortas.

Elas já não existem. Sofrerás por isso.

JÁSON

Existem para atormentar-te em teu remorso.

MEDEIA

1565 Os deuses sabem a quem cabe toda a culpa.

JÁSON

Sabem, também, quão tenebrosa é tua mente.

MEDEIA

Odeia-me! Tuas palavras me repugnam.

JÁSON

Repugnas-me também. Matemo-nos! É fácil!

MEDEIA

Mas, como? Que devo fazer? É o meu desejo!

JÁSON

1570 Deixa-me sepultar meus filhos e chorá-los!

MEDEIA

De modo algum! Com minhas próprias mãos eu mesma
hei de enterrá-los. Transportá-los-ei agora
ao santuário de Hera,[31] deusa das colinas,
onde nem tu nem mais ninguém possa ultrajá-los
1575 violando-lhes o túmulo. Instituiremos
solenes cerimônias na terra de Sísifo,[32]
visando à expiação desse terrível crime.
Irei de lá para a cidade de Erecteu,
onde me acolherá o filho de Pandíon,
1580 Egeu. Morrerás miseravelmente aqui,
colhendo – miserável! – os amargos frutos
do novo casamento que tanto querias!

JÁSON

Ah! Céus! Matem-te as Fúrias vingadoras
de nossos filhos e a justiça certa!

MEDEIA

1585 Mas, quem te escutará, deus ou demônio,
a ti, perjuro, a ti, hóspede pérfido!

JÁSON

Ah! Monstro odioso, infanticida infame!

MEDEIA

Volta! Vai sepultar a tua esposa!

---

31. A intenção de Medeia é sepultar as crianças no santuário de Hera Akraia, que alguns
situam na vizinhança de Corinto, em colinas, e outros em um promontório. Como propiciadora dos casamentos, a escolha de Hera seria lógica para Medeia, mas também irônica,
já que a deusa sempre favoreceu Jasão em suas empreitadas.
32. Pausanias testemunha a realização dessas cerimônias em Descrição da Grécia (séc.
II d.C.).

JÁSON

Sim, voltarei, e sem meus filhos mortos...

MEDEIA

1590 Chorarás mais ainda na velhice!

JÁSON

Filhos queridos!

MEDEIA

Por mim, não por ti!

JÁSON

Tu os mataste!

MEDEIA

Para que sofresses!

JÁSON

1595 Ah! Lábios adoráveis de meus filhos
tão infelizes! Quero acariciá-los!...

MEDEIA

Hoje lhes falas, queres afagá-los;
até há pouco nem os procuravas.

JÁSON

Deixa-me ao menos, em nome dos deuses,
1600 tocar os corpos frágeis de meus filhos!

MEDEIA
Desaparecendo lentamente com o carro.

Não é possível; são palavras vãs.

JÁSON
Ouviste, Zeus, como fui repelido,
como me trata a infanticida pérfida,
essa leoa? Que posso fazer?
1605   Chorar meus filhos e tomar os deuses
por testemunhas de que, após matá-los,
não me permitiste sequer tocá-los
com minhas mãos e dar-lhes sepultura...
Antes eu nunca os houvesse gerado
1610   para vê-los morrer sob os teus golpes!...

JÁSON retira-se lentamente.

CORIFEU
Enquanto o CORO também se retira.

Dos píncaros do Olimpo Zeus dirige
o curso dos eventos incontáveis
e muitas vezes os deuses nos deixam
atônitos na realização
1615   de seus desígnios. Não se concretiza
a expectativa e vemos afinal
o inesperado. Assim termina o drama.[33]

FIM

---

33. Normalmente compete ao coro a última palavra da peça. Esse final aparece, com variações mínimas, em *Alceste*, *Andrômeda*, *Helena*, *Bacantes*, além de *Medeia*, o que aponta para sua generalidade. Alguns comentadores o consideram espúrio, mas a maioria prefere mantê-lo.

Perfis dos personagens

MEDEIA: Uma das mais marcantes personagens do teatro grego, em torno da qual há várias controvérsias. A crítica se divide quanto a considerá-la apenas uma mulher ferida pelo desprezo do marido e pelo ciúme, visão já presente na própria tragédia, ou uma espécie de demônio vingador, um instrumento dos deuses para castigar o comportamento ímpio de Jasão. Reforça a primeira hipótese a resposta que a heroína dá a Jasão quando ele lhe pergunta se "o leito abandonado justifica o crime" (o filicídio): "Essa injúria é pequena para uma mulher?" (v.1560-1561). O coro, que se identifica com Medeia, aceita essa justificativa para seus planos de vingança. Gilbert Murray credita parte do sucesso da tragédia ao retrato de guerra conjugal que ela traz; H.D.F. Kitto define Medeia como "a mulher por inteiro", presa do amor e do ódio que nos conferem nossa humanidade.[1] A favor da segunda hipótese está a Medeia *ex machina* do final, sobre o carro do Sol, dispondo sobre o destino das demais personagens e ocupando exatamente a função dos deuses em outras tragédias (por exemplo Dioniso, no final das *Bacantes*, do mesmo Eurípides). Bernard Knox e Pietro Pucci enfatizam esse aspecto, afirmando que no êxodo da tragédia a personagem transcende o humano.[2] A meio caminho entre essas duas imagens de Medeia está a estrangeira versada nas ciências mágicas, a feiticeira que domina as drogas e subjuga seus inimigos, característica ressaltada por Denys Page.[3] Indiscutível, porém, é seu pendor ao heroísmo, entendido como valorização da honra e busca de reconhecimento, que aproxima Medeia de Aquiles e de Ájax, heróis do ciclo troiano, cujos senso de glória e ressentimento contra os que os ultrajaram são notórios.

---

1. G. Murray, *Euripides y su tiempo*. Ciudad del Mexico: Fondo de Cultura Económica, 1978 (1913). H.D.F. Kitto, *A tragédia grega*. Coimbra: Armênio Amado Editor, 1972 (1939).
2. B. Knox, "The *Medea* of Euripides", in *Word and Actions. Essays on the Ancient Theater*. Baltimore: The Johns Hopkins University Press, 1979. P. Pucci, *The violence of pity in Euripides' Medea*. Ithaca: Cornell University Press, 1980.
3. D.L. Page e Euripides, *Medea*. Oxford: Clarendon Press, 1938.

AMA: De todos os trágicos gregos, Eurípides foi o que mais destaque deu às personagens humildes. À criada de Medeia, testemunha natural de seu sofrimento, até porque transita entre o interior da casa e a rua, caberá esclarecer espectador e coro sobre o estado de ânimo da heroína, apresentando-a ora sob uma ótica simpática, a que sofre sem merecer, ora insinuando os riscos que seu caráter intempestivo oferece. Assim, ao mesmo tempo em que se apieda de sua senhora, aflige-se com o destino das crianças, antevendo que a fúria da mãe poderia atingir os filhos, a quem a ama busca proteger.

JASÃO: Herói grego notabilizado por liderar a expedição dos argonautas à Cólquida, cumprindo a tarefa dada por Pélias, seu tio, como condição para devolver-lhe o trono em Iolco. Apesar de estar mencionada já nos poemas homéricos, essa aventura só será tratada em detalhe por Apolônio de Rodes, nas *Argonáuticas* (III a.C.). De qualquer forma, o estatuto heroico de Jasão sempre foi problemático, como a tragédia de Eurípides deixa claro – *Medeia* talvez tenha contribuído decisivamente para tal. Em contraste com heróis que se destacam pelo vigor físico e bravura, Jasão é tido pela crítica como fraco e impotente, alguém que para conquistar seus objetivos vale-se da sedução amorosa (como atestaria sua ligação com Medeia, fundamental para a obtenção do velocino de ouro) ou da ajuda dos deuses (Hera e Afrodite contribuem para seu sucesso), embora o auxílio divino seja uma constante na saga de vários heróis. A exceção parece ter sido Píndaro, que o caracteriza como robusto e vigoroso, enfatizando seu caráter marcial (IV *Pítica*). Na tragédia de Eurípides, Jasão é descrito como "o pior dos maridos": perjuro, cínico, ambicioso. Sobressai especialmente o contraste entre a "virilidade" de Medeia, ciosa dos valores heroicos, e a falta dela em Jasão, cuja atitude para com mulher e filhos lhe custa a honra.

CREONTE: Rei de Corinto, Creonte dá sua filha em casamento a Jasão, que, por essa aliança, repudia Medeia e os filhos que com ela tivera. A personagem de Creonte não tem relevância no mito ou na literatura. Na *Medeia*, representa o governante fraco, que se deixa manipular pelo discurso. Sua decisão de banir a estrangeira baseia-se na ameaça que ela representa à sua filha e à casa real, tendo em vista sua "sabedoria", uma alusão ao conhecimento que ela tem de drogas, e seu passado criminoso, sua participação na morte do irmão e do rei de Iolco, Pélias. Apesar de fundamentado o temor, ele concede à heroína mais um dia na cidade (intervalo temporal da maior parte das tragédias, note-se), o que permite a ela implementar sua vingança.

EGEU: Rei mítico de Atenas, pai de Teseu. Sua lenda está ligada à do Minotauro, híbrido de homem e touro morto por Teseu na tentativa de liberar Atenas do sacrifício anual de jovens ao monstro. Egeu, acreditando que o filho morrera nessa empreitada, teria se atirado ao mar entre a Grécia e a Turquia, que recebeu seu nome. Eurípides, que assim como Sófocles teria dedicado a esta personagem uma tragédia, alude à crença familiar aos atenienses segundo a qual Medeia teria se unido a Egeu após fugir de Corinto e com ele tido um filho, de nome Medo; até então o rei não fora agraciado com filhos. Aristóteles critica a aparição de Egeu na peça como irracional, contrária aos liames de necessidade e verossimilhança, que devem reger a composição da ação. É inegável, no entanto, que sua garantia de asilo marca a peripécia na tragédia e possibilita a vingança, já que assegura à heroína a proteção necessária contra seus inimigos e afasta o fantasma do deboche, caso viesse a ser por eles capturada. O empenho de Egeu em garantir sua descendência também é relevante para a trama da peça: somente depois que ele parte Medeia revela a intenção de matar os filhos como forma de atingir Jasão.

PRECEPTOR: O Preceptor é outra dessas figuras humildes que habitam a tragédia euripidiana. Faz par com a Ama, com quem troca confidências sobre o estado dos senhores. Como ela, serve de anteparo para as crianças, a quem lhe competia cuidar e acompanhar em suas atividades, contra a ira da mãe.

MENSAGEIRO: O mensageiro é um personagem recorrente na tragédia grega, encarregado de relatar ações que transcorrem fora de cena e que normalmente não poderiam ser levadas ao palco, em virtude de dificuldades técnicas ou por contrariar convenções dramáticas. No caso de Medeia, compete ao Mensageiro relatar à heroína, ao coro e, claro, aos espectadores, o terrível fim da princesa coríntia e de seu pai, Creonte. Vale lembrar que o teatro grego não representava as mortes, mas sim explorava seu efeito catártico através de narrativas, como esta, e da exibição dos cadáveres, como o das crianças no êxodo. O relato é minucioso e repleto de emoção.

FILHOS: São dois os filhos de Medeia e Jasão, crianças ainda, como indica a companhia do preceptor. Aparecem em momentos-chave durante a tragédia: no prólogo, provas vivas da negligência paterna; no quarto episódio, em que seguem com Jasão para o palácio levando os presentes fatais; no seguinte, em que retornam e despertam em Medeia a dúvida entre matá-los ou poupá-los. Sua presença, embora sem falas, é importante para estabelecer o clima emocional da tragédia. O momento mais impactante é quando se ouvem seus gritos de socorro e súplica no interior da casa. A exposição dos cadáveres no êxodo também contribui para o final catártico da tragédia. Os gregos davam grande importância à perpetuação do indivíduo, da família e da sociedade através das novas gerações. Sendo assim, permanecer sem filhos era visto como uma desgraça, como ilustra a personagem de Egeu. Jasão descuida dos filhos que tem com Medeia, diante da perspectiva de gerar outros em seu novo casamento. Em vista disso, a morte da princesa e a morte das crianças que tivera com Medeia selam a destruição completa do pai, privado agora de descendência.

CORO DE MULHERES CORÍNTIAS: O coro é composto por mulheres coríntias que, desde o início, demonstram simpatia pela estrangeira que sofre em virtude das novas núpcias do marido. Medeia é hábil em conquistar-lhes a confiança, expondo as mazelas por que passam as mulheres na Grécia, muito embora ela não esteja sujeita a muitas delas (seu casamento, por exemplo, não foi um acerto entre homens, podendo-se dizer que ela firmou sua união em pé de igualdade, e nem houve pagamento de dote). O coro estará ao seu lado até o momento em que revela a intenção de matar os filhos, o que elas não podem apoiar. Mesmo assim, subsiste a piedade por todos os envolvidos na catástrofe.

AS NUVENS

Aristófanes

Introdução: Aristófanes e *As nuvens*

A COMÉDIA É INCORPORADA aos festivais dramáticos apenas em 487 a.C., cerca de cinquenta anos após a criação das Grandes Dionísias, o maior deles. As razões disso são obscuras, mas provavelmente estão relacionadas à formação tardia do gênero, que deve ter se espelhado na tragédia para superar a fase de improvisos e constituir uma forma literária.

Aristófanes, o principal poeta do gênero e o único do qual foram preservadas peças na íntegra, atua no último quarto do século V a.C. Dos seus pares, conhecemos pouco mais que os nomes e os títulos das peças, reduzidas hoje a fragmentos. Apontado pelos antigos, ao lado de Cratino e Eupolis, como integrante da tríade cômica canônica, Aristófanes compôs cerca de quarenta comédias, das quais onze foram preservadas. Além de ser um número representativo, elas se distribuem ao longo de sua carreira, dando uma boa ideia de sua trajetória artística. São elas: *Acarnenses, Cavaleiros, As vespas, As nuvens, Paz, As aves, Lisístrata, As tesmoforiantes, As rãs, Só para mulheres* e *Um deus chamado dinheiro*. Embora representem apenas uma fração do que se produziu no gênero, devemos muito de nosso conhecimento da comédia antiga a elas.

Apesar dessa centralidade, pouco se sabe sobre a vida de Aristófanes. De certo, tem-se que o poeta nasceu por volta de 450 a.C. e que fez sua estreia em 427 a.C., com *Os convivas*, peça da qual só restaram alguns fragmentos. Somente dois anos depois, em 425 a.C., com *Cavaleiros*, ele se arriscou na direção, posto de grande visibilidade, exercido na maioria das vezes pelos autores, que ensaiavam coro e atores. Nessa peça, o coro declara que a composição de comédias é "a mais árdua dentre todas", em virtude do caráter instável dos espectadores, que passam do apoio à vaia em questão de instantes. Aristófanes morreu em 385 a.C., em Atenas.

Essa breve cronologia revela que praticamente toda a carreira do comediógrafo transcorreu durante a Guerra do Peloponeso (431-404 a.C.), evento que marcou profundamente seu tempo e seu teatro. O conflito pan-helênico contrapôs Atenas e Esparta e seus respectivos aliados por quase três décadas, exigindo enormes sacrifícios das populações e cidades envolvidas. É natural, assim, que a paz assuma lugar de destaque em sua obra – ao menos três comédias tratam diretamente do tema, a saber, *Acarnenses*, *Paz* e *Lisístrata*. Nelas, ressalta-se a devastação que a guerra traz e elaboram-se planos extraordinários para pôr fim às hostilidades e restabelecer a concórdia. Mais do que refletir a opinião do poeta, isso revela uma convenção do gênero. Ideologicamente a comédia exalta a vida, a festa e a fartura, valores incompatíveis com a guerra.

O fato de o poeta repudiar a guerra e criticar a forma como a cidade conduzia sua política revela o vínculo que a comédia mantinha com a democracia. Ao contrário do que acontece com a tragédia, cuja introdução nos festivais dionisíacos é contemporânea à tirania de Pisístrato, a comédia só passa a integrar o programa dramático após as reformas democráticas. Foi o novo contexto político que forneceu a salvaguarda institucional, que se somava à religiosa, para se censurar a comunidade e os indivíduos pelos seus vícios. A invectiva pessoal, propriedade que a comédia antiga partilha com a lírica jâmbica,[1] é um de seus traços característicos. O objeto de sua crítica é a autoridade constituída, seja ela política, religiosa ou intelectual, que com frequência é substituída por um personagem marginalizado na sociedade, um camponês pobre ou uma mulher. Assim, personalidades influentes da cidade estão na mira do comediógrafo e, por vezes, são feitas personagens das comédias. É o que acontece com os poetas Ésquilo e Eurípides, o filósofo Sócrates, o demagogo Cleão, entre outros. Nem os deuses escapam da verve cômica: em *As aves* e *Um deus chamado dinheiro*, Zeus acaba deposto de seu trono, enquanto Posídon e Hermes são rebaixados e obrigados a negociar seu sustento com os mortais; em *As rãs*, Dioniso, o deus do teatro, é ridicularizado.

A comédia antiga é considerada política justamente por discutir a *pólis* e suas instituições. Num momento posterior, com a derrota ateniense na Guerra do Peloponeso e o consequente declínio do debate público, a esfera privada ganharia maior destaque. Essa tendência consolidou-se ao longo do século IV, com o advento da comédia nova, que tem em Menandro seu principal expoente. Nela, as intrigas domésticas assumem definitivamente o primeiro plano e o coro, que representa a opinião pública, deixa de ter relevância.

Nas comédias aristofânicas, o coro é muito atuante, assumindo as caracterizações mais diversas – os comediógrafos, longe de se contentar apenas com formas humanas, atribuíram a seus coros identidade animal ou fantás-

---

1. A lírica jâmbica se caracteriza pela sátira virulenta a indivíduos e costumes. Arquíloco e Semônides de Amorgos são seus principais representantes na Grécia.

tica. O herói não tem o apoio imediato do coro como nas tragédias, mas deve conquistá-lo, requisito necessário para o sucesso da empresa cômica. O coro desempenha papel importante no *agon*, a disputa de caráter verbal em que o herói deve fazer prevalecer seu ponto de vista; e na parábase, seção de natureza exclusivamente coral em que os coreutas se dirigem aos espectadores para censurá-los e elogiar o poeta, pedindo votos para sua comédia, como se vê em *As nuvens*, onde os coreutas, aqui personificações de nuvens, prometem chover sobre os campos daqueles que as apoiarem (p.358):

> Queremos dizer aos nossos juízes que ganharão ao tomarem o partido do coro. Para início de conversa, quando vocês quiserem iniciar o trabalho em seus campos na estação apropriada, faremos chover antes de tudo para vocês e só depois para os outros. ... Mas se algum de vocês nos ofender, sendo ele mortal e nós deusas, preste muita atenção aos males que suportará, vindo de nós: não produzirá nem vinho nem nada em suas terras.

Dentre as comédias de Aristófanes, *As nuvens* é uma das mais conhecidas, sobretudo por trazer como personagens o filósofo Sócrates, imortalizado por Platão em seus *Diálogos*. Sócrates viveu em Atenas na segunda metade do século V a.C., na mesma época de Aristófanes. Sua prática filosófica consistia em abordar pessoas consideradas pela sua sabedoria e com elas entabular longas conversas em que investigava um assunto e questionava os pontos de vista consolidados. Apesar de não ter legado nenhum registro escrito de tais entrevistas, seus discípulos, notadamente Platão e Xenofonte, tomaram para si a tarefa de manter viva sua memória, fazendo dele uma personagem central nas obras que deixaram.

Mas, ao contrário do que acontece nos textos desses filósofos, o Sócrates cômico não está livre de defeitos. Ele dirige uma escola dedicada a altas investigações e ao ensino de técnicas retóricas, o Pensatório. É a ele que o herói da comédia, Strepsiades, recorre na esperança de aprender a ganhar todas as causas no tribunal, mesmo as não fundamentadas. Essa associação do filósofo com a retórica, bem como a menção de que ele cobraria por seus ensinamentos e a própria ideia da escola, avessa aos preceitos socráticos, revelam que o alvo da comédia é outra espécie de intelectual, bastante comum na Atenas daquele tempo: o sofista.

Os sofistas propunham-se a ensinar a persuadir através do discurso sem levar em consideração se as teses defendidas eram justas ou não. Também relativizavam os conhecimentos e certezas herdados do passado e questionavam a natureza dos deuses. Tomavam como alunos os filhos das famílias abastadas e, a acreditar em Platão, cobravam vultosas quantias por suas lições. Sócrates, que nos diálogos platônicos é o principal crítico desses profissionais do ensino, foi a eles assemelhado por Aristófanes – talvez por força de andar sempre em sua companhia ou na de seus jovens alunos.

O filósofo também é retratado, no começo de As nuvens, como um investigador dos fenômenos naturais. Quando entra em cena, está pairando nos ares, suspenso em uma cesta (*ex machina?*[2]) de modo a melhor estudar o sol, enquanto seus discípulos investigam o que está sob a terra. Na *Apologia de Sócrates*, obra em que Platão pretensamente teria registrado a defesa do filósofo perante o tribunal que viria a condená-lo à morte, pela ingestão de cicuta, Sócrates se queixa de sua imagem pública ter sido deturpada pelos comediógrafos, que o representaram a andar pelos ares e pronunciar tolices, no que, acredita-se, seja uma alusão às *Nuvens*. Assim, tudo indica que o Sócrates aristofânico reúne características de sábios e cientistas diversos, compondo uma espécie de mosaico caricato do intelectual que, mais tarde, na *commedia dell'arte*,[3] resultará na personagem do *dottore*, o sabichão pretensioso e charlatão.

Já o herói cômico, Strepsiades, está entre os mais sóbrios da comédia antiga. Tanto o problema que o afeta quanto a solução que encontra para superá-lo são relativamente banais. Seu filho, Fidipides, vive acima de suas posses e o pai se encontra endividado. Acredita que pode se livrar dos credores fazendo o rapaz aprender com Sócrates o raciocínio injusto, uma técnica discursiva capaz de tornar qualquer causa, independente de seu mérito, imbatível. O plano esbarra, contudo, em dois obstáculos. Primeiro, Fidipides se recusa a fazer o que lhe é pedido, de modo que o pai é forçado a se matricular no Pensatório em seu lugar. Além disso, a capacidade intelectual de Strepsiades deixa a desejar, de modo que ele não consegue reter as lições do filósofo.

Depois do fracasso do herói, ele finalmente persuade seu filho a ingressar no Pensatório. Lá, Fidipides assiste à disputa entre os dois Raciocínios, personificados, cada qual defendendo sua posição. O Raciocínio Justo defende os valores tradicionais, a disciplina e a ética. O Injusto subordina a ética aos interesses e lucros auferíveis. Diante da constatação de que a maioria dos espectadores compactuava com a nova ordem das coisas, o Justo dá-se por vencido e bate em retirada, deixando Fidipides nas mãos do Injusto. A essa

---

2. Para uma definição de deus *ex machina* ver Apresentação geral, p.13.
3. Gênero dramático de raiz popular, surgido na Itália a partir do séc.XV e forte também na França, até o séc.XVIII.

altura, Sócrates não é mais do que um espectador da ação, eximindo-se de participar ativamente da educação do rapaz, mas não se deve esquecer que os dois raciocínios habitam sob seu teto.

As *nuvens* é uma comédia atípica por vários fatores. O mais visível deles é que seu final contraria uma regra da comédia, de que no fim o herói será sempre bem-sucedido, o que leva à festa e à celebração de suas conquistas. Nas *Nuvens*, Strepsiades está longe de triunfar e o desfecho é bastante sombrio. Por um momento somos levados a pensar que a ação tomará o rumo habitual. Quando Fidipides volta para casa, seu pai parece acreditar que seus problemas estão resolvidos e expulsa os credores de sua porta, confiante em uma vitória nos tribunais. Mas o rapaz, que aprendeu bem demais a lição, está mudado: já não respeita os mais velhos, não vê razão para se submeter às convenções sociais, contesta todo e qualquer valor. Agredido pelo filho, abandonado pelo coro de nuvens, que agora deixa claro ter desaprovado seu plano desde o início, o velho camponês resolve se vingar de Sócrates, a quem imputa a origem de seus males, e coloca fogo no Pensatório. Como se pode constatar, não há motivo para celebração.

A crítica costuma evocar outra particularidade dessa comédia para justificar seu final inusitado. Sabe-se que Aristófanes compôs duas versões de As *nuvens*, sendo aquela que conhecemos a segunda. Isso fica claro a partir de um trecho da parábase, no qual o coro, em nome do poeta, se refere ao fracasso de sua peça no passado (p.319-20):

> Conhecendo o discernimento de vocês [espectadores], e convencido de que esta comédia, feita por mim há algum tempo com muito cuidado, era a melhor de minhas obras, achei que devia submetê-la ao julgamento do bom gosto de vocês em outra ocasião. Entretanto, fui vencido por rivais menos capazes.

A hipótese da comédia, uma espécie de sinopse que acompanhava os manuscritos, registra que, além da parábase, o final também foi revisto. Embora não se possa afirmar com certeza, tudo indica que as alterações incorporadas ao texto original, suscitadas pela má recepção que obtêve dos atenienses, nunca foram levadas aos palcos e, talvez, não tenham sido tão profundas quanto o autor gostaria. O mais provável é que ele tenha procedido a uma reelaboração parcial de sua comédia, reelaboração esta que teria feito circular por escrito, para rebater as críticas que recebera após a encenação da primeira versão, em 423 a.C. A hipótese da peça sugere ainda que as alterações no final talvez tenham sido feitas para agradar àqueles que gostariam de ver o herói trapaceiro tratado com maior severidade, muito embora Strepsiades não seja exceção entre os heróis cômicos. Outra possibilidade é que julguemos com olhos muito severos o desfecho dessa trama: a cena do Pensatório em chamas e as tentativas dos filósofos de escaparem do incêndio poderia, sim, ter rendido boas gargalhadas à audiência ateniense que, com o perdão do trocadilho, amava ver o circo pegar fogo.

AS NUVENS

Época da ação: Século V a.C.
Local: Atenas
Primeira representação: 423 a.C., em Atenas

Personagens

STREPSIADES
FIDIPIDES, filho de Strepsiades
ESCRAVO
DISCÍPULO de Sócrates
SÓCRATES
RACIOCÍNIO JUSTO
RACIOCÍNIO INJUSTO
PASIAS
AMINIAS } credores de Strepsiades
TESTEMUNHA
CORO das Nuvens, dividido às vezes em dois SEMICOROS

Cenário

O quarto de dormir de STREPSIADES, que está deitado. Veem-se também FIDI-
PIDES e escravos adormecidos. Pela janela vê-se a casa de SÓCRATES. É noite.

PRÓLOGO, Cena 1

[Strepsiades não consegue dormir, atormentado pelas dívidas que contraiu para satisfazer o gosto de seu filho pela equitação. O rapaz, Fidipides, dorme e sonha com cavalos de corrida. O velho, um camponês radicado na cidade, lamenta ter se casado com uma moça rica local, acima de sua condição, que acostumou o filho ao luxo. Dada a proximidade do vencimento das contas, Strepsiades acorda Fidipides e tenta convencê-lo a se tornar discípulo de Sócrates para aprender uma técnica discursiva, o raciocínio injusto, que lhe isentaria do pagamento dos empréstimos. Diante da recusa do rapaz, decide ele mesmo estudar no Pensatório, a escola de Sócrates. (p.284-92)]

STREPSIADES

Levantando-se.

Como são longas estas noites, Zeus! Parece que o dia nunca vai chegar! O galo já cantou há muito tempo, mas os meus escravos ainda estão roncando. Antigamente não era assim. Maldita seja a guerra por muitas razões e principalmente porque ela não deixa castigar estes vagabundos![1] Este meu bom filho não acorda durante a noite toda; ele dorme e peida enrolado em cinco cobertores.

STREPSIADES *torna a deitar-se.*

Se vocês deixarem eu também vou roncar.

Após um curto silêncio.

---

1. As tensões entre senhores e escravos tendiam a se acirrar em tempos de guerra, pois temia-se que os últimos desertassem para o lado inimigo. A peça é contemporânea à Guerra do Peloponeso, que, durante três décadas, contrapôs as duas maiores cidades gregas, Atenas e Esparta, e seus aliados.

Mas coitado de mim! Não posso dormir, atormentado pelas despesas, pelo custo das cocheiras e dos cavalos e pelas dívidas contraídas por meu filho para sustentar tudo isso! Exibindo sua longa cabeleira ele monta a cavalo, guia um carro, sonha com cavalos, enquanto eu estou minguando ao ver a lua trazendo os dias dos vencimentos,[2] ao mesmo tempo que as dívidas e os juros se amontoam.

Acordando um dos escravos.

Acenda a lâmpada, cara! Vá buscar meu livro de contas! Quero ler os nomes de todos os meus credores e calcular logo os juros!

O escravo obedece.

Ai de mim! Vejamos as minhas dívidas: doze minas[3] a Pasias... Por que doze minas a Pasias? Por que pedi emprestadas essas minas? Foi quando comprei um certo cavalo... Por que não acertei uma pedrada no olho dele?

FIDIPIDES
Sonhando.

Você está me tapeando, Fílon! Mantenha a sua posição!

STREPSIADES
É esta a minha perdição! Mesmo dormindo ele sonha com cavalos e nada mais!

FIDIPIDES
Ainda sonhando.

Quantas guinadas vão dar os carros de guerra?

---

2. O calendário grego era lunar, e no fim do mês se deviam saldar as dívidas e pagar os juros referentes aos empréstimos.
3. A mina era uma moeda de prata grega equivalente a cem dracmas. Para se ter ideia do que representava a dívida de Strepsiades, estima-se que uma família média gastasse meio dracma para sua manutenção diária.

STREPSIADES
Quantas vezes você me faz dar "guinadas", eu, seu pai?

Lendo o livro de contas.

Mas vejamos: a quem devo pedir dinheiro emprestado depois desse Pasias? Três minas por um banquinho para o carro, e um par de rodas a Aminias...

FIDIPIDES
Ainda sonhando.

Traga o cavalo para a cocheira depois de fazer o bicho rolar no chão!

STREPSIADES
Sou eu que você obriga a rolar para longe de meus bens, meu caro! Já fui condenado a pagar contas, e outros credores me ameaçam de tomar o que me resta para garantia das dívidas.

FIDIPIDES
Acordando.

Por que, meu pai, você tem de fazer essas coisas desagradáveis em plena noite, rolando na cama o tempo todo?

STREPSIADES
É a ferroada de... um oficial de justiça que me obriga a sair debaixo do cobertor.

FIDIPIDES
Me deixe dormir um pouco, homem possuído pelo diabo!

FIDIPIDES torna a adormecer.

STREPSIADES

Durma, então, mas fique sabendo que todas essas dívidas um dia vão cair em cima de sua cabeça! Ah! Por que não morreu miseravelmente a fofoqueira que pôs em minha cabeça a ideia de me casar com sua mãe? Eu levava uma vida feliz de caipira; minha existência era simples e dura, sem frescuras; eu tinha uma porção de colmeias, ovelhas, bagaço de azeitonas... De repente me casei com a sobrinha de Megaclés,[4] filho do nobre Megaclés, eu, um caipira, e ela uma moça da cidade, uma senhorita, uma pretensiosa, metida a grande dama. No dia do casamento, ao lado dela na mesa, eu cheirava a vinho novo, a queijo ainda nas formas, a lã tosada pouco tempo antes – a abundância!; ela cheirava a perfumes, a açafrão, a beijos amorosos – despesas, ambição! –, devota de Afrodite,[5] padroeira do peru e das atividades dele. Não quero dizer que ela era preguiçosa; ao contrário, as mãos dela estavam sempre ocupadas, e eu mostrava a ela o meu manto com alguma coisa dura por baixo, aproveitando para dizer: "Você sabe mexer muito bem com as mãos, mulher!"

O lampião apaga-se.

ESCRAVO

Acabou o óleo do lampião, patrão!

STREPSIADES

Coitado de mim! Por que você acendeu este lampião que gasta óleo demais? Venha até aqui para eu lhe dar umas porradas!

ESCRAVO

Mas por que o senhor quer me dar porradas, patrão?

STREPSIADES

Porque você pôs uma mecha muito grossa no lampião.

---

4. O nome Megaclés está documentado em Atenas, mas, ao que tudo indica, Aristófanes o escolheu menos para zombar de um indivíduo em particular e mais com o intuito de explorar seu significado: pode ser traduzido por "Megafamoso" (ou, numa versão mais ousada, "Vip"), o que condiz bem com o sogro aristocrata de Strepsiades.
5. A deusa do amor na mitologia grega, Afrodite corresponde à Vênus dos latinos.

O ESCRAVO afasta-se com o lampião.

STREPSIADES
Continuando a monologar.

Logo depois do nascimento deste filho meu e de minha muito boa
esposa, eu e ela discutimos sobre o nome a dar a ele. Ela queria que o
nome tivesse alguma coisa que lembrasse "cavalo":[6] Xântipo, Cáripo
ou Calipides. Eu, pensando no avô dele, queria que fosse Fidonides.[7]
A discussão durou muito tempo, mas finalmente a gente concordou
com Fidipides.[8] Ensinando a ele as palavras a mãe dizia: "Quando você
for grande e guiar seu carro para ir à cidade, como Megaclés, vestindo
uma túnica da cor de púrpura..." E eu dizia: "Em vez disso, quando
você trouxer as cabras do monte Fileu, como seu pai, vestido com
uma pele de cabra..." Mas ele não quis de jeito nenhum ouvir minhas
palavras e atropelou meus bens com seus cavalos. Agora, obrigado
a procurar durante toda a noite a melhor saída, só achei uma: um
caminho divinamente maravilhoso; se eu puder convencer meu filho
a seguir esse caminho, estou salvo!... Mas antes tenho de acordar este
dorminhoco. Como devo agir para despertar Fidipides da maneira
mais agradável possível? Como? Fidipides! Meu Fidipidesinho!...

FIDIPIDES
Que é, meu pai?

STREPSIADES
Me abrace e me dê sua mão direita!

FIDIPIDES
Aqui está ela. Qual é o caso?

---

6. O composto *híppos* (cavalo, em grego) estava associado na Grécia aos nomes de famílias
aristocráticas, revelando status social elevado.
7. Além de ser habitual que o neto recebesse o mesmo nome do avô paterno, o significado
de Fidonides, "Poupador", também agrada ao pai.
8. Para contentar ambos os pais, o menino recebeu um nome misto, Fidipides, que pode
ser traduzido como "Poupador de cavalos", o que produz efeito irônico.

STREPSIADES
Me diga se você gosta de mim.

FIDIPIDES
Gosto sim, por Poseidon que está ali, o deus dos cavalos.

STREPSIADES
Não! Não me fale muito deste deus dos cavalos! Ele é a causa de minha desgraça. Mas se você quer mesmo bem a seu velho pai, meu filho, de todo o coração, faça o que eu vou dizer.

FIDIPIDES
Que é que você quer que eu faça?

STREPSIADES
Mude completamente e o mais depressa possível seu modo de viver e aceite o que vou lhe recomendar.

FIDIPIDES
Então fale. Quais são as suas ordens?

STREPSIADES
Você vai me obedecer um pouquinho?

FIDIPIDES
Obedeço, sim, por Diôniso.

STREPSIADES
Fazendo um gesto com a mão na direção da casa de SÓCRATES.

Olhe para este lado; você está vendo aquela casinha e aquela portinha?

FIDIPIDES
Estou vendo. Que é que você quer dizer com isto, meu pai?

STREPSIADES
Ali é o "Pensatório", a escola dos espíritos sabidos. Lá dentro vivem pessoas que, falando a respeito do céu, nos convencem de que ele é um forno que cobre a gente e de que a gente é o carvão dele.[9] Aqueles caras ensinam os outros, se eles quiserem contribuir com algum dinheiro, a tornarem vitoriosas todas as causas, justas ou injustas, usando só as palavras.

FIDIPIDES
E quem são esses caras?

STREPSIADES
Não sei muito bem o nome deles; eles são pensadores-meditabundos e muito sérios.

FIDIPIDES
Agora eu sei quem são eles! Você está falando daqueles vigaristas, descalços e brancosos, daquela turma onde estão o maldito Sócrates e o Cairefon[10] maldito.

STREPSIADES
Cale a boca! Não diga bobagens! Mas se você se preocupa com seu pai e quer que ele tenha pão para comer, passe a ser um deles e abandone a sua cavalaria.

---

9. Strepsiades expõe de forma caricata teorias filosóficas em voga no seu tempo, com destaque para a conjectura do filósofo pré-socrático Hipon de que o ar abafaria a terra como um forno. O herói deduz, então, que os homens seriam os carvões, já que habitam o interior do forno.
10. Cairefon, ou Querofonte, amigo de Sócrates, satirizado com frequência na comédia por sua palidez e aspecto doentio.

FIDIPIDES

Não! Nem se você me oferecesse os faisões criados por Leagoras![11]

STREPSIADES

Escute o meu apelo! Você, que é a criatura mais querida por mim, vá aprender com eles!

FIDIPIDES

O que é que você deseja que eu aprenda com aquela gente?

STREPSIADES

O pessoal diz que eles usam dois raciocínios ao mesmo tempo: o justo e o injusto. Um desses raciocínios – o injusto – derrota o outro – o justo – defendendo as causas injustas. Então, se você me der o prazer de aprender esse raciocínio injusto, eu não vou pagar a ninguém um simples centavo de todas as dívidas que eu contraí por sua causa, meu filho.

FIDIPIDES

Não posso obedecer, pai; eu não ia ter coragem de aparecer com a cara pálida diante dos outros cavaleiros.[12]

STREPSIADES

Então você não vai comer mais à minha custa, nem você nem seus cavalos de carro, nem seus cavalos de montar! Eu vou pôr você para fora de casa! Vá para o inferno!

FIDIPIDES

Mas meu tio Megaclés não vai me deixar sem cavalos. Volto para a casa dele e não quero mais saber de você!

---

11. Leagoras era um ateniense rico, como revela sua criação de raros faisões. Era parente de Péricles e pai de Andócides, o orador.

12. Fidipides prezava seu bronzeado, signo de uma vida ao ar livre, dedicada às atividades físicas, compatível com sua classe social. Os filósofos, recolhidos ao Pensatório, adquiriam a palidez característica das mulheres e dos artesãos, de modo que seria motivo de vergonha para Fidipides ser confundido com eles.

STREPSIADES

Está bem! Por ter caído uma vez não vou ficar esticado no chão! Eu mesmo, depois de invocar os deuses, vou aprender o que você não quer. Vou já para o "Pensatório"!

Hesitante.

Mas como um velho gagá, com o espírito lerdo, pode aprender as frescuras dos raciocínios certinhos?

Decidido.

Mas tenho de ir! Por que estou aqui bobeando em vez de bater nesta porta?

PRÓLOGO, Cena 2

[Strepsiades vai ao Pensatório e é recebido por um dos discípulos, com quem se informa sobre as atividades ali praticadas. Avista Sócrates em uma cesta suspensa nos ares, ocupado com a observação do sol. Sócrates o aceita em sua escola, desde que ele renegue os deuses olímpicos e passe a venerar as Nuvens como divindades supremas. Com a concordância de Strepsiades, o filósofo roga que as Nuvens venham a sua presença. (p.292-303)]

STREPSIADES

Batendo na porta da casa de SÓCRATES.

Menino! Menininho!

DISCÍPULO DE SÓCRATES

Do interior da casa.

Quem está batendo na porta? Vá para o inferno!

STREPSIADES

Strepsiades, filho de Pandíon, do distrito de Cicina!

DISCÍPULO

Você é um mal-educado para ter batido com esta sem-cerimônia e com tanta força na porta, causando o aborto de uma ideia já concebida em minha mente!

STREPSIADES

Desculpe; moro longe, no campo. Mas me conte como foi o seu aborto.

DISCÍPULO

Isto só pode ser dito aos condiscípulos.

STREPSIADES

Diga sem medo, pois venho ao Pensatório para ser seu condiscípulo.

DISCÍPULO

Então vou dizer, mas é necessário manter estas coisas em segredo, como se fossem mistérios. Há pouco tempo Sócrates perguntou a Cairefon quantas vezes o tamanho de suas patas uma pulga salta (ela tinha picado Cairefon na sobrancelha e pulado até a cabeça de Sócrates).

STREPSIADES

E como ele mediu o pulo?

DISCÍPULO

De uma maneira muito engenhosa. Ele derreteu cera e em seguida, pegando a pulga, pôs a cera nas duas patas dianteiras dela; quando a cera esfriou formou botas da Pérsia[13] nas patinhas da pulga; depois mediu a distância com elas.

STREPSIADES

Quanta finura de espírito!

DISCÍPULO

Que significaria isso se você soubesse de outra ideia de Sócrates?

---

13. As botas produzidas na Pérsia eram muito apreciadas em Atenas.

STREPSIADES
Qual? Me diga, por favor!

DISCÍPULO
Cairefon de Sfetos perguntou se na opinião dele os mosquitos zumbem pela tromba ou pelo traseiro.

STREPSIADES
Qual foi a resposta de Sócrates quanto aos mosquitos?

DISCÍPULO
Ele disse que os intestinos dos mosquitos são muito finos; o cólon, sendo estreito, obriga o ar a passar com força diretamente até o traseiro; depois, saindo através do reto apertado, faz o ânus ressoar por causa da violência do sopro.

STREPSIADES
Então o traseiro dos mosquitos é uma trombeta! O autor desta descoberta é triplamente feliz! Com certeza, quem conhece bem o intestino pode escapar facilmente de uma condenação se for acusado...

DISCÍPULO
Há pouco tempo uma lagartixa atrapalhou uma indagação transcendental dele.

STREPSIADES
E como aconteceu isto? Me conte!

DISCÍPULO
Quando Sócrates observava a lua para estudar o curso e as evoluções dela, no momento em que ele olhava de boca aberta para o céu, do alto do teto uma lagartixa noturna, dessas pintadas, defecou na boca dele.

STREPSIADES

Que delícia! Uma lagartixa despejou toda a merda dela na boca escancarada de Sócrates!

DISCÍPULO

E ontem à noite não tínhamos o que comer.

STREPSIADES

E que trambique ele imaginou para dar comida a vocês?

DISCÍPULO

Ele espalhou sobre a mesa de um ginásio de esportes uma fina camada de cinzas, curvou uma haste de ferro e usou a haste como um compasso. Enquanto todos olhavam embasbacados ele escamoteou um manto para vender e com o dinheiro comprou comida.

STREPSIADES

Por que, então, vamos admirar o famoso Tales?[14] Abra! Abra já o Pensatório e me mostre logo esse Sócrates! Estou ansioso para ser discípulo dele. Abra a porta!

A porta é completamente aberta e se veem no interior outros discípulos de SÓCRATES *igualmente pálidos e cadavéricos.* STREPSIADES *continua.*

De onde vieram estas bichas?

DISCÍPULO

De que você se admira? Com quem você acha que eles se parecem?

---

14. Tales de Mileto era considerado um dos Sete Sábios da Grécia. Seu nome é usado nesta comédia como sinônimo de gênio.

STREPSIADES

Com os prisioneiros lacônios de Pilos.[15] Mas por que eles olham tanto para o chão?

DISCÍPULO

Eles procuram o que existe embaixo da terra.

STREPSIADES

Então eles procuram cebolas.

Dirigindo-se aos discípulos.

Não sofram por isso! Sei onde vocês podem encontrar grandes e bonitas. E aqueles ali, recurvados para o chão, que estão fazendo?

DISCÍPULO

Eles investigam o Érebo até as profundezas do Tártaro.[16]

STREPSIADES

Por que, então, o olho traseiro deles fica contemplando o céu?

DISCÍPULO

Eles aprendem ao mesmo tempo astronomia com os respectivos traseiros.

Dirigindo-se aos discípulos próximos à porta.

Entrem, para que o mestre não veja vocês aí!

---

15. Em 425 a.C., os atenienses capturaram uma tropa de soldados espartanos (também denominados lacônios ou lacedemônios) em Pilos. Os prisioneiros foram mantidos em Atenas até 421 a.C., quando se celebrou a paz de Nícias. É de se supor que as más condições do cativeiro justifiquem a comparação de Strepsiades.

16. Um dos elementos primordiais da cosmogonia grega, o Tártaro seria identificado com a região mais profunda do universo, abaixo mesmo do Hades. Filho do Caos, o Érebo personifica a escuridão das regiões inferiores.

STREPSIADES
Ainda não! Ainda não! Deixe os moços aí. Vou falar com eles sobre um probleminha meu.

DISCÍPULO
Mas eles não podem ficar ao ar livre, fora do Pensatório, durante muito tempo.

STREPSIADES
Notando alguns objetos estranhos.

Que coisas esquisitas são estas? Diga!

DISCÍPULO
São instrumentos relacionados com a astronomia.

STREPSIADES
Apontando para outro objeto estranho.

E este aqui, para que serve?

DISCÍPULO
Também para o estudo da astronomia.

STREPSIADES
E para que serve aquele outro?

DISCÍPULO
Para medir a terra.

STREPSIADES
As terras separadas em lotes?

DISCÍPULO

Não; a terra inteira.

STREPSIADES

O que você está dizendo é interessante... A ideia é democrática e boa.

DISCÍPULO

Mostrando um mapa.

Aqui está, diante de você, a terra toda. Você está vendo?
Atenas fica neste ponto.

STREPSIADES

Que é que você está dizendo? Não acredito, pois não vejo juízes
reunidos em sessão nos tribunais.[17]

DISCÍPULO

Pois isto representa fielmente todo o território da Ática.

STREPSIADES

E onde vivem os cicínios, meus conterrâneos de distrito?

DISCÍPULO

Eles estão ali, e como você pode ver a Eubeia é aqui, estendendo-se
ao longo da costa, muito comprida, indo bem longe.

STREPSIADES

Eu sei; nós e Péricles demos um puxão de orelha na Eubeia.[18]
Mas onde está a Lacedemônia?[19]

---

17. A democracia ateniense era sustentada por um vasto aparelho jurídico, que envolvia de
forma apaixonada grande parte dos cidadãos. Daí Strepsiades não reconhecer sua cidade
quando os tribunais não estão representados no mapa.
18. Em 446 a.C., Péricles, chefe do governo ateniense no início da Guerra do Peloponeso,
reprimiu a revolta dos habitantes da Eubeia contra Atenas. É de se supor que Strepsiades
tenha participado dessa campanha.
19. Em virtude da guerra contra Esparta (ou Lacedemônia), Strepsiades quer mudá-la de
lugar no mapa, de modo a ficar bem distante de Atenas.

DISCÍPULO
Onde ela está? Aqui!

STREPSIADES
Como ela está perto de nós! Trate de afastá-la para muito longe!

DISCÍPULO
Mas isto não é possível!

STREPSIADES
Você vai sofrer por isto!

Vendo SÓCRATES.

Olhe ali! Quem é aquele cara que está empoleirado naquela cesta suspensa no ar?

DISCÍPULO
É ele!

STREPSIADES
É ele quem?

DISCÍPULO
Com ar de beatitude.

Sócrates!

STREPSIADES
Alô, Sócrates!

Dirigindo-se ao DISCÍPULO.

Chame você bem alto!

DISCÍPULO
Chame você mesmo; não tenho tempo.

Sai o DISCÍPULO.

STREPSIADES
Sócrates! Socratesinho!

SÓCRATES
Suspenso numa cesta.

Por que me chama, criatura efêmera?

STREPSIADES
Para início de conversa, o que é que você está fazendo aí?

SÓCRATES
Percorro os ares e contemplo o sol.

STREPSIADES
Você está olhando dessa cesta os deuses daí de cima, e não a terra, como devia!

SÓCRATES
De fato, nunca eu poderia distinguir as coisas celestes se não tivesse elevado meu espírito e misturado meu pensamento sutil com o ar igualmente sutil. Se eu tivesse ficado na terra para observar de baixo as regiões superiores, jamais teria descoberto coisa alguma, pois a terra atrai inevitavelmente para si mesma a seiva do pensamento. É exatamente isto que acontece com o agrião.

STREPSIADES
Que papo é este? O pensamento atrai a seiva do agrião? Calma, meu Socratesinho! Desça até onde eu estou, para me ensinar as coisas que vim aprender aqui.

SÓCRATES

Descendo no balão até o chão.

Com que intenção você veio até aqui?

STREPSIADES

Eu quero aprender a falar bem. Por causa dos juros e
dos credores teimosos estou sendo roubado, saqueado!
Tudo que eu tinha foi penhorado!

SÓCRATES

E como você se endividou sem perceber?

STREPSIADES

Uma doença me consumiu – a dos cavalos, roedora terrível.
Mas me ensine um de seus raciocínios, um que possa me livrar de
devolver seja lá o que for; eu juro que pago o preço que você quiser;
juro pelos deuses!

SÓCRATES

Mas você também jura pelos deuses? Para início de conversa, aqui
entre nós não existe esta moeda.

STREPSIADES

E como vocês juram? Será com pedaços de ferro, como em Bizâncio?[20]

SÓCRATES

Você quer conhecer claramente as coisas divinas e saber exatamente o
que elas são?

---

20. Ao ouvir de Sócrates que os deuses eram moeda desusada, Strepsiades pensa que
foram substituídos pelas moedas de ferro, empregadas em Bizâncio.

STREPSIADES

Quero, se isto é possível.

SÓCRATES

É, sim, entrando em contato com as Nuvens, nossas divindades.

STREPSIADES

Seja o que os deuses quiserem!

SÓCRATES

Então sente-se no banquinho sagrado.

STREPSIADES

Pronto! Já estou sentado!

SÓCRATES

Segure agora esta coroa.

STREPSIADES

Para que esta coroa? Ora, Sócrates! Não vá fazer de mim um outro
Atamas para me sacrificar depois![21]

SÓCRATES

Não tenha medo; fazemos isto com todos os iniciados.[22]

---

21. Atamas foi um rei beócio prometido em sacrifício a Zeus, mas salvo no último momento por Heraclés. Sófocles compôs uma tragédia com esse nome, da qual restam fragmentos.

22. Toda a cerimônia que marca o ingresso de Strepsiades no Pensatório remete aos mistérios de Elêusis, em que as deusas Deméter e Perséfone eram adoradas. Neles admitiam-se apenas os iniciados, que haviam se submetido a rituais de caráter secreto. A entronização e a coroação são etapas da iniciação. Sócrates é equiparado ao sacerdote e as nuvens, por ele evocadas, são as divindades cultuadas.

STREPSIADES
O que é que eu vou ganhar com isso?

SÓCRATES
Você passará por um moinho de palavras e sairá dele espertíssimo, fino como a flor da farinha de trigo.

STREPSIADES
Não vá me enganar! Vocês vão me reduzir a pó, transformado em flor de farinha de trigo.

SÓCRATES
Você terá de se concentrar, meu velho, e ouvir a minha prece: "Mestre soberano, ar infinito que manténs a terra suspensa no espaço, éter brilhante, e vós, veneráveis deusas, Nuvens que transportais o trovão e o raio, vinde, aparecei, soberanas do alto dos ares, ao pensador!"

STREPSIADES
Ainda não!

Transformando o manto em capuz.

Antes quero me proteger com isto para não ficar encharcado. E eu, que saí de casa sem apanhar uma capa – coitado de mim!

SÓCRATES
"Vinde, então, Nuvens venerabilíssimas! Mostrai-vos a este homem! Quer estejais sentadas no cume sagrado do Olimpo castigado pela neve, quer estejais nos jardins do Oceano, vosso pai, formando um coro sagrado com as Ninfas, ou bebendo nas bocas do rio Nilo suas ondas em cântaros de ouro, ou ainda se estiverdes no lago Meótis, ou no rochedo coberto de neve do Mimas,[23] escutai minha prece, recebei minha oferenda, e que os ritos sagrados vos agradem!"

Ouve-se ao longe o CORO *das Nuvens, entrecortado por estrondos de trovões.*

---

23. O lago Meótis é o atual mar de Azov. Mimas era um promontório situado na Iônia.

PÁRODO
[Ouve-se fora de cena o canto do Coro, em resposta à invocação de Sócrates. As Nuvens anunciam sua aproximação da cidade de Atenas, cuja glória celebram em seu canto. (p.304)]

CORO
Nós, as Nuvens jamais exauridas, apareçamos, apareçamos aos olhares dos homens como vapores, em fáceis movimentos! Deixando o Oceano, nosso pai estrondoso, dirijamo-nos aos cumes arborizados das altas montanhas, para atingir depois os píncaros visíveis à distância, e a terra bem aguada, e os rios divinos de águas murmurantes e o mar com seu ronco surdo; o olho do Éter[24] brilha incansável no resplendor de seus raios. Mas dissipemos a brumosa chuva que envolve nossas formas imortais, e contemplemos a terra com o nosso olhar longevidente.

CENAS EPISÓDICAS I, Cena 1
[Sócrates discorre sobre a natureza das Nuvens, entidades capazes de tornar os homens hábeis oradores, e Strepsiades começa a sentir o efeito de sua aproximação. O Coro de Nuvens finalmente adentra a orquestra e o velho camponês se surpreende em vê-las na forma de mulheres, e não de vapor ou flocos de lã. Segundo Sócrates, isso acontece porque elas têm o poder de assumir o aspecto que quiserem. Também explica que elas são as únicas deusas verdadeiras, pois detêm os atributos normalmente associados a Zeus, o raio e o trovão. (p.304-13)]

SÓCRATES
Obviamente ouvistes meu apelo, Nuvens venerabilíssimas!

Dirigindo-se a STREPSIADES.

Você percebeu a voz delas misturada aos mugidos sagrados do trovão?

---

24. O olho do Éter é metáfora para o sol.

STREPSIADES

Imitando no princípio o tom solene das Nuvens e de SÓCRATES.

Ouvi e vos adoro, augustas divindades, e quero responder com um estrepitoso peido aos trovões que me fazem tremer de medo. Com licença dos deuses, agora mesmo – e mesmo sem a licença deles – tenho de me aliviar!

SÓCRATES

Não fique aí gracejando, como esses malditos poetas cômicos que você conhece muito bem; seja bem-falante, pois um grupo numeroso de deusas aproxima-se cantando.

CORO

Ainda invisível aos atores.

Nós, virgens portadoras da chuva, voamos para a terra esplêndida de Palas, pátria de heróis, terra amável de Cêcrops,[25] onde celebram-se ritos sagrados. Lá, para receber os iniciados, um santuário se abre em sacrossantas cerimônias, enquanto se fazem oferendas aos deuses do céu. Lá se erguem templos de altas cumeeiras cheios de estátuas; lá realizam-se sacratíssimas procissões aos deuses bem-aventurados, e com belas coroas realizam-se em todas as estações do ano sacrifícios e festas em honra das divindades; a primavera traz a festa de Brômio,[26] a consagração dos coros melodiosos e o som penetrante das flautas.

STREPSIADES

Me diga, Sócrates: quem são estas mulheres que cantam estes hinos bacanas? São fantasmas?

---

25. Atenas era frequentemente referida em poesia como a cidade de Palas, em referência a deusa Atena, sua padroeira. Também era conhecida como cidade de Cêcrops, um dos seus reis lendários. Metade humano, metade cobra, Cêcrops teria nascido da terra, dando origem ao mito da autoctonia ateniense.

26. Brômio, que significa "estrondoso", é epíteto de Dioniso.

SÓCRATES

De modo nenhum! São as Nuvens celestes, grandes deusas dos ociosos; elas nos oferecem o saber, a dialética, o entendimento, a linguagem elevada e verbosa, a arte de comover e de enganar.

STREPSIADES

É por isso, então, que depois de ouvir a voz delas minha alma levantou voo e já tem a pretensão de ser refinada, de tagarelar sobre a fumaça, de responder a uma frase com outra frase mais certinha, de rebater um argumento! Por isso, se for possível quero ver afinal essa gente frente a frente.

SÓCRATES

Olhe então para cá, para o lado do monte Parnes; já posso vê-las descendo lentamente; são elas.

STREPSIADES

Diga onde! Mostre!

SÓCRATES

Elas avançam em grande número através dos vales e dos bosques, ali, daquele lado!

STREPSIADES

Como são elas? Não consigo ver essas deusas.

SÓCRATES

Elas já estão perto da entrada.

STREPSIADES

Até que enfim estou começando a ver algumas delas!

Aparecem as Nuvens do CORO, *personificadas por mulheres vestidas com tecidos vaporosos.*

SÓCRATES

Com certeza você pode vê-las agora, a não ser que tenha nos olhos pedaços de remela do tamanho de sementes de abóbora.

STREPSIADES

Sim, já estou vendo! Salve, ilustríssimas! Elas já enchem toda a cena!

SÓCRATES

Mas você não sabia que elas eram deusas e não acreditava nelas.

STREPSIADES

Não; eu pensava que elas eram uma névoa, orvalho, fumaça.

SÓCRATES

Mas você não sabe que elas sustentam um bando de sofistas, de adivinhos, médicos charlatães, cabeludos, bichas ocupadas apenas com seus anéis e suas unhas, fabricantes de versos para os coros cíclicos,[27] mistificadores aéreos, malandros nutridos por elas para nada fazerem, apenas para cantá-las em seus versos.

STREPSIADES

É por isso, então, que eles celebram em seus poemas "o tumultuoso ímpeto das úmidas nuvens cheias de relâmpagos ofuscantes, os cabelos arrepiados de Tífon de cem cabeças, o sopro estrondoso das tempestades", e ainda "o voo das nuvens pelos ares, pássaros de bicos curvos nadando nos ares, trombas-d'água caindo do céu". E como pagamento de seus poemas eles devoram "fatias de mulas gordas e suculentas e delicadas carnes de tordos".

SÓCRATES

Graças a elas, com certeza. Não é justo?

---

27. Sócrates associa as nuvens à linguagem e, por isso, são consideradas protetoras dos poetas, adivinhos, oradores e outros profissionais da palavra.

STREPSIADES
Então me diga: por que elas, se de fato são nuvens, parecem com mulheres, simples mortais? As nuvens lá de cima não são assim.

SÓCRATES
Vejamos: como são elas?

STREPSIADES
Não sei muito bem, mas uma coisa é certa: elas parecem com grandes flocos de lã, e não com mulheres; de jeito nenhum!

SÓCRATES
Então responda às minhas perguntas.

STREPSIADES
Diga logo o que você quer saber.

SÓCRATES
Você já viu, quando olha para cima, nuvens parecidas com um centauro, com um leopardo, ou com um lobo, ou com um touro?

STREPSIADES
Já vi, sim. Que significa isso?

SÓCRATES
Elas transformam-se no que desejam; se veem alguém com uma longa cabeleira, um desses monstros cabeludos como o filho de Xenofanto, elas tomam a forma de centauro para zombar de sua paixão mórbida por si mesmos.

STREPSIADES
E se veem um ladrão dos dinheiros públicos – Símon, por exemplo –, que fazem elas?

SÓCRATES
Para mostrar a natureza verdadeira dele, elas se transformam imediatamente em lobos.

STREPSIADES
Então é por isso que, vendo ontem Cleônimo,[28] elas transformaram-se no mesmo instante em veados!...

SÓCRATES
E agora que elas viram Clistenes,[29] você poderá vê-las num instante com a forma de mulheres.

STREPSIADES
Então salve, madames! E agora, se vocês nunca fizeram isso para outro qualquer, cantem para mim por toda a vastidão do céu, rainhas do mundo!

CORO
Dirigindo-se a STREPSIADES.

Salve, coroa, homem dos tempos antigos, seguindo fervorosamente os discursos tão apreciados das Musas!

Dirigindo-se a SÓCRATES.

E você, pontífice dos palavrórios mais sutis, diga-nos o que deseja.

---

28. O político ateniense Cleônimo, contemporâneo de Aristófanes, é constantemente zombado nas comédias aristofânicas por sua covardia, o que justifica a comparação com um animal assustadiço como o veado.
29. Clístenes, político ateniense contemporâneo de Aristófanes, é alvo frequente de zombaria por seus modos afeminados.

Não prestaríamos atenção a nenhum outro dos sofistas de hoje, que vivem com a cabeça na estratosfera, excetuando apenas Pródico,[30] por sua sabedoria e erudição, e a você, por seu andar soberbo nas ruas, por seu modo de olhar para os lados, pelos sofrimentos que suporta andando descalço, por sua confiança em nós, por sua pose imponente.

STREPSIADES
Que vozes divinas, solenes, prodigiosas!

SÓCRATES
É porque, como você está vendo, somente elas são deusas legítimas. Todas as outras são apenas frivolidade.

STREPSIADES
Mas você vai me dizer que Zeus Olímpico não é um deus?

SÓCRATES
Que Zeus? Não zombe de mim! Zeus não existe.

STREPSIADES
Que é que você está dizendo? Então, quem faz chover? Explique isto antes de mais nada.

SÓCRATES
Apontando para o CORO.

Elas, com certeza. E eu vou dar provas disto. Você já viu algum dia cair chuva sem haver nuvens no céu? Para que fossem os deuses seria necessário que chovesse com o céu sereno e sem que elas estivessem lá.

---

30. Pródico foi um sofista contemporâneo de Sócrates, cujas lições eram muito reputadas. É irônico que as nuvens comparem o filósofo ao sofista, já que a reputação deles em Atenas era proporcionalmente inversa.

STREPSIADES

É mesmo! Aí está, sem dúvida, um bom argumento que você apresenta a respeito da questão de que estamos tratando!... E eu, que até agora acreditava bobamente que Zeus mijava através de uma peneira! Mas diga quem produz o trovão, esse trovão que me deixa borrado de medo!

SÓCRATES

São nuvens que estrondam rolando umas por cima das outras.

STREPSIADES

Como? Diga, você que é tão atrevido!

SÓCRATES

Quando elas são compelidas a mover-se cheias d'água, caindo pesadamente umas sobre as outras, rebentam estrondosamente.

STREPSIADES

Mas quem, senão Zeus, obriga as nuvens a se mexerem?

SÓCRATES

De modo nenhum; é um turbilhão etéreo que as move.

STREPSIADES

Turbilhão? Eu não sabia que Zeus não existe, e que o Turbilhão reina agora no lugar dele. Mas você não ensinou coisa alguma até agora a respeito do estrondo do trovão.

SÓCRATES

Você é surdo? Eu disse que as nuvens cheias d'água caem umas sobre as outras e provocam esse estrondo por causa de sua densidade.

STREPSIADES

Como é que eu vou acreditar nisto?

SÓCRATES

Vou lhe ensinar usando você mesmo como exemplo. Já lhe aconteceu, ou
não, ficar entulhado de comida nas Panateneias,[31] e ter perturbações no
ventre e ouvir de repente dentro dele um barulho prolongado?

STREPSIADES

Já ouvi, sim; fiquei perturbado e, como se fossem trovões, as comidas
provocavam um barulho infernal; primeiro em surdina: papax, papax;
depois mais alto: parapapax, parapapax; e quando eu me aliviei foi um
trovão: mais parapapax.

SÓCRATES

Imagine, então, que com a sua simples barriguinha você solta cada
petardo! E o ar aqui fora, que não tem limites, não é natural que ele
troveje estrondosamente?

STREPSIADES

É por isso, então, que as palavras "peidar" e "trovejar" terminam em
"...ar"? Mas, por outro lado, de onde vem o raio com seu fogo brilhante?
Então me diga também por que, quando ele atinge a gente, mata
alguns de nós e deixa outros vivos, embora chamuscados?

SÓCRATES

Você é mesmo um velho gagá, contemporâneo de Cronos,[32] vivendo
no mundo da lua! Como, se ele alveja os perjuros, ainda não fulminou
Símon, Cleônimo e Teoro?[33] Todos eles são perjuros. Mas ele atinge

---

31. As Panateneias eram festivais anuais que os atenienses celebravam em honra de Atena,
sua padroeira. Além de uma procissão solene, incluía também banquetes.
32. Um dos deuses mais antigos da mitologia grega, filho de Urano e Gaia (o Céu e a
Terra) e pai de Zeus.
33. Símon, Cleônimo e Teoro, três contemporâneos do poeta que marcavam presença
nas assembleias. Mais importante do que estabelecer a identidade desses indivíduos é

seu próprio templo em Súnion, promontório perto de Atenas, e os carvalhos altaneiros. Que ideia! Afinal um carvalho não é perjuro!

STREPSIADES
Não sei, mas você parece saber das coisas... Que é um raio, então?

SÓCRATES
Quando sobe um vento seco em direção às nuvens e fica confinado nelas, ele as enche de ar como se elas fossem uma bexiga soprada; em seguida ele as perfura e escapa-se violentamente mediante expansão, e se inflama por causa de sua violência estrepitosa.

STREPSIADES
Foi exatamente isso que aconteceu em certo dia de festa religiosa. Eu assava as tripas de uma vítima de sacrifício para minha família. Mas eu tinha esquecido de abrir as tripas e elas cresceram, e depois, de repente, estouraram, lançando nos meus olhos o "recheio" delas e chamuscando meu rosto.

CENAS EPISÓDICAS I, Cena 2
[As Nuvens aceitam tornar Strepsiades imbatível na argumentação, desde que passe a venerá-las. Sócrates testa os conhecimentos do velho camponês e, mesmo desapontado com sua limitação, entra com ele na escola para proceder à sua instrução. (p.313-9)]

CORIFEU
Dirigindo-se a STREPSIADES.

Você, que deseja aprender de nós a alta sabedoria, será muito feliz entre os atenienses e todos os gregos se tiver boa memória, se souber meditar, se a perseverança morar em sua alma, se você não se cansar de ficar em pé nem de marchar, se souber suportar o frio sem

---

perceber a acusação que se faz contra eles, a de cometer perjúrio. Vale lembrar que um dos motivos que levaram à condenação de Sócrates foi sua suposta impiedade.

resmungar, se puder passar sem comer na hora do almoço, se puder passar sem as academias de ginástica e outras bobagens, se aspirar ao bem supremo, como convém a um homem inteligente, e a sobressair na ação, nas assembleias e nos combates verbais.

STREPSIADES
Dirigindo-se a SÓCRATES.

Se é necessário ter a alma resistente, uma perseverança inimiga do sono, o estômago moderado, acostumado a privações, me contentando com uma salada no jantar, não tenha cuidado nem receio, pois quanto a isto posso até servir de bigorna.

SÓCRATES
Você é capaz, de agora em diante, de acreditar apenas em nossos deuses – o Caos, as Nuvens e a Língua, somente estes três e mais nenhum?

STREPSIADES
Nunca mais vou pedir nada a outros, ainda que eles apareçam na minha frente, e não vou fazer sacrifícios, nem oferecer vinho ou incenso a eles.

CORIFEU
Agora diga o que espera de nós; fale confiantemente, pois você não deixará de conseguir o que deseja se nos honrar e reverenciar e se esforçar por ser esperto.

STREPSIADES
Só peço um favorzinho a vocês, madames: me concedam somente que eu passe na frente de todos os gregos uns vinte quilômetros em uma lábia esperta.

CORIFEU
Muito bem! Faremos isto. A partir de hoje ninguém imporá suas opiniões ao povo com maior facilidade que você.

STREPSIADES
Mas não me falem em apresentar propostas estrondosas. Não é isso que eu quero; meu único desejo é convencer os juízes a me favorecerem e me livrarem de meus credores.

CORIFEU
Seu desejo será satisfeito, pois suas aspirações são modestas. Vamos! Entregue-se confiantemente a nossos auxiliares!

STREPSIADES
Vou seguir os conselhos de vocês. A necessidade me obriga, por causa dos cavalos de meu filho e de meu casamento, que me arruinaram. Agora vocês podem fazer de mim o que quiserem; entrego a vocês este meu corpo para espancarem, para me deixarem faminto, morto de sede; podem me sujar, gelar, arrancar a minha pele para fazer dela um saco, desde que eu me livre de minhas dívidas e tenha na cidade a reputação de ser atrevido, bem-falante, sem-vergonha, indecente, amontoador de mentiras, dominador das palavras, vencedor de questões nos tribunais, conhecedor das leis, barulhento, esperto como uma raposa, trapalhão da cabeça aos pés, leve como a lã, escorregadio, fanfarrão, insensível aos golpes, canalha, malandro, intratável, lambedor de pratos; se todas as pessoas que me encontrarem me cumprimentarem com estes nomes, meus professores podem me tratar como quiserem, e se desejarem façam de mim um pudim para servir aos pensadores!

CORIFEU
Dirigindo-se ao CORO.

Nosso homem, a quem não falta atrevimento, tem uma vontade, um coração decidido.

Dirigindo-se a STREPSIADES.

Fique sabendo: quando você tiver aprendido tudo isso de nós, sua glória entre os mortais se elevará aos céus.

STREPSIADES
Que vai acontecer comigo?

CORIFEU
Você levará conosco a vida mais feliz de todas durante o resto de seus dias.

STREPSIADES
Será que um dia vou ver isto?

CORIFEU
De tal maneira que muitas pessoas virão sentar-se na porta de sua casa para conversar com você e levar a seu conhecimento questões e processos judiciais envolvendo muito dinheiro, dignos de sua atenção, sobre os quais irão querer trocar ideias com você.

Dirigindo-se a SÓCRATES.

Vamos! Tente iniciar o velho naquelas coisas que você quer ensinar! Sonde a inteligência dele! Ponha à prova o raciocínio dele!

SÓCRATES
Dirigindo-se a STREPSIADES.

Vejamos; mostre-nos o seu caráter para que, ciente de como ele é, eu saiba como devo disparar os meus projéteis em sua direção.

STREPSIADES
Que é isto? Você está pensando em me assaltar?

SÓCRATES

Nada disto! Quero somente lhe fazer algumas perguntinhas. Você tem boa memória?

STREPSIADES

Depende; se alguém me deve, me lembro muito bem, mas se eu devo – ai de mim! – esqueço completamente!

SÓCRATES

Você tem facilidade para aprender?

STREPSIADES

A falar bem, não, mas a enganar, tenho.

SÓCRATES

Então, como você vai aprender?

STREPSIADES

Não esquente a cabeça; vai dar tudo certo.

SÓCRATES

Quando eu lhe ensinar alguma coisa sábia sobre assuntos celestes, trate de pegá-la imediatamente.

STREPSIADES

Essa é boa! Tenho de pegar a sabedoria como se eu fosse um cachorro?

SÓCRATES

Que homem ignorante e bárbaro! Receio muito, meu velho, que você tenha necessidade de levar umas pancadas. Vejamos: que faz você quando lhe dão pancadas?

STREPSIADES
Recebo as pancadas; depois de esperar um pouco, procuro
testemunhas; logo depois entro com um processo na Justiça.

SÓCRATES
Então, tire seu manto.

STREPSIADES
Fiz alguma coisa errada?

SÓCRATES
Não, mas a norma aqui é entrar nu.

STREPSIADES
Mas não entrei aqui para ser examinado!

SÓCRATES
Tire! Chega de jogar conversa fora!

STREPSIADES
Tirando o manto.

Me diga o seguinte: se eu for um discípulo esperto e aplicado nos
estudos, com qual de seus discípulos atuais vou me parecer?

SÓCRATES
Você não será diferente de Cairefon quanto ao físico.

STREPSIADES
Coitado de mim! Então vou me parecer com um quase defunto?

SÓCRATES
Chega de conversa mole! Venha depressa e me siga até ali!

STREPSIADES
Ponha primeiro em minhas mãos um bolo de mel, pois tenho medo de entrar ali, como se estivesse descendo para o antro de Trofônio.[34]

SÓCRATES
Ande! Por que você hesita diante da porta?

Os dois entram.

CORIFEU
Vá e seja feliz por sua coragem! Boa sorte para o homem que, nesta idade já avançada, quer encharcar seu espírito de ideias novas e cultivar a sabedoria.

PARÁBASE I
[O poeta, através do Coro momentaneamente despojado da condição de nuvens, dirige-se aos espectadores para fazer a defesa de sua comédia e pedir os votos dos juízes do concurso dramático. Em seguida, o Coro volta a encarnar as Nuvens. Dividindo sua fala em dois semicoros, celebra os deuses tradicionais e lista os benefícios que as Nuvens e a Lua trazem à cidade. (p.319-23)]

PARÁBASE[35]
Direi francamente a verdade a vocês, espectadores, invocando Diôniso,[36] de quem sou discípulo. Queiram os deuses que eu seja o vencedor e seja considerado um bom poeta! Conhecendo o

---

34. O antro de Trofônio era um centro de peregrinação na Beócia. Para consultar o oráculo era preciso adentrar a caverna repleta de cobras, às quais se ofertavam bolos de mel.
35. Como se deduzirá de sua leitura, essa seção da comédia foi reelaborada pelo poeta posteriormente à estreia da comédia, cuja recepção menciona. Também é pouco frequente o uso da primeira pessoa do singular, embora seja esperável que o coro atue aqui como porta-voz do comediógrafo.
36. Dioniso era o deus patrono do teatro.

discernimento de vocês, e convencido de que esta comédia,[37] feita por mim há algum tempo com muito cuidado, era a melhor de minhas obras, achei que devia submetê-la ao julgamento do bom gosto de vocês em outra ocasião. Entretanto, fui vencido por rivais menos capazes. Queixo-me desta injustiça de vocês, juízes esclarecidos, para os quais eu escrevo. Mas isto jamais será para mim motivo para menosprezar a opinião dos espectadores de discernimento. Com efeito, desde que, neste mesmo lugar, meu Virtuoso e meu Devasso[38] receberam uma acolhida muito favorável de juízes diante dos quais é uma ventura comparecer, fui compelido pela segunda vez a enjeitar minha criança (sendo ainda virgem na época, não me era permitido ter filhos...).[39] Mas outra mãe a adotou e vocês generosamente a nutriram e criaram; desde aquela época eu contava cegamente com a benevolência de vocês. Hoje, então, esta comédia é encenada, como uma outra Electra, e procura com os olhos seus amigos antigos; ela saberá reconhecer à primeira vista os cabelos de seu irmão.[40] Observem sua modéstia e sua decência; ela é a primeira que não vem ostentando um pênis feito de couro, com a cabeça vermelha e enorme, para fazer as crianças rirem. Ela não se diverte tampouco ridicularizando os carecas, nem dançando lambada; ela não recorre ao velho que, dizendo seus versos, espanca com um bastão todos que estão a seu alcance, impingindo suas brincadeiras de mau gosto. Ela não avança pela cena com uma tocha na mão gritando "iê! iê!"; ela confia apenas em si mesma, em seus versos. Quanto a mim, que sou o autor, tenho orgulho dela, e não tento enganar vocês apresentando duas ou três vezes o mesmo assunto. Invento sem cessar enredos novos, produtos de minha arte, cada um diferente do outro e todos agradáveis e alegres. Dei uma porrada na barriga de Clêon[41] frente a frente na

---

37. A referência aqui é à primeira versão de As nuvens, classificada em terceiro lugar nas Grandes Dionísias de 423 a.C.

38. Virtuoso e Devasso: personagens de Os convivas (427 a.C.), comédia de estreia de Aristófanes, reduzida hoje a fragmentos. Através dessa dupla de irmãos, o poeta representou os efeitos da educação tradicional e moderna, tema revisitado em As nuvens.

39. Com essa imagem, o poeta quer indicar que, quando da estreia de sua primeira comédia, não estava apto a participar oficialmente do concurso teatral, talvez por não ter ainda atingido a idade mínima, e que foi obrigado a ceder a produção a um colega.

40. Em As coéforas, tragédia da trilogia Oresteia, Ésquilo faz com que Electra deduza o retorno de Orestes, seu irmão, quando encontra um cacho de cabelos sobre o túmulo paterno. O comediógrafo alude com isso às semelhanças entre suas comédias, Os convivas e As nuvens, convidando os espectadores a reconhecerem o "parentesco" e estenderem à última a boa acolhida que a primeira recebeu.

41. Clêon, morto em 422 a.C., foi estratego, o equivalente grego a um general, durante a primeira parte da Guerra do Peloponeso. Representa bem os políticos demagogos que sucederam Péricles, que não pertenciam à aristocracia, mas exploravam pequenas indústrias (ele tinha um curtume). Aristófanes censurou-o em várias de suas comédias, com destaque para Cavaleiros.

época em que ele era onipotente, mas suspendi meus golpes quando o vi caído no chão. Meus rivais, depois que Hipérbolo[42] foi atacado, não se cansavam de tripudiar sobre o infeliz e sua mãe. Êupolis[43] apresentou pela primeira vez sua peça *Maricas*, onde imitou mediocremente meus *Cavaleiros*, acrescentando aos personagens uma velha embriagada dançando o côrdax,[44] personagem criada havia muito tempo por Frínico,[45] que um monstro marinho queria devorar. Hêrmipo[46] também atacou Hipérbolo, e agora todos os outros poetas o desancam, copiando a minha comparação com as enguias. Não ria nem goste de minhas peças quem ri das peças deles. Se sou agradável na opinião de vocês e se minhas criações proporcionam prazer, o bom gosto de vocês será elogiado no futuro.

PRIMEIRO SEMICORO

Invocamos primeiro em nosso coro o soberano das alturas, o rei dos deuses, o grande Zeus, e o poderoso senhor do tridente[47] que abala a terra e agita o mar feroz, e nosso pai muito famoso, o Éter venerável que mantém a vida no universo, e o condutor de corcéis, que com seus raios cintilantes envolve a terra, grande divindade entre os deuses e os mortais. Concedam-nos sua atenção, espectadores muito esclarecidos: desprezados por vocês, nós os recriminamos por isso face a face. Mais que a todos os deuses prestamos serviços à cidade, e entre as divindades somos as únicas a quem vocês não oferecem sacrifícios nem libações, a nós, que velamos por vocês. Faz-se uma expedição militar sem o mínimo de bom-senso, e logo estrondamos ou nos precipitamos em chuva fina. Depois quando o inimigo dos deuses, o curtidor de couro da Paflagônia, ia ser escolhido para general por vocês, levantamos as sobrancelhas e ficamos tremendamente indignadas, e entre relâmpagos

---

42. Hipérbolo, o comerciante de lamparinas, lançou-se na política e veio a suceder Clêon quando da sua morte (422 a.C.).

43. Êupolis foi um comediógrafo da geração de Aristófanes. Segundo Aristófanes, ele teria copiado o enredo de *Cavaleiros* (425 a.C.) na comédia *Maricas* (421 a.C.), com a diferença que, em vez de zombar de Clêon, satirizava Hipérbolo.

44. O côrdax é uma dança agitada e de caráter obsceno, típica da comédia antiga.

45. Frínico foi um comediógrafo da geração anterior à de Aristófanes, que teria sido alvo da paródia de Êupolis.

46. Hermipo foi outro poeta cômico que tinha Hipérbolo por alvo. Aristófanes alega que Hermipo e outros poetas copiaram a imagem que ele criou para caracterizar Clêon. Como os pescadores de enguias precisam revolver o lago para capturá-las, o político demagogo deve agitar a cidade para alcançar seus objetivos.

47. O tridente é um dos atributos de Posídon.

estrondou o trovão. A luz se afastou de seu caminho e o sol, contraindo instantaneamente sua mecha em si mesmo, recusou-se a luzir para vocês se Clêon fosse general. Ainda assim vocês o elegeram. De fato, dizem que as más resoluções são apanágio desta cidade, mas que os deuses fazem voltar-se a favor de vocês todas as faltas desse gênero que cometem. Ainda hoje será fácil para vocês perceberem o meio de tornar proveitoso o erro cometido. Se, após haver evidenciado a culpa de Clêon, essa gaivota de corrupção e de roubo, vocês apertassem o pescoço dele numa argola de ferro em seguida, de acordo com o hábito antigo, o caso mudaria de rumo para favorecer a cidade.

SEGUNDO SEMICORO

Esteja sempre a nosso lado, senhor Febo, deus de Delos, que domina o monte Cíntio com seu pico altaneiro, você e Ártemis felicíssima, que tem em Éfeso sua morada toda de ouro, onde os filhos dos lídios a veneram magnificamente; e você, Atena, deusa de nossa terra, que empunha a égide protetora da cidade; e também aquele que, dominando a rocha Parnasiana, cintila no meio das tochas entre as Bacantes délficas, nobre figura, amigo dos cortejos alegres! Na hora em que estávamos prestes a partir para cá, a lua, vendo-nos, incumbiu-nos antes de mais nada de saudar os atenienses e seus aliados; depois ela nos disse que estava ressentida porque vocês a tratam indignamente, ela, que presta serviços a todos vocês, não em palavras, mas com a sua luminosidade. Primeiro, mensalmente ela lhes proporciona uma economia de no mínimo um dracma,[48] de tal forma que vocês dizem quando saem à noite: "Não compre tochas, menino, pois o luar está uma beleza!" Ela lhes traz ainda outros benefícios, em sua própria opinião, mas vocês veem os dias passarem sem precisão e os misturam de qualquer maneira.[49] Por isso ela diz que é ameaçada pelos deuses sempre que eles se veem privados de oferendas gostosas e voltam para seus domínios sem terem visto as festas por causa da nova contagem dos dias. Além disso, além de fazer sacrifícios, vocês, espectadores, estão nos tribunais julgando réus e aumentando penas, e muitas vezes, enquanto nós, os deuses, fazemos jejum em sinal de luto por Mêmnon ou por Sarpedon,[50] vocês fazem libações e se divertem. Eis por que, neste ano, Hipérbolo,

---

48. Moeda ateniense de certo valor na época.
49. Alusão à reforma do calendário grego, elaborada pelo astrônomo Mêton e posta em vigor na época da primeira apresentação de As nuvens.
50. Heróis de origem divina que morreram durante a guerra de Troia.

sorteado para ser representante no Conselho Anfictiônico de cada cidade, pertencente à Anfictionia, foi em seguida despojado de sua coroa por nós, os deuses. Será melhor agora que se regule o uso dos dias de conformidade com o curso da lua.

CENAS EPISÓDICAS II, Cena 1

[Sócrates exaspera-se com a obtusidade de Strepsiades, mas mesmo assim tenta levar adiante sua formação, sem sucesso. Aconselhado pelo Coro, o camponês decide intimar Fidipides a tomar seu lugar no Pensatório e aprender o raciocínio injusto. (p.323-37)]

SÓCRATES
Saindo de casa precipitadamente.

Não! Pela Respiração! Pelo Caos! Pelo Ar! Nunca vi um homem tão rústico, tão grosseiro, tão desajeitado, tão desmemoriado! As bobagens mais insignificantes que lhe ensinamos, ele as esquece antes de havê-las aprendido. Onde está você, Strepsiades? Saia trazendo seu mísero colchão!

STREPSIADES
Não posso trazer o colchão para cá por causa dos percevejos.

SÓCRATES
Chega! Ponha-o aí e preste atenção!

STREPSIADES
Estou prestando.

SÓCRATES
Vejamos. Que deseja você aprender primeiro entre as coisas que nunca lhe ensinaram? Fale! É dos metros ou dos ritmos da poesia, ou algo mais sobre nossa versificação?

STREPSIADES

Das medidas, pois um dia destes um vendedor de farinha de trigo me roubou dois canecos do produto.

SÓCRATES

Não é isso que estou perguntando, e sim qual o mais belo metro em sua opinião: o trímetro ou o tetrâmetro?

STREPSIADES

Quanto a mim, prefiro o tetracaneco.

SÓCRATES

Você não diz nada que se aproveite, homem!

STREPSIADES

Então aposte comigo que o tetrâmetro não é a mesma coisa que o tetracaneco!

SÓCRATES

Vá para o inferno! Você é um grosseiro de cabeça dura! Talvez você aprenda melhor os ritmos.

STREPSIADES

Para que servem os ritmos na luta pelo pão de cada dia?

SÓCRATES

Primeiro para ser agradável nas reuniões sociais, sabendo qual dos ritmos é o enóplio e qual o datílico.[51]

---

51. O enóplio era o ritmo dos cantos marciais. O dátilo, termo cuja primeira acepção é "dedo", era um ritmo pausado, marcado pela flauta (que é tocada com a ajuda dos dedos).

STREPSIADES
O datílico? Este eu conheço!

SÓCRATES
Mostrando o dedo indicador esticado.

Então diga; que dátilo existe além deste dedo?

STREPSIADES
Mostrando o dedo médio esticado.

Antigamente, quando eu era criança, eu usava este dedo aqui.

SÓCRATES
Você é um grosseiro e um tolo!

STREPSIADES
Mas eu não quero aprender nada disto, bicho!

SÓCRATES
Então, que deseja você aprender?

STREPSIADES
Outra coisa muito diferente: o raciocínio mais injusto!

SÓCRATES
Mas há outras coisas que você tem de aprender antes. Entre os animais quadrúpedes, quais são os machos propriamente ditos?

STREPSIADES
Eu conheço os machos. Será que você me considera um ignorante? Carneiro, bode, touro, cachorro, passarinho...

SÓCRATES
Veja a que ponto você chegou! Você chama de passarinho a fêmea, como se ela fosse o macho.

STREPSIADES
Como? Vejamos...

SÓCRATES
Como? Passarinho é passarinho.

STREPSIADES
É mesmo! Mas afinal, como devo chamar a fêmea?

SÓCRATES
A fêmea de passarinho é passarinha.

STREPSIADES
Passarinha? Muito bem! Por causa desta palavrinha vou encher sua boca com uma caneca de farinha!

SÓCRATES
Veja só! Outro erro! Você diz "caneca", transformando em feminina uma palavra masculina.

STREPSIADES
Como? Eu transformo caneca em masculino?

SÓCRATES
Exatamente, como quando você diz Cleônimo.

STREPSIADES
Mas como? Explique!

SÓCRATES
Você dá o mesmo valor a caneco e Cleônimo?

STREPSIADES
Ora, meu caro amigo! Cleônimo não tinha nem caneco; ele estava sempre pegando numa coisa redonda, mas que nada tinha de caneco... Como é que eu vou dizer de agora em diante?

SÓCRATES
Como? Caneca, como você diz Sóstrata.

STREPSIADES
Caneca, no feminino?

SÓCRATES
É assim que se fala corretamente.

STREPSIADES
Então devo dizer: caneca, Cleônima?

SÓCRATES
Você tem de distinguir, entre os nomes próprios, quais são os masculinos e quais os femininos.

STREPSIADES
Mas eu sei quais são os femininos.

SÓCRATES
Então me diga quais são eles.

STREPSIADES
Lisila, Filina, Clitagora, Demétria...

SÓCRATES
E quais são os nomes entre os masculinos?

STREPSIADES
Milhares: Filôxeno, Melesias, Aminias...[52]

SÓCRATES
Você é um desastrado mesmo; estes não são masculinos.

STREPSIADES
Estes nomes não são masculinos?

SÓCRATES
De modo algum! De fato, como você chamaria Aminias se o encontrasse?

STREPSIADES
Assim: "Venha cá, venha cá, Aminiazinha!"

SÓCRATES
Você está percebendo? É por um nome de mulher que você chama esse Aminias.

---

52. A comédia antiga se caracteriza pela invectiva pessoal. Assim, muitos dos conterrâneos do poeta são ridicularizados pelo nome. No entanto, pouco se sabe sobre a maioria dessas vítimas de Aristófanes, embora se possa deduzir do contexto o motivo da zombaria.

STREPSIADES

E não é justo, já que ele não fez o serviço militar? Mas por que devo aprender o que todo mundo já sabe?

SÓCRATES

Isso não dá em nada.

Mostrando um colchão.

Mas fique deitado ali...

STREPSIADES

Que devo fazer?

SÓCRATES

Imagine uma saída, refletindo sobre seus negócios.

STREPSIADES

Não! Eu peço de joelhos! Não ali, pelo menos! Mas se é necessário, me deixe meditar profundamente no próprio chão sobre isso.

SÓCRATES

É impossível fazer de outra maneira.

STREPSIADES

Como sou infeliz!

Deitando-se no colchão.

Os percevejos vão se vingar de mim agora!

SÓCRATES

Agora medite e pondere bem, agite seus pensamentos em todos os sentidos, concentrando-se. Se você ficar perplexo, passe rapidamente de uma ideia para outra em seu espírito, e afaste de seus olhos o suave sono.

STREPSIADES

Ai! Ai! Ai!

SÓCRATES

De que você está sofrendo? Que acontece com você?

STREPSIADES

Estou morrendo! Como sou infeliz! Saem do colchão aos montes para me ferrarem os... coríntios[53] e me devoram! Eles sugam a minha vida, arrancam meus bagos e se enfiam no meu traseiro! Eles vão me matar!

CORIFEU

Não fique tão desesperado!

STREPSIADES

Mas como, se meu dinheiro sumiu, se meu sangue está sumindo, se minha vida some, se minhas sandálias sumiram e se, para cúmulo de minha desgraça, estou aqui quase sumido depois de haver perdido tudo?

SÓCRATES

Afinal, o que é que você está fazendo? Meditando você não está!

STREPSIADES

Eu? Estou sim...

---

53. Em vez de "percevejos", como seria natural, Strepsiades se refere aos coríntios, a quem se atribuía o início da guerra.

SÓCRATES
E sobre que você está meditando?

STREPSIADES
Se os percevejos vão deixar sobreviver alguma coisa em mim...

SÓCRATES
Afastando-se.

Você se acabará miseravelmente!

STREPSIADES
Mas tudo vai se acabar, meu bom amigo...

CORIFEU
Trate de não esmorecer; cubra-se! Temos de descobrir algum truque, alguma manobra astuciosa.

STREPSIADES
Ai! Quem vai jogar em cima de mim uma pele de cordeiro para me aliviar?

SÓCRATES
Voltando.

É isso aí. Vejamos: devo examinar primeiro o que ele faz. Ei! Você está dormindo?

STREPSIADES
Não; não estou.

SÓCRATES
Você está sentindo alguma coisa?

STREPSIADES
Não... Nadinha...

SÓCRATES
Mas nada mesmo?

STREPSIADES
Nada além do peru na mão direita.

SÓCRATES
Você vai ou não se cobrir depressa e meditar?

STREPSIADES
Sobre quê? É você quem vai me dizer, Sócrates.

SÓCRATES
Você mesmo vai descobrir primeiro e me dizer o que deseja.

STREPSIADES
Você já ouviu mil vezes o que eu quero; o meu caso são juros, um meio de não pagar juros a mais ninguém.

SÓCRATES
Vamos! Enrole-se e, cortando seu pensamento em fatias bem finas, reflita detalhada e profundamente sobre as coisas; divida-as e examine-as de acordo com as regras.

STREPSIADES
Picado ainda pelos percevejos.

Ai, infeliz de mim!

SÓCRATES
Fique tranquilo, e se estiver perplexo com uma ideia qualquer, esqueça e vá em frente; depois, pense de novo nela, agite a coisa e pense bem nela.

STREPSIADES
Meu Socratesinho querido!

SÓCRATES
Qual é o caso, coroa?

STREPSIADES
Tenho uma ideia para me livrar dos juros!

SÓCRATES
Apresente a sua ideia.

STREPSIADES
Me diga, então...

SÓCRATES
O quê?

STREPSIADES
...se eu desse dinheiro a uma feiticeira da Tessália, e se ela forçasse a lua a descer aqui de noite... Se depois trancasse a lua num grande estojo redondo, como se ela fosse um espelho, e depois ficasse de guarda para ela não sair?

SÓCRATES
Que vantagem lhe traria isso?

STREPSIADES

Ora! É porque se empresta dinheiro a juros por mês.

SÓCRATES

Muito bem! Mas, de minha parte, vou propor outra ideia mais engenhosa. Se movessem uma ação contra você para cobrar cinco talentos,[54] como agiria você para se livrar dela?

STREPSIADES

Como? Como? Não sei; vamos procurar...

SÓCRATES

Não enrole seus pensamentos em volta deles mesmos; deixe seu espírito tomar impulso no ar, como um besouro amarrado por uma das patinhas com uma linha.

STREPSIADES

Achei um meio de me livrar do processo! Você mesmo vai concordar que ele é genial!

SÓCRATES

Qual?

STREPSIADES

Você já viu nas lojas aquelas pedras transparentes para acender o fogo?

SÓCRATES

Você está falando do cristal de rocha?

---

54. O talento, equivalente a trinta quilos de prata, era a maior unidade monetária grega e valia sessenta minas, ou seis mil dracmas.

STREPSIADES
É isso mesmo! Que tal a minha ideia? Pegando essa pedra,
no momento em que o oficial de justiça apresentasse a intimação,
e me mantendo a certa distância...

Afastando-se um pouco de SÓCRATES.

– assim! – eu conseguia que o sol destruísse a acusação contra mim![55]

SÓCRATES
É mesmo genial!...

STREPSIADES
Oba! Estou feliz por ter achado um jeito para acabar com um processo
de cinco talentos!

SÓCRATES
Vamos! Depressa! Resolva este problema para mim!

STREPSIADES
Que problema?

SÓCRATES
Como, envolvido num processo, você fugiria a uma condenação, se
fosse perder a causa por falta de testemunhas a seu favor?

STREPSIADES
Nada mais fácil nem mais simples.

---

55. Na Grécia antiga, as acusações na justiça eram escritas em plaquetas de madeira re-
cobertas de cera.

SÓCRATES

Então me diga.

STREPSIADES

Assim: quando restasse só um processo para ser julgado antes de o juiz
me chamar para o meu, eu saía correndo para me enforcar.

SÓCRATES

Você não diz nada que se aproveite.

STREPSIADES

Como não? Quando eu estiver morto ninguém vai mover ações contra
mim.

SÓCRATES

Você está pirado! Vá embora! Não lhe ensino mais coisa alguma!

STREPSIADES

Por que, meu Socratesinho?

SÓCRATES

Você esquece num instante tudo que ouve. Vejamos: qual foi a primeira
coisa que lhe ensinei? Diga!

STREPSIADES

Vamos ver... Qual foi a primeira?... Qual foi mesmo a primeira?...
Como se chama aquela coisa em que se amassa farinha?
Coitado de mim! Qual foi?

SÓCRATES

Vá para o inferno! Morra logo! Morra, cabeça mais desmemoriada
e mais estúpida de todas!

STREPSIADES

Sou um desgraçado! Que vai ser de mim? Como sou infeliz! Estou... perdido se não aprender a usar a minha língua! Vamos, Nuvens! Me deem um bom conselho!

CORIFEU

Nosso conselho, meu velho, é que se você tiver um filho mais sabido, mande ele para aprender em seu lugar.

STREPSIADES

Tenho um filho ótimo, mas infelizmente ele não quer aprender estas coisas. Que posso fazer?

CORIFEU

E você tolera a recusa dele?

STREPSIADES

Ele é um bom rapaz, forte, cheio de saúde, e descende pelo lado materno de raça nobre. Vou mesmo buscar Fidipides, e se ele não quiser vir nada me impede de expulsar o boa-vida lá de casa!

Dirigindo-se a SÓCRATES.

Vá lá para dentro e espere por mim.

STREPSIADES *entra em sua casa.*

CORO
Dirigindo-se a SÓCRATES.

Você imagina os muitos benefícios que colherá agora mesmo graças a nós, somente nós entre todos os deuses? De fato, nosso homem está pronto a fazer tudo que você mandar. Enquanto o coroa está fora de si e visivelmente entusiasmado, sabendo disso você vai arrancar dele o máximo possível, e depressa, pois as coisas estão tomando por si mesmas um rumo inesperado.

Volta STREPSIADES *empurrando o filho.*

CENAS EPISÓDICAS II, Cena 2

[Após demonstrar a Fidipides o que aprendeu com Sócrates, Strepsiades convence o filho a ingressar no Pensatório. (p.338-41)]

STREPSIADES

Não, pela Névoa, você não vai ficar na minha casa! Vá comer as colunas da casa de Megaclés!

FIDIPIDES

Homem diabólico! Que aconteceu com você, meu pai? Você não está com o juízo perfeito, por Zeus Olímpico!

STREPSIADES

Vejam só! Vejam só! Zeus Olímpico! Que bobagem acreditar em Zeus na sua idade!

FIDIPIDES

Por que você está rindo assim?

STREPSIADES

Pensando que você ainda é uma criança que acredita em contos de fadas. De qualquer maneira se aproxime, pois você ainda tem muito a aprender. Vou lhe dizer umas coisas, e quando você souber será um homem de verdade. Mas tenha cuidado! Não ensine estas coisas a ninguém!

FIDIPIDES

Estou aqui para isso; qual é o caso?

STREPSIADES

Você falou em Zeus há pouco tempo.

FIDIPIDES
E daí?

STREPSIADES
Veja, então, como é bom aprender. Zeus não existe, Fidipides.

FIDIPIDES
Como?

STREPSIADES
Agora reina no céu o Turbilhão, depois de expulsar Zeus de lá.

FIDIPIDES
Essa não! Que piada!

STREPSIADES
Pois fique sabendo; agora é assim.

FIDIPIDES
Quem disse isto?

STREPSIADES
Sócrates, o Mélio,[56] e Cairefon, que sabe medir o pulo das pulgas.

FIDIPIDES
E você está tão maluco a ponto de acreditar nestes pirados?

---

56. Strepsiades assimila Sócrates a Diágoras de Melo, sofista conhecido por suas posições ateístas.

STREPSIADES

Contenha sua língua e não fale mal dos homens sabidos e cheios de bom senso, tão econômicos que nenhum deles manda cortar os cabelos nem esfrega óleo no corpo, nem vão aos banhos públicos para se lavar; você, ao contrário, como se eu já tivesse morrido, esbanja a minha fortuna. Vá aprender o mais depressa possível a maneira de me salvar da ruína!

FIDIPIDES

É possível aprender alguma coisa boa com esta gente?

STREPSIADES

Você está falando sério? Tudo que existe em matéria de sabedoria entre os homens! Você vai ficar sabendo o quanto é ignorante e grosso. Mas espere aqui um instante!

STREPSIADES *torna a entrar em casa.*

FIDIPIDES

Estou perdido! Que posso fazer, agora que meu pai pirou definitivamente? Será que devo levar o velho aos tribunais para ser interditado como demente, ou vou dizer aos fabricantes de caixões de defuntos que ele é um maluco moribundo?

STREPSIADES

Voltando à cena com um pássaro em cada mão.

Agora vamos ver: como você chama este pássaro aqui? Diga!

FIDIPIDES

Pássaro.

STREPSIADES

Muito bem. E este aqui?

FIDIPIDES

Pássaro.

STREPSIADES

Os dois com o mesmo nome? Você é um ignorante! Não repita isto! Chame esta aqui de pássara e o outro de pássaro.

FIDIPIDES

Pássara? Foram estas coisas engraçadas que você aprendeu entrando por instantes na casa dos filhos da Terra?

STREPSIADES

E muitas outras. Mas logo depois de aprender uma coisa eu esqueço, por causa da minha velhice.

FIDIPIDES

Foi também por isso que você esqueceu seu manto?

STREPSIADES

Eu não esqueci; dispensei o manto.

FIDIPIDES

E o que fez você de suas sandálias, débil mental?

STREPSIADES

Perdi as sandálias porque "era necessário" que eu perdesse, como disse Péricles.[57] Mas continue; vamos em frente. Erre obedecendo a seu pai! Mas também, há muito tempo, quando você tinha seis anos e não falava direito, eu fazia suas vontades. O primeiro óbolo[58] que recebi como funcionário público, gastei na compra de um carrinho para você nas Diasias.[59]

---

57. Péricles teria justificado uma despesa de dez talentos, feita durante a campanha contra a Beócia, alegando apenas que o gasto "era necessário".
58. O óbolo era a menor unidade monetária grega e correspondia a um sexto da dracma.
59. As Diasias eram um concorrido festival ateniense dedicado a Zeus.

CENAS EPISÓDICAS II, Cena 3

[A contragosto Fidipides assume a tarefa do pai. Sócrates chama os Raciocínios Justo e Injusto para ensiná-lo pessoalmente. (p.342-3)]

FIDIPIDES
Um dia você vai se arrepender do que está fazendo.

STREPSIADES
É bom ver que você me obedece.

Dirigindo-se a SÓCRATES, *que estava dentro de casa.*

Saia e venha para cá, Sócrates! Trouxe meu filho; consegui convencer o teimoso!

SÓCRATES
Saindo de casa.

É porque ele ainda é criança e ainda não levou nenhuma queda em nossas viagens pelos ares.

FIDIPIDES
Você mesmo teria caído, se estivesse pendurado.

STREPSIADES
Vá para o inferno! Você deseja coisas ruins a seu mestre?

SÓCRATES
Essa é boa! "Se estivesse pendurado"! Você pronuncia estas palavras como um debiloide, com os lábios escancarados. Como este rapaz poderia aprender a arte de se livrar de uma sentença, de fazer uma acusação em juízo, de adoçar a voz para se tornar persuasivo? Para aprender tudo isso Hipérbolo me pagou um talento.

STREPSIADES

Não se zangue; basta você ensinar ao rapaz. Ele é naturalmente esforçado. Quando ele ainda era pequenino já modelava casas, fazia barquinhos, construía carrinhos de couro, e fazia rãs muito bem-feitas com cascas de romãs. Trate de ensinar a ele os dois raciocínios: o justo como ele é, e o injusto que, defendendo a injustiça, derrota o justo; se não for possível os dois, ensine ao menos o injusto, e de qualquer maneira.

SÓCRATES

Ele mesmo aprenderá da própria boca dos dois raciocínios. Quanto a mim, vou me afastar.

STREPSIADES

Não se esqueça de ensinar ao rapaz o que ele precisa para arrasar tudo que é justo.

SÓCRATES *torna a entrar em sua casa, de onde em seguida saem o* RACIOCÍNIO JUSTO *e o* RACIOCÍNIO INJUSTO *discutindo acaloradamente.*

AGON[60]

[Os Raciocínios se enfrentam, cada qual procurando provar-se superior ao outro. O Raciocínio Justo representa o passado, a antiga educação pautada pela ética e pela disciplina. O Raciocínio Injusto se apresenta como um campeão do tempo presente, que valoriza a obtenção de vantagens a qualquer preço. Ao final da exposição, o Raciocínio Justo reconhece a mudança dos tempos e a derrota. O Injusto assume a educação de Fidipides. (p.344-57)]

---

60. Do ponto de vista formal, deve-se dividir esta cena em duas partes: *proagon* (p.344-9) e *agon* (p.349, a partir da fala do Coro, até p.357). Inicialmente, no *proagon* (ou *agon* preliminar), o debate é mais livre, correspondendo a uma troca de provocações entre as partes, sem que se siga um esquema métrico definido. No *agon* propriamente dito, o debate deve atender a regras formais preestabelecidas. Como essas diferenças desaparecem na tradução, mas a argumentação sobressai em ambas as partes, ambas são aqui reunidas como *agon*.

RACIOCÍNIO JUSTO
Dirigindo-se ao RACIOCÍNIO INJUSTO.

Avance até aqui e se apresente aos espectadores, você que é tão convencido.

RACIOCÍNIO INJUSTO
Vá para onde você quiser. Será muito mais fácil para mim derrotá-lo falando diante do público.

RACIOCÍNIO JUSTO
Derrotar? Quem é você para me derrotar?

RACIOCÍNIO INJUSTO
Um raciocínio.

RACIOCÍNIO JUSTO
Sim, o fraco.[61]

RACIOCÍNIO INJUSTO
O fato de você pensar que é mais forte do que eu não me impede de vencê-lo.

RACIOCÍNIO JUSTO
Com que artifícios?

RACIOCÍNIO INJUSTO
Com a novidade de minhas invenções.

---

61. Os Raciocínios ou Argumentos (*lógoi*, em grego) são denominados nos manuscritos como Justo e Injusto (*díkaios* e *ádikos*, respectivamente), mas eles se referem um ao outro como Forte e Fraco (*kreítton* e *hétton*), ou, numa tradução mais livre, Certo e Errado.

RACIOCÍNIO JUSTO
É verdade; a novidade agora está na moda...

Apontando para os espectadores.

...graças a estes insensatos.

RACIOCÍNIO INJUSTO
Insensatos não; sábios.

RACIOCÍNIO JUSTO
Vou ser a perdição deles.

RACIOCÍNIO INJUSTO
Fazendo o quê?

RACIOCÍNIO JUSTO
Dizendo o que é justo.

RACIOCÍNIO INJUSTO
Vou derrotá-lo contradizendo suas falas.
Para começar, digo que não existe justiça.

RACIOCÍNIO JUSTO
Você diz que ela não existe?

RACIOCÍNIO INJUSTO
Então vejamos: onde ela existe?

RACIOCÍNIO JUSTO
Entre os deuses.

RACIOCÍNIO INJUSTO
Se existe justiça entre eles, por que Zeus não foi morto, ele, que acorrentou seu próprio pai?

RACIOCÍNIO JUSTO
A repugnância já faz o seu efeito; me dê uma bacia!

RACIOCÍNIO INJUSTO
Você é um velho imbecil e desequilibrado!

RACIOCÍNIO JUSTO
Você é bicha e sem-vergonha!

RACIOCÍNIO INJUSTO
Você está falando de rosas!

RACIOCÍNIO JUSTO
Você é um sacrílego!

RACIOCÍNIO INJUSTO
Você me coroa de lírios!

RACIOCÍNIO JUSTO
Um parricida!

RACIOCÍNIO INJUSTO
Você me cobre de ouro sem saber.

RACIOCÍNIO JUSTO
Eu não cobriria você de ouro, e sim de chumbo!

RACIOCÍNIO INJUSTO
Para mim isto é um enfeite.

RACIOCÍNIO JUSTO
Você é muito atrevido!

RACIOCÍNIO INJUSTO
E você é um antiquado!

RACIOCÍNIO JUSTO
Por sua causa este rapaz quer frequentar a minha escola. Um dia os atenienses vão saber o que você ensina aos pobres de espírito.

RACIOCÍNIO INJUSTO
Você vegeta vergonhosamente!

RACIOCÍNIO JUSTO
E você prospera, embora há pouco tempo pedisse esmolas, fazendo-se passar por um Télefo mísio e tirando de uma bolsa frases de Pandêleto para mascá-las.[62]

RACIOCÍNIO INJUSTO
Quanta erudição...

RACIOCÍNIO JUSTO
Quanta loucura...

---

62. No mito, Télefo, rei da Mísia, se faz passar por mendigo para penetrar no palácio de Agamêmnon e defender sua causa diante dos chefes da campanha troiana. Pandêleto foi um delator, contemporâneo de Aristófanes. Ambos os exemplos visam a caracterizar o Injusto como um orador hábil, mas vil.

RACIOCÍNIO INJUSTO
...você está exibindo!

RACIOCÍNIO JUSTO
...a sua e a da cidade que o sustenta, corruptor da juventude!

RACIOCÍNIO INJUSTO
Desista de instruir este rapaz, sendo você o antiquado que é.

RACIOCÍNIO JUSTO
Se você quer que ele saia perdendo e passe a ser apenas um tagarela.

RACIOCÍNIO INJUSTO
Dirigindo-se a FIDIPIDES.

Venha para perto de mim e deixe o velho delirar.

RACIOCÍNIO JUSTO
Você se arrependerá se puser a mão nele.

CORIFEU
Interpondo-se entre os dois RACIOCÍNIOS *para evitar que eles se agridam.*

Basta de discussão e de xingações!

Dirigindo-se primeiro ao RACIOCÍNIO JUSTO *e depois ao* INJUSTO.

Mostre você o que ensinava aos rapazes de antigamente, e você mostre a nova educação; depois de ouvir os dois, Fidipides poderá julgar e escolher.

RACIOCÍNIO JUSTO
É exatamente o que desejo fazer.

RACIOCÍNIO INJUSTO
E eu também.

CORIFEU
Muito bem. Vejamos quem fala primeiro.

RACIOCÍNIO INJUSTO
Permito que seja ele. Depois eu acabo com ele, disparando algumas
frases curtas e grossas e pensamentos novos como se fossem flechas.
No fim, se ele ainda puder sussurrar uma palavra com todo o rosto e
até os olhos picados como se fosse por zangões, minhas frases vão
matá-lo de uma vez por todas.

CORO
Agora eles vão mostrar quem fala melhor, cheios de confiança
na enorme habilidade de seus raciocínios, de seus pensamentos
e de suas reflexões transformadas em sentenças. Chegou a hora de
uma prova decisiva, aqui mesmo, desta sapiência em que os dois
confiam para se atracarem num grande combate.

CORIFEU
Dirigindo-se ao RACIOCÍNIO JUSTO.

Vamos, então; você, que enfeita os antigos com roupagens tão bonitas,
fale com sua voz agradável e diga o que a sua natureza mandar.

RACIOCÍNIO JUSTO
Então vou dizer como era a educação antiga, quando eu ganhava
dinheiro ensinando a justiça e todos cultivavam a moderação. Para
começar, as crianças andavam em silêncio; todos os meninos de cada
bairro andavam nas ruas em perfeita ordem, a caminho da casa do
professor de música, sem mantos e em grupos bem alinhados, ainda
que a neve caísse como farinha de trigo de uma peneira. Lá o professor
ensinava antes de tudo um hino, enquanto os meninos permaneciam
com as coxas afastadas, ou então cantavam "Palas destruidora de

cidades", ou ainda "um grito retumbante ao longe", perpetuando a solene cadência dória de seus pais. Se um deles fazia graças ou imitava as inflexões do gênero dos cantos atualmente em moda, graças a Frínis,[63] tão difíceis de entoar, era moído de pancadas por querer ridicularizar as Musas. Depois, na casa do mestre de ginástica, os meninos, sentados, tinham de cobrir as coxas, de maneira a não mostrar nada que pudesse chocar os vizinhos. Quando um deles se levantava tinha de alisar a areia e de cuidar de não deixar seus colegas verem marcas de sua virilidade. Nenhum menino esfregava-se com óleo abaixo do umbigo, e em volta dos órgãos sexuais se via uma penugem viçosa e macia como o pelo dos pêssegos. Nenhum deles se aproximava de seu amigo favorito dando inflexões efeminadas à voz e com olhares de mormaço, como se fosse prostituir-se. Nunca podiam comer raiz-forte no jantar, nem tirar dos mais idosos o aneto e o aipo, ou ser gulosos, ou rir às gargalhadas, ou cruzar as pernas.

RACIOCÍNIO INJUSTO
Velharias do tempo das Dipolias, como as cigarras,
Cedidas e as Bufonias.[64]

RACIOCÍNIO JUSTO
Mas foi com essas velharias que os guerreiros de Maratona[65]
se educaram e se formaram, graças a meu sistema pedagógico.
E você ensina os meninos de hoje a se enrolarem desde cedo em
mantos. Fico revoltado quando, durante as Panateneias, vejo meninos
que, obrigados a dançar, põem seus escudos sobre os órgãos sexuais,
sem o respeito devido a Atena.

Dirigindo-se a FIDIPIDES.

---

63. Frínis de Mitilene foi um músico premiado nas Panateneias, a quem se atribuíram inovações na arte do canto.
64. O Injusto menciona várias coisas que se consideravam ultrapassadas, visando a caracterizar o pensamento do Justo como antiquado. As Bufonias, sacrifícios de bois, integravam as Dipolias, festival em honra de Zeus Protetor da Pólis. As "cigarras" aludem a presilhas na forma desse inseto com que as mulheres prendiam os cabelos. Cedidas foi um poeta ditirâmbico da geração anterior a Aristófanes.
65. Em Maratona, planície vizinha a Atenas, travou-se a batalha mais emblemática da primeira guerra médica (490 a.C.), em que os gregos sagraram-se vitoriosos sobre os povos medo-persas, com grande destaque para a participação dos atenienses.

Sendo assim, meu jovem, escolha-me confiantemente, a mim, o Raciocínio Justo; você aprenderá a detestar a praça pública, a detestar os banhos públicos, a corar diante de tudo que é indecoroso, a zangar-se quando riem de suas boas maneiras, a levantar-se de seu assento quando os idosos se aproximam, a não ser grosseiro com os pais, a não praticar qualquer ato vergonhoso, ofensivo ao pudor que é o seu ornamento; a não correr em direção a uma dançarina para evitar que, observando tudo isso de boca aberta, receba nela uma maçã jogada por alguma mulher depravada e perca a sua boa reputação; a não replicar a seu pai, invocando o antigo Jápeto,[66] com alusões desrespeitosas à idade dele, pois você foi posto neste mundo por seu pai.

RACIOCÍNIO INJUSTO
Se você acreditar nele, rapazinho, ficará parecido com os filhos de Hipócrates[67] e será chamado "filhinho da mamãe".

RACIOCÍNIO JUSTO
Você passará o tempo nos ginásios atléticos, brilhante e viçoso como uma flor, em vez de declamar na praça pública bobagens grosseiras sem o menor sentido, como se faz atualmente, ou de gastar suas energias com questões armadas sobre chicanas, contestações e trapaças. Você irá até a Academia,[68] onde, sob as oliveiras sagradas, você correrá coroado de juncos finos, com um amigo de sua idade, cheirando a flores, aproveitando o lazer entre as folhas do álamo branco que perde suas espiguinhas, gozando as delícias primaveris, enquanto o álamo cochicha com o olmo. Se você aceitar os meus conselhos e concentrar seu espírito neles, terá sempre o peito robusto, a pele viçosa, os ombros largos, a língua curta, as nádegas musculosas, o pênis encolhido; mas se você adotar os costumes atuais, primeiro terá a pele pálida, os ombros estreitos, o peito reentrante, as nádegas flácidas, o pênis ereto e o espírito amigo de chicanas.

---

66. Jápeto, o pai de Prometeu, é um dos Titãs, deuses filhos de Urano e irmãos de Crono, que reinou antes de Zeus. É mencionado como símbolo de velhice extrema.

67. Hipócrates era um nome relativamente comum entre os gregos e este aqui não deve ser confundido com o seu homônimo mais conhecido, o pai da medicina: é provável que a referência seja a um sobrinho de Péricles.

68. A Academia está associada a Platão, que ali teria estabelecido sua escola. Na época de Aristófanes, no entanto, era apenas um conhecido parque de Atenas, usado para a prática de exercícios.

Apontando para o RACIOCÍNIO INJUSTO.

Ele o levará a achar decente tudo que é vergonhoso, vergonhoso tudo que é decente e ainda por cima o emporcalhará com o vício indecoroso de Antímaco.[69]

CORO
Dirigindo-se ao RACIOCÍNIO JUSTO.

Você, que pratica uma bela e sublime sabedoria glorificante, adorna suas falas com a flor suave da virtude! Como eram felizes os nossos antepassados!

Dirigindo-se ao RACIOCÍNIO INJUSTO.

Você, um artista caracterizado pela tapeação, terá de dizer alguma coisa nova, pois seu adversário foi muito apreciado.

CORIFEU
Dirigindo-se também ao RACIOCÍNIO INJUSTO.

Aparentemente você ainda tem razões poderosas para opor às dele, se pretende vencer este rival e não ser alvo de risadas.

RACIOCÍNIO INJUSTO
De fato, eu estava bufando de impaciência até as entranhas, ansioso por derrubar todos esses argumentos com palavras contrárias às dele. Eu, o Raciocínio Injusto, recebi esta qualificação entre os pensadores exatamente porque tive antes de qualquer outro a ideia de falar contra as leis e a justiça. Esta arte tem um valor maior que qualquer outra; ela ensina a defender as razões mais fracas e fazê-las prevalecerem apesar de sua fragilidade.

Dirigindo-se a FIDIPIDES.

---

69. Antímaco é outro exemplo de invectiva pessoal sem que se possa estabelecer a identidade da figura zombada.

Veja como eu vou estraçalhar essa educação em que ele confia. Primeiro, ele não deixará você banhar-se em água quente – ele disse isso!

Dirigindo-se ao RACIOCÍNIO JUSTO.

Baseado em que princípio você condena os banhos quentes?

RACIOCÍNIO JUSTO
Ora! É por ser um hábito pernicioso, que enfraquece o homem.

RACIOCÍNIO INJUSTO
Pare, pois peguei você pelo pé! Você não pode escapar. Diga: entre os filhos de Zeus, qual deles, em sua opinião, possui o espírito mais combativo e trabalha mais?

RACIOCÍNIO JUSTO
Nenhum deles é superior a Heraclés.[70]

RACIOCÍNIO INJUSTO
E onde você viu "banhos de Heraclés" frios? E quem foi mais viril que ele?

RACIOCÍNIO JUSTO
É por isso que nossos adolescentes passam o dia todo tagarelando nas casas de banho cheias, enquanto os ginásios atléticos estão vazios!

RACIOCÍNIO INJUSTO
Em seguida você censura os rapazes por ficarem na praça pública, mas eu acho que eles estão certos. Se isto fosse um mal, Homero nunca teria feito o elogio de Nestor e de todos os sábios frequentadores constantes dela. Passando ao uso da boa linguagem, que em sua

---

70. Heraclés, ou Héracles, é o maior e mais popular dentre os heróis gregos, conhecido pelos doze trabalhos que cumpriu sob o jugo de Hera. Os banhos termais eram denominados "banhos de Héracles".

opinião os jovens não devem exercitar: eu afirmo o contrário. Por outro lado, a moderação, diz você, é um dever dos adolescentes. Estes seriam dois males enormes. Para quem você viu a moderação ser um bem? Fale e me contradiga.

RACIOCÍNIO JUSTO

Para muitos. Peleu, por exemplo, recebeu sua espada por causa dela.[71]

RACIOCÍNIO INJUSTO

Uma espada? Ele levou uma grande vantagem... Hipérbolo, o vendedor de lâmpadas, não ganhou um monte de dinheiro graças à sua desonestidade? Não foi só uma espada...

RACIOCÍNIO JUSTO

Sim, e se Peleu casou-se com Tétis foi por causa de sua modéstia.

RACIOCÍNIO INJUSTO

E ela foi embora e deixou o coitado na mão. Peleu não foi fogoso nem ficou indócil debaixo do cobertor durante a noite que ela passou com ele. Uma mulher gosta de ser deixada exausta. Você é um velho que só diz bobagens.

Dirigindo-se a FIDIPIDES.

Veja, rapaz, os inconvenientes da moderação, e de quantos prazeres ela nos priva, com meninos e mulheres, com jogos, com comidas gostosas, com bebidas, com boas gargalhadas. Ao contrário, de que vale sua vida se você se priva de tudo isso? Vamos adiante. Agora passo às necessidades naturais. Digamos que você teve azar, amou, cometeu um adultério e foi apanhado em flagrante delito. Você está perdido porque não sabe falar. Mas se você ficar comigo vai gozar as coisas boas da natureza – pular, rir, não considerando coisa alguma

---

71. Peleu, rei da Ftia, foi falsamente acusado de tentar seduzir a mulher de seu anfitrião e, por isso, foi abandonado desarmado na floresta. Graças à intervenção divina recupera sua espada e se salva. Célebre é seu casamento com a nereida Tétis, da qual nascerá Aquiles, o principal herói grego em Troia.

vergonhosa. Se você for surpreendido em adultério, dirá ao marido que nada fez de mal; depois diga que o culpado é Zeus. De fato, se um deus se deixa vencer pelo amor e pelas mulheres, como você, simples mortal, pode ser mais forte que um deus?

RACIOCÍNIO JUSTO
Mas como? Se um deus deixar que enfiem um nabo no traseiro do adúltero por ter levado alguém na sua conversa, e se depilarem o traseiro dele com cinza quente, ele terá alguma palavra a dizer para provar que não é um "traseiro frouxo"?

RACIOCÍNIO INJUSTO
E se ele for um "traseiro frouxo", que mal há nisto para ele?

RACIOCÍNIO JUSTO
Ou melhor, que lhe poderia acontecer de pior?

RACIOCÍNIO INJUSTO
E que dirá você se for vencido por mim neste ponto?

RACIOCÍNIO JUSTO
Fico calado. Que outra coisa posso fazer?

RACIOCÍNIO INJUSTO
Muito bem! Então responda: que espécie de homens são os advogados?

RACIOCÍNIO JUSTO
São homens de "traseiro frouxo".

RACIOCÍNIO INJUSTO
Acredito. E os autores de tragédias?

RACIOCÍNIO JUSTO
"Traseiros frouxos".

RACIOCÍNIO INJUSTO
Bem dito. E os políticos?

RACIOCÍNIO JUSTO
"Traseiros frouxos".

RACIOCÍNIO INJUSTO
Afinal você reconhece que não diz coisa alguma digna de aprovação?
E os espectadores, que são eles em sua maioria? Olhe para eles!

RACIOCÍNIO JUSTO
Estou olhando.

RACIOCÍNIO INJUSTO
Então, que vê você?

RACIOCÍNIO JUSTO
Em sua maioria são "traseiros frouxos". Ali está um, por exemplo,
que eu conheço; e aquele lá atrás; e aquele cabeludo ali.

RACIOCÍNIO INJUSTO
Que tem você a dizer agora?

RACIOCÍNIO JUSTO
Dirigindo-se aos espectadores.

Fui vencido, prostitutos!

Voltando-se para a casa de SÓCRATES.

Recebam o meu manto.[72] Passo para o lado de vocês.

O RACIOCÍNIO JUSTO *volta à casa de* SÓCRATES.

RACIOCÍNIO INJUSTO
Dirigindo-se a STREPSIADES, *que permanecera fora.*

Então? Você prefere levar o seu filho de volta, ou quer que eu ensine ele a falar?

STREPSIADES
Ensine e castigue o rapaz e não se esqueça de afiar a língua dele dos dois lados: um lado para tornar ele capaz de enfrentar os pequenos processos, e o outro para as causas mais importantes.

RACIOCÍNIO INJUSTO
Fique tranquilo; vou transformar ele num sofista espertíssimo.

FIDIPIDES
Pálido, penso eu, e miserável.

CORIFEU
Agora retirem-se.

O RACIOCÍNIO INJUSTO *e* FIDIPIDES *entram na casa de* SÓCRATES.
O CORIFEU *dirige-se a* STREPSIADES.

Tenho a impressão de que você vai se arrepender da decisão que acaba de tomar.

STREPSIADES *sai para sua casa.*

---

72. Na Grécia antiga, entregar o manto significava reconhecer a derrota.

PARÁBASE II

[O Coro, ainda encarnando nuvens, dirige-se aos juízes para pedir seus votos e prometer castigos caso a comédia não saia vitoriosa. (p.358)]

CORO

Queremos dizer aos nossos juízes[73] que ganharão se tomarem o partido do coro. Para início de conversa, quando vocês quiserem iniciar o trabalho em seus campos na estação apropriada, faremos chover antes de tudo para vocês e só depois para os outros. Depois protegeremos suas colheitas e suas vinhas, para que elas não sejam prejudicadas nem pela seca e nem pelo excesso de chuva. Mas se algum de vocês nos ofender, sendo ele mortal e nós deusas, preste muita atenção aos males que suportará, vindo de nós: não produzirá nem vinho nem nada em suas terras. Quando as oliveiras e as parreiras começarem a crescer, nós as arrasaremos, atingindo-as todas com nossas tempestades. Quando o virmos fazendo tijolos, faremos chover, atingindo as telhas da cobertura da olaria com granizos redondos, até reduzi-las a pedaços. E se um dia algum deles ou algum de seus parentes ou amigos se casar, faremos chover durante a noite inteira,[74] de tal maneira que talvez ele preferisse estar no Egito em vez de ter sido um mau juiz aqui.

CENAS EPISÓDICAS III

[Fidípides volta do Pensatório como um orador completo. Strepsiades celebra o sucesso de seu plano e despacha os credores, confiante de que o filho anulará as dívidas no tribunal. (p.358-70)]

STREPSIADES

Saindo novamente de sua casa algum tempo depois.

Cinco, quatro, três, depois dois e finalmente o dia mais temido entre todos, que me deixa arrepiado, que deteste, o dia da lua velha e da lua nova.[75] Cada um daqueles a quem devo juros, depois de depositar

---

73. Os juízes aqui são os cidadãos encarregados de distribuir os prêmios nos festivais dramáticos. O coro dá início à segunda parábase.
74. O coro faria chover a noite inteira na intenção de apagar as tochas do cortejo nupcial.
75. O "dia da lua velha e da lua nova" era o último do mês, quando as dívidas e os juros deviam ser cobrados.

o dinheiro das custas processuais, vai causar a minha perdição e me destruir. Embora minhas demandas judiciais sejam comedidas e justas, homem diabólico, me dê tempo para pagar esta outra e me dê quitação daquela. Os credores imaginam que assim jamais serão pagos; me xingam e me chamam de trambiqueiro, e me ameaçam com novos processos. Muito bem! Que me processem – pouco me importa –, desde que Fidipides tenha aprendido a falar bem. Vou saber dentro de pouco tempo, batendo à porta do Pensatório. Rapaz! Meu rapaz!

SÓCRATES
Abrindo a porta.

Salve, Strepsiades!

STREPSIADES
Também cumprimento você, mas primeiro concorde em receber os honorários de mestre. Mas diga se meu filho, o rapaz que você há pouco tempo recebeu em sua casa, aprendeu o famoso raciocínio.

SÓCRATES
Aprendeu.

STREPSIADES
Viva o trambique, rei do mundo!

SÓCRATES
Agora você será absolvido em qualquer processo quando quiser.

STREPSIADES
Ainda que houvesse uma testemunha quando tomei o dinheiro emprestado?

SÓCRATES
Melhor ainda: mesmo que houvesse mil testemunhas!

STREPSIADES

Então vou gritar e berrar: coitados de vocês, agiotas, de vocês mesmos e do dinheiro emprestado! Vocês já não vão poder me fazer mal nenhum, agora que está sendo preparado para mim neste Pensatório um filho brilhante, uma língua com dois gumes afiados, uma fortaleza para me proteger, um salvador para minha casa, uma desgraça para meus inimigos, libertador do pai ameaçado por grandes males!

Dirigindo-se a SÓCRATES, *que tornava a entrar em casa.*

Vá correndo chamar meu filho! Quero que ele saia e venha ao meu encontro para ouvir a voz de seu pai!

SÓCRATES *reaparece trazendo* FIDIPIDES.

SÓCRATES

Eis aqui o grande homem!

STREPSIADES

Amigo! Meu amigão!

SÓCRATES

Você pode ir embora com ele.

SÓCRATES *volta à sua casa sozinho.*

STREPSIADES

Meu filho! Oba! Oba! Tenho de mostrar a minha alegria, antes de tudo por ver a sua cor. Seu jeito é o de um homem preparado para negar tudo, para contradizer tudo. No seu rosto se lê perfeitamente: "Que tem você a alegar?", e me anima esta maneira de parecer ofendido quando está ofendendo e maltratando os outros; conheço muito bem essas coisas! E nos seus olhos vejo esta maneira ática de olhar! Agora trate de me salvar, já que você até hoje tem sido a minha perdição.

FIDIPIDES
Você está com medo de alguma coisa; de que você tem medo?

STREPSIADES
Da lua velha e da lua nova.[76]

FIDIPIDES
E existe um dia da lua velha e lua nova?

STREPSIADES
Existe, sim; é aquele em que os credores dizem que vão fazer a consignação em juízo contra mim.

FIDIPIDES
Eles perderão as consignações, pois um dia só não pode ser transformado em dois.

STREPSIADES
Isto é possível?

FIDIPIDES
De fato, como seria? Só se a mesma mulher pudesse ao mesmo tempo ser velha e moça.

STREPSIADES
Mas a lei diz isso.

FIDIPIDES
Penso que não compreendem bem o espírito da lei.

---

76. Ver a nota anterior.

STREPSIADES
E qual é esse espírito?

FIDIPIDES
O antigo Sólon[77] era por natureza amigo do povo.

STREPSIADES
Isto não tem nada, mas nada mesmo, a ver com lua velha e lua nova.

FIDIPIDES
Aquele legislador fixou, então, para o depósito, dois dias – a lua velha e a lua nova – para que a consignação fosse feita no dia da lua nova.

STREPSIADES
E por que ele falou na velha?

FIDIPIDES
Pobre homem!... Para que os réus, presentes na véspera, pudessem cumprir o compromisso amigavelmente, em dia, ou para que eles ficassem inquietos desde a manhã do dia da lua nova.

STREPSIADES
Como pode acontecer que não seja no dia da lua nova que os magistrados recebam as consignações, e sim no dia da lua velha e lua nova?

FIDIPIDES
Penso que acontece com eles o mesmo que se passa com os provadores públicos;[78] eles antecipam em um dia as consignações para começarem a sentir o gosto delas com um dia de antecedência.

---

77. Poeta e legislador ateniense que viveu no séc.VI a.C., Sólon redigiu as leis que vigoravam em Atenas. O juízo de que era "amigo do povo" pode ter surgido da sua iniciativa de proibir a escravidão por dívidas.

78. Funcionários públicos encarregados de provar previamente as iguarias dos banquetes oficiais.

STREPSIADES
Muito bem!

Dirigindo-se aos espectadores.

Coitados de vocês! Por que estão sentados aí com essa cara de
retardados, vítimas dos sabidos como nós, parecendo pedras,
ou simples números, rebanho de carneiros, ânforas amontoadas?
Devo também cantar um hino triunfal em minha honra e em
honra de meu filho que está aqui comemorando o seu sucesso:

Declamando.

"Sua ventura é grande, Strepsiades; você nasceu para ser um doutor e
está criando um filho sabidíssimo!"

Dirigindo-se ao filho.

"Direi de hoje em diante a meus amigos e a todos os meus bravos
conterrâneos: todos invejam o grande sucesso das defesas que você faz
no foro!" Mas primeiro quero levar você para nossa casa e lhe dar um
presente digno de você.

Os dois entram na casa de STREPSIADES. *Chega um* PRIMEIRO CREDOR, *acompanhado
por uma testemunha.*

PRIMEIRO CREDOR
Dirigindo-se à testemunha.

Vamos! Será necessário sacrificar um homem levando-o a perder seus
bens? Não! Nunca! Teria sido melhor desde o princípio, naquele dia,
esquecer toda a compostura em vez de atrair aborrecimentos sobre
mim, já que para reaver meu dinheiro estou arrastando você comigo
como testemunha; mais do que isso, vou também transformar em
inimigo um conterrâneo meu. Mas não me importa; nunca, enquanto
eu viver, envergonharei a minha terra! Vou cobrar na Justiça o que
Strepsiades me deve...

STREPSIADES
Quem é ele? Aquele ali!

PRIMEIRO CREDOR
...pois hoje é lua velha e lua nova.

STREPSIADES
Dirigindo-se à testemunha.

Tomo você como testemunha de que ele falou em dois dias diferentes.

Dirigindo-se ao PRIMEIRO CREDOR.

Por que você me processa?

PRIMEIRO CREDOR
Por causa do dinheiro que você me pediu emprestado para comprar um cavalo malhado.

STREPSIADES
Um cavalo?

Dirigindo-se aos espectadores.

Vocês estão ouvindo? Todos sabem que detesto montar a cavalo...

PRIMEIRO CREDOR
E você me prometeu o reembolso do dinheiro, jurando pelos deuses!

STREPSIADES
Foi porque naquela ocasião Fidipides ainda não tinha aprendido o raciocínio irrespondível para me defender.

PRIMEIRO CREDOR
E agora você pensa em negar a dívida por causa disso?

STREPSIADES
Que outro proveito eu posso tirar da sabedoria dele?

PRIMEIRO CREDOR
E você vai querer negar a dívida jurando em nome dos deuses?

STREPSIADES
Em nome dos deuses? Que deuses?

PRIMEIRO CREDOR
Zeus, Hermes, Poseidon...

STREPSIADES
Sim, e para poder jurar eu tinha de dar três óbolos.

PRIMEIRO CREDOR
Tomara que você morra por sua falta de vergonha!

STREPSIADES
Curtido com sal, seu couro dava para fazer um bom saco...

PRIMEIRO CREDOR
Como você zomba de mim!

STREPSIADES
O saco dava para eu levar seis litros de vinho...

PRIMEIRO CREDOR
Muito bem; por Zeus Grande e por todos os deuses, você me pagará!

STREPSIADES
Você me diverte demais com seus deuses, e Zeus, tomado como testemunha por quem sabe das coisas, é até engraçado!

PRIMEIRO CREDOR
Dentro de pouco tempo estas palavras lhe custarão caro! Mas afinal, você me entrega ou não o meu dinheiro? Responda! Quero ir embora!

STREPSIADES
Tenha paciência. Vou responder com a maior clareza dentro de muito pouco tempo...

STREPSIADES *torna a entrar em casa.*

PRIMEIRO CREDOR
Dirigindo-se à testemunha.

Que acha você que ele vai fazer? Será que ele vai pagar?

STREPSIADES
Voltando com um caneco na mão.

Onde está o cara que veio cobrar o dinheiro dele?

Mostrando o caneco.

Que é isto aqui na minha mão?

PRIMEIRO CREDOR
Que é isto? É um caneco.

STREPSIADES

E você quer cobrar seu dinheiro, ignorante como é? Eu não pago nem um óbolo a quem chama caneca de caneco.

PRIMEIRO CREDOR

Então você não vai me pagar a dívida?

STREPSIADES

Não, que eu saiba. Você quer fazer o favor de parar de falar e sair imediatamente de minha porta?

PRIMEIRO CREDOR

Vou embora, mas fique sabendo que prefiro morrer a não depositar a minha consignação!

O PRIMEIRO CREDOR sai com a testemunha.

STREPSIADES

Isto vai ser mais dinheiro perdido a juntar às doze minas deste credor. Estou realmente triste por causa dessa perda só porque ele confundiu o gênero dos substantivos...

Entra o SEGUNDO CREDOR.

SEGUNDO CREDOR

Coitado de mim!

STREPSIADES

Quem é aquele cara que está se lamentando? Será que está falando de algum dos deuses de Carcino?[79]

---

79. Carcino foi um conhecido tragediógrafo ateniense do séc.V a.C. Escreveu 160 tragédias, todas perdidas.

SEGUNDO CREDOR
Essa não! Quem sou eu? É isto que você quer saber? Sou um infeliz!

STREPSIADES
Então siga seu caminho sozinho.

SEGUNDO CREDOR
"Deusa cruel, sorte adversa que partiste o eixo do carro puxado por meus corcéis! Foste a causa de minha perdição, Palas!"[80]

STREPSIADES
Que mal Tlepólemo fez a ele?

SEGUNDO CREDOR
Não zombe de mim, caro amigo! Mande seu filho me pagar o dinheiro que recebeu de mim, principalmente porque estou agora na maior miséria!

STREPSIADES
Que dinheiro é esse?

SEGUNDO CREDOR
O que ele me tomou emprestado.

STREPSIADES
Pela sua cara, você deve estar mesmo muito infeliz.

SEGUNDO CREDOR
Caí do carro quando chicoteava os cavalos.

---

80. A passagem parodia a tragédia *Licímnio*, de Xenocles, filho de Carcino. Nela, o herói homônimo é morto acidentalmente por Tlepólemo, filho de Héracles.

STREPSIADES
Você está exagerando, pois deve ter caído de um jumento.

SEGUNDO CREDOR
Eu exagero só porque quero meu dinheiro de volta?

STREPSIADES
Não é possível que você esteja com o juízo perfeito! Parece que recebeu uma pancada muito forte na cabeça...

SEGUNDO CREDOR
E parece que você vai ser processado por mim se não me entregar meu dinheiro!

STREPSIADES
Então me diga: você acredita que é sempre água nova que Zeus deixa cair do céu quando chove, ou é a água que o sol bombeia daqui debaixo lá para cima?

SEGUNDO CREDOR
Não sei qual é das duas, nem quero saber.

STREPSIADES
Como você se acha com o direito de reaver seu dinheiro, se nada sabe das coisas celestes?

SEGUNDO CREDOR
Vejamos... Se vocês estão em dificuldades financeiras, paguem ao menos os juros de meu dinheiro.

STREPSIADES
Juros? Que bicho é esse?

SEGUNDO CREDOR
Que pode ser, senão que a cada mês e cada dia o dinheiro cresce, cresce sem parar, enquanto o tempo passa?

STREPSIADES
Você falou bem. E daí? O mar pode estar mais cheio hoje do que antigamente?

SEGUNDO CREDOR
Não; ele continua o mesmo. Não é normal que ele cresça.

STREPSIADES
Então, miserável, o mar não cresce de jeito nenhum, apesar das águas dos rios, e você quer que seu dinheiro cresça? Siga seu caminho e vá para longe de minha casa!

Gritando para dentro de sua casa.

Tragam depressa uma barra de ferro!

SEGUNDO CREDOR
Tomo os presentes por testemunhas!

STREPSIADES
Vá embora! Que é que você espera? Vá andando, cavalo marcado a fogo!

SEGUNDO CREDOR
Isto não é uma humilhação?

STREPSIADES
Você não vai embora? Vou encher seu traseiro de buracos com uma vara de ferrão, cavalo desatrelado!

STREPSIADES entra em casa.

ESTÁSIMO

[As Nuvens anunciam a reviravolta, pois quem recorre à
injustiça termina por se tornar vítima dela. (p.371)]

CORO

É nisso que dá o gosto pelas causas más. Nosso coroa, que está com
este problema, quer dar um calote em quem lhe emprestou dinheiro.
É impossível que não lhe aconteça alguma desgraça, pois só assim
este sabichão receberá um golpe inesperado como castigo de seus
trambiques. De fato, pensamos que ele vai buscar lá dentro o que
lhe estava faltando: o filho astucioso para pronunciar frases contrárias
à justiça, a ponto de ludibriar com discursos nojentos quem faz
negócios com ele. Mas talvez ele ainda venha a desejar que seu filho
tivesse nascido mudo.

STREPSIADES *sai apressadamente de casa, seguido por* FIDIPIDES, *que o espanca.*

ÊXODO, Cena 1

[As cenas do êxodo enfatizam o castigo dos que voltaram as costas à
Justiça. A altercação entre Strepsiades e Fidipides constitui um segundo
agon, mais informal, na comédia. Instruído por Sócrates e pelo Raciocínio
Injusto, o rapaz não se submete às regras sociais e nem respeita mais
seu pai, chegando ao ponto de agredi-lo fisicamente. (p.371-8)]

STREPSIADES

Ai! Ai! Vizinhos, parentes, conterrâneos! Socorro! Estão me
espancando! Me ajudem como puderem! Quanta infelicidade!
Minha cabeça! Meu queixo!

Dirigindo-se a FIDIPIDES.

Você está dando porradas em seu pai, filho degenerado!

FIDIPIDES

Estou, meu pai.

STREPSIADES
Vocês estão ouvindo! Ele confessa que está me espancando!

FIDIPIDES
Perfeitamente.

STREPSIADES
Desalmado! Parricida! Destruidor de muralhas!

FIDIPIDES
Repita estes elogios e outros. Você sabe que tenho prazer em ouvir todos estes insultos?

STREPSIADES
Traseiro completamente sem pregas!

FIDIPIDES
Espalhe generosamente suas rosas...

STREPSIADES
Você, dando porradas em seu pai?

FIDIPIDES
E vou provar que tenho razões para espancar você.

STREPSIADES
Maior dos tarados! Como alguém pode ter razões para espancar o próprio pai?

FIDIPIDES
Vou demonstrar isso e você ficará convencido.

STREPSIADES

De que você vai me convencer?

FIDIPIDES

De tudo, e facilmente. Escolha entre os dois raciocínios o que você quer que eu use.

STREPSIADES

Que dois raciocínios?

FIDIPIDES

O justo e o injusto, velho gagá!

STREPSIADES

Então eu obriguei meu filho a aprender a contradizer a justiça para ele me convencer de que é justo e bonito que os filhos batam nos pais!

FIDIPIDES

Mas tenho certeza de que vou convencê-lo, tão bem que você mesmo, depois de me ouvir, não vai nem mesmo replicar.

STREPSIADES

É... Estou ansioso por ouvir o que você tem a dizer.

CORO

Sua obrigação, coroa, é pensar nos meios de dominar este homem; se alguma coisa não lhe inspirasse confiança, ele não seria tão atrevido. Mas aqui há qualquer coisa que lhe dá esse atrevimento. A confiança dele é evidente.

CORIFEU
Dirigindo-se a STREPSIADES.

Mas por que começou a discussão? Antes de mais nada você tem de dizer isto ao coro, de qualquer maneira!

STREPSIADES
Vou dizer a verdade a respeito do começo da xingação entre nós. A gente estava começando a almoçar, como vocês devem saber. Primeiro eu disse a ele para pegar a lira e cantar um hino de Simonides a propósito de Crio[81] e da maneira de ele se pentear. Mas ele disse logo que era uma velharia tocar lira e cantar bebendo, tanto quanto uma mulher quando mói cevada torrada.

FIDIPIDES
Eu não tinha razão para espancá-lo, para moê-lo a porradas, quando ele me disse para cantar como se eu fosse uma cigarra?

STREPSIADES
Foi isto mesmo que ele me disse lá dentro, há pouco tempo como agora; ele achava também que Simonides era um chato. Aí – a muito custo, é verdade, mas de qualquer maneira –, eu consegui me conter; depois pedi a ele para ao menos segurar um ramo de mirto e recitar para mim alguns trechos das tragédias de Ésquilo. Ele disse na mesma hora: "Na minha opinião Ésquilo é o primeiro entre os poetas trágicos, mas é barulhento, contraditório, bombástico, inventor de palavras pomposas." Vocês podem imaginar como meu coração pulou no peito. Ainda assim, engolindo minha raiva, eu disse: "Está bem; recite ao menos alguma coisa desses modernos, qualquer desses trechos bacanas que você sabe." E sem demora ele declamou uma tirada de Eurípides onde um irmão – valham-me os deuses! – estupra sua própria irmã uterina! Dessa vez, não consegui mais me conter, joguei um monte esmagador de palavras e insultos em cima dele. Depois disso, como é natural, trocamos "opiniões contraditórias";

---

81. Simônides de Ceos, que viveu entre os sécs.VI e V a.C., foi um poeta lírico bastante admirado. Compôs diversos epinícios, poemas para celebrar a vitória de atletas nos jogos pan-helênicos, dentre os quais o mencionado Crio.

finalmente ele pulou em cima de mim, me esmurrou, me maltratou, quase me esganou e me esmagou.

FIDIPIDES
E não era justo, no momento em que você falou mal de Eurípides, o mais sábio dos poetas?

STREPSIADES
O mais sábio, ele? Como falar de novo se você ia me espancar ainda mais?

FIDIPIDES
Sim, e isto seria justo.

STREPSIADES
Mas como isto seria justo, monstro? Eu, que criei você, que adivinhava todos os seus desejos quando você apenas balbuciava! Você dizia "a" e eu compreendia e dava água a você. Você dizia "pa" e eu lhe trazia pão. Você ainda não tinha acabado de dizer "cocô" e eu já trazia o penico para você e ficava tomando conta. E quando há pouco tempo você quis me estrangular eu gritei e urrei que estava com vontade de ir lá fora e você não se dignou de me levar para me aliviar, tarado, e quase sufocado fiz cocô aqui mesmo!

CORO
Cremos que o coração dos moços devia ponderar, na impaciência de saber o que vai dizer. De fato, se depois de conduta semelhante este rapaz conseguisse com seu papo furado convencer o pai, não daríamos um grão-de-bico pelo couro do velho.

CORIFEU
Dirigindo-se a FIDIPIDES.

É você, grande inventor e falador de palavras novas, que tem de encontrar algum meio de persuasão capaz de lhe dar a aparência de quem fala de maneira justa.

FIDIPIDES

Como é bom viver no meio de coisas novas e incrementadas,
e desprezar as leis vigentes! Assim, quando só os cavalos me atraíam,
eu não era capaz de dizer três palavras sem cometer um erro, mas
agora, depois que o mestre que mora ali pôs fim a tudo isso, e que
estou por dentro das ideias, raciocínios e meditações sutis, espero
poder demonstrar que é justo castigar o próprio pai.

STREPSIADES

Volte, então, para seus cavalos; prefiro sustentar quatro deles a ser
moído por suas pancadas.

FIDIPIDES

Retomo o que estava dizendo quando você me interrompeu. Antes de
mais nada lhe pergunto: quando eu era pequeno você batia em mim?

STREPSIADES

Batia; para seu bem e porque eu me interessava por você.

FIDIPIDES

Então me diga: não é justo que eu agora dê provas de interesse por
você e lhe dê porradas, já que bater nas pessoas é sinal de interesse
por elas? Ora: por que seu corpo deve ficar livre de surras e o meu não
ficou? Eu também nasci livre. Está certo que as crianças chorem,
e na minha opinião um pai também deve chorar. Por quê? Você pode
dizer que, de acordo com os nossos costumes, o papel da criança é
ser tratada assim, mas eu respondo que os velhos são duplamente
crianças. Chorar é mais natural nos velhos que nos moços, entre
outras coisas porque as faltas dos moços são mais desculpáveis.

STREPSIADES

Mas em parte alguma a lei permite tratar o pai assim.

FIDIPIDES

Não foi um homem como você e eu que impôs essa lei, e não foi
com palavras que ele convenceu os antigos? Por que não posso fazer
também uma lei nova, determinando que os filhos podem bater
também nos pais? Todas as porradas que recebemos antes de ser
promulgada essa lei, nós consideramos quitadas; não ligamos ao fato
de termos sido espancados sem vocês serem punidos. Mas veja como
os galos e outros animais que você conhece retribuem as pancadas de
seus pais; em que eles são diferentes de nós, senão no fato de eles não
fazerem decretos?

STREPSIADES

Já que você quer imitar os galos em tudo, por que você não come bosta
e não dorme no poleiro?

FIDIPIDES

Não se trata da mesma coisa, meu caro, e a opinião de Sócrates não é
esta.

STREPSIADES

Então não continue a me dar porradas, senão você age contra si mesmo.

FIDIPIDES

Como?

STREPSIADES

Porque tenho o direito de castigar você, da mesma forma que você vai
ter o direito de castigar seus filhos, se você tiver filhos.

FIDIPIDES

E se eu não tiver, terei chorado por nada, e você morrerá
zombando de mim.

STREPSIADES
Na minha opinião de pessoa idosa, você tem razão. Acho que é preciso dar às crianças o que é bom para elas. É muito natural chorar quando se comete uma injustiça.

FIDIPIDES
Ouça agora outro argumento.

STREPSIADES
Estou perdido!

FIDIPIDES
Talvez você não esteja de fato aborrecido por ter sido tratado como acaba de ser.

STREPSIADES
Que conversa é esta? Mostre a vantagem que vou tirar disto!

FIDIPIDES
Vou espancar minha mãe como espanquei você.

STREPSIADES
Que é que você está dizendo? Este crime é pior que o outro!

FIDIPIDES
Por quê? E se com o raciocínio injusto eu confundir você provando que tenho necessidade de espancar minha mãe?

STREPSIADES
Onde você quer chegar? Depois disso, nada impede você de se lançar no precipício onde são lançados os piores criminosos, junto com Sócrates e o raciocínio injusto.

Após alguns momentos de silêncio STREPSIADES *dirige-se ao* CORO.

ÊXODO, Cena 2

[Strepsiades responsabiliza as Nuvens por seu infortúnio, mas elas ressaltam que ele é o único culpado, já que buscou meios ilícitos de se livrar das dívidas. Embora reconheça seu erro, o velho camponês decide punir Sócrates e ateia fogo ao Pensatório. (p.379-83)]

STREPSIADES
É por causa de vocês, Nuvens, que estou neste beco sem saída, pois me entreguei completamente às senhoras.

CORO
Você mesmo é culpado pelo que lhe acontece, porque praticou atos condenáveis.

STREPSIADES
Por que vocês não disseram tudo isso na hora própria, em vez de abusar da boa-fé de um velho caipira?

CORO
Agimos desta maneira sempre que vemos numa certa pessoa a obsessão de práticas perversas, até lançá-la na desgraça, para ensinar-lhe o temor aos deuses.

STREPSIADES
Ai de mim! É ruim mas é justo, pois eu não devia deixar de pagar o dinheiro que pedi emprestado.

Dirigindo-se a FIDIPIDES.

Agora, filho, muito querido, venha comigo para acabarmos com este patife Cairefon e com Sócrates, eles, que nos enganaram, a mim e a você!

FIDIPIDES
Mas não sou tão mau a ponto de acabar com meus mestres.

STREPSIADES

Está bem, mas respeite Zeus Paternal.

FIDIPIDES

Zeus Paternal! Como você é simplório! Existe algum Zeus?

STREPSIADES

Existe, sim.

FIDIPIDES

Não e não! Quem reina é o Turbilhão, depois de expulsar Zeus do Olimpo.

STREPSIADES

Ele não expulsou Zeus, mas acredito nisto por causa deste vaso-turbilhão[82] que você está vendo.

Dirigindo-se ao vaso.

Coitado de mim, que considerava você apenas um vaso quando na verdade você é um deus!

FIDIPIDES

Fique aqui divagando e dizendo tolices a si mesmo.

FIDIPIDES retira-se.

STREPSIADES

Que maluquice! Fui um louco renegando os deuses por causa de Sócrates!

Dirigindo-se a um busto de Hermes, o deus mensageiro de Zeus, existente na rua.

---

82. Chamava-se também de "turbilhão" um grande vaso para vinho presente nas casas gregas na Antiguidade.

Não se zangue comigo, Hermes querido, e não me esmague caindo em cima de mim. Peço perdão se me desgarrei por causa de papos furados. Me dê um conselho e me diga se devo apresentar queixa e levar esta gente à justiça, ou o que você quiser.

Fingindo escutar o deus.

Você me dá um bom conselho dizendo para eu não me meter num processo, mas em vez disso tocar fogo o mais depressa possível na casa destes trapaceiros.

Chamando um escravo.

Venha cá, Xantias! Venha e suba comigo até a cobertura do Pensatório e destrua o teto, se você estima seus donos, até ver a casa cair em cima dos gênios!

Xantias sobe à cobertura e põe o teto abaixo.

Me traga uma tocha bem acesa! Vou agir de tal maneira que hoje todos eles vão me pagar, por mais fanfarrões que sejam!

UM DISCÍPULO DE SÓCRATES
Ai! Ai!

STREPSIADES
Sua missão agora, tocha, é acender altas labaredas!

UM DISCÍPULO
Que faz você aí, homem?

STREPSIADES
Que faço? Simplesmente dialogo filosoficamente com o madeiramento da cobertura.

OUTRO DISCÍPULO
Do interior da casa.

Que desgraça! Quem está incendiando nossa casa?

STREPSIADES
Aquele coroa de quem vocês tiraram o manto.

OUTRO DISCÍPULO
Você vai nos matar! Você vai nos matar!

STREPSIADES
É isto mesmo que eu quero, a não ser que o machado me faça uma falseta ou que antes eu quebre o pescoço caindo daqui de cima!

SÓCRATES
Ei! Você aí! Que está fazendo aí em cima?

STREPSIADES
Percorro os ares e contemplo o sol.

SÓCRATES
Ai! Infeliz de mim! Vou morrer miseravelmente assado!

OUTRO DISCÍPULO
E eu – pobre de mim! – vou ser consumido pelas chamas!

STREPSIADES
Por que vocês insultam os deuses e se intrometem nos assuntos da lua?

Dirigindo-se a Xantias.

Persiga esta gente! Jogue coisas neles! Pau neles, principalmente porque ofendiam os deuses!

CORO
Levem-nos para fora daqui. Nosso coro já apareceu bastante hoje.

FIM

Perfis dos personagens

STREPSIADES: Ao contrário do que se vê na tragédia, em que as personagens são herdadas do mito e da tradição poética, o poeta cômico deve criar o herói de suas comédias, a começar pelo nome. Strepsiades significa "o que (se) vira", podendo indicar que ele muda de opinião (sobre Sócrates, por exemplo) ou que acha solução para tudo, que é um enrolador, um espertalhão. Embora nas comédias não haja um tipo único de herói, Strepsiades representa o mais comum entre eles: um homem velho, ligado ao campo, de espírito conservador e rústico nos modos. Possui ainda outra característica do herói cômico: iniciativa. Diante de um problema que o aflige, concebe ele próprio a solução. Apesar disso, tem uma inteligência limitada, e cumpre muitas vezes o papel de bufão. Na *Poética*, Aristóteles afirma que a comédia imita homens piores do que a média, o que significa que tendem mais para o vício do que para a virtude. Strepsiades ilustra bem essa noção, pois desconsidera as leis e a justiça unicamente em nome do seu bem-estar. Ao contrário do que ocorre nas demais comédias, em que o herói é consagrado no final, ele fracassa e termina punido – e nisso *As nuvens* é exceção. Assim, o personagem serve de exemplo, desestimulando os que desejam se entregar às más ações.

FIDIPIDES: O filho de Strepsiades também tem um nome significativo. Fidipides significa "o que poupa cavalos". Ironicamente ele faz exatamente o contrário disso, gastando quantias exorbitantes para manter ou adquirir novos animais e equipamentos de equitação. Apesar de jovem, cultiva os tradicionais valores aristocráticos: preza os exercícios ao ar livre e o companheirismo, desdenha a vida contemplativa e as querelas dos tribunais. Forçado por seu pai a aprender o raciocínio injusto, passa a representar a geração corrompida pela nova educação, que não demonstra respeito pelos mais velhos e pela tradição. Nos dois polos, é antagonista de Strepsiades. *As nuvens* explora um tema popular da comédia em todos os tempos: a guerra entre as gerações.

ESCRAVO: O escravo é uma personagem recorrente na comédia. Atua como um ajudante do herói, exercendo também, ao transportar adereços, a função de contrarregra. O escravo de Strepsiades aparece rapidamente no prólogo e no êxodo, quando é denominado Xântias, e não contribui para o desenrolar da trama.

DISCÍPULO DE SÓCRATES: O discípulo de Sócrates não pode ser identificado com nenhuma figura histórica, mas é claramente uma caricatura de intelectual. Cumpre o papel de receber Strepsiades no Pensatório, revelar-lhe sua rotina, bem como introduzir Sócrates através das anedotas que conta sobre o filósofo. Em certa medida, equivale ao escravo de Strepsiades, já que atende a porta e demonstra um grande respeito por seu mestre.

SÓCRATES: Ao contrário das demais personagens, Sócrates é uma personagem histórica contemporânea de Aristófanes e bem conhecida dos espectadores. Em alguns aspectos, a figura aristofânica coincide com os testemunhos que temos do Sócrates real, como no culto aos hábitos simples ou no desleixo que demonstra com sua aparência. Outras características, no entanto, só podem ser explicadas pela pressuposição de um Sócrates composto, uma caricatura dos diversos tipos de intelectual que circulavam por Atenas. Ele cumpre o papel do impostor, um personagem cômico tradicional, que pretende saber mais do que de fato sabe e que, ao final, será castigado pelo herói cômico.

RACIOCÍNIO JUSTO: O Raciocínio Justo personifica a educação tradicional baseada na moderação dos apetites, nos exercícios físicos, na música. Convive com Sócrates no Pensatório.

RACIOCÍNIO INJUSTO: O Raciocínio Injusto representa a nova educação, identificada com a retórica sofista. Dentro dessa concepção, a argumentação deve desconsiderar o teor de verdade ou de justiça de uma causa, buscando apenas a persuasão. Convive com Sócrates no Pensatório.

CREDORES DE STREPSIADES: Strepsiades menciona seus credores no começo da peça como justificativa para procurar a ajuda de Sócrates. Com isso cria-se a expectativa de que eles apareçam para testar o plano do herói, o que acontece perto do final da comédia. São dois credores que terminam expulsos, cumprindo a função tradicional do bode expiatório – costumeiramente, na comédia, personagens que encarnam aproveitadores são castigadas pelo herói.

Contrariamente ao que se poderia esperar, é o próprio Strepsiades que os rechaça, e não Fidipides, que foi treinado expressamente para cumprir essa tarefa.

DISCÍPULOS E TESTEMUNHA: No palco, são apenas figurantes os discípulos de Sócrates que Strepsiades avista ao ingressar no Pensatório e que reaparecem no êxodo, durante o incêndio. É também figurante a personagem silenciosa que acompanha um dos credores de Strepsiades e que poderia testemunhar nos tribunais contra ele.

CORO DE NUVENS: O coro cômico pode assumir as mais diversas formas. Em *As nuvens*, o coro que as encarna, embora vinculado expressamente a Sócrates, também está próximo de Strepsiades, já que propicia a chuva, necessária à sua plantação. Por outro lado, representa o interesse dos primeiros filósofos nos fenômenos naturais, bem como a abstração do pensamento. Essa ambiguidade se faz notar ao longo da comédia, em que o coro parece apoiar Strepsiades para depois censurá-lo. As nuvens também se negam a chover sobre o Pensatório em chamas, abandonando Sócrates à própria sorte. Trata-se de um caso único nas comédias de Aristófanes, em que normalmente o coro apoia o herói cômico, mesmo que a princípio esteja reticente quanto a seu plano. Em cena, os coreutas assumiam a forma de mulheres, já que as nuvens podem se transformar no que quiserem.

Glossário

AGON: Seção do teatro grego, particularmente da comédia, em que se trava um debate entre dois interlocutores que buscam fazer prevalecer seu ponto de vista ou uma determinada tese.

CATARSE: Termo derivado da medicina, na qual significa purgação. Com Aristóteles, catarse tornou-se um conceito de poética indicando a purificação das emoções trágicas: o terror e a piedade. Para Aristóteles, na catarse reside a finalidade da tragédia.

CENA: Inicialmente designava o lugar de representação dramática, por derivar do grego *skene*, tenda (que abrigava os atores). Com o tempo passa a indicar cada uma das partes do prólogo, do êxodo ou ainda de um episódio em uma peça de teatro.

CENA EPISÓDICA: Cena que integra um episódio (que pode comportar mais que uma cena). A nomenclatura é mais comum para referir-se a partes da comédia antiga.

COREGO: Na Grécia antiga, designa o cidadão encarregado de financiar a produção de uma peça teatral, custeando, principalmente, as despesas do coro. Essa função cabia aos cidadãos mais ricos, que assim contribuíam para com a cidade.

COREUTA: Cada um dos integrantes de um coro.

CORIFEU: Líder do coro Era o seu porta-voz, cabendo-lhe conduzir o diálogo com as personagens durante os episódios.

DEUTERAGONISTA: Depois do protagonista, o principal ator de uma companhia (do grego *deuteros*, segundo).

ENCICLEMA: Plataforma rolante usada no teatro grego para revelar o interior de uma residência.

EPISÓDIO: No teatro grego, parte dialogada inserida entre as partes corais.

ESTÁSIMO: Qualquer parte cantada pelo coro, à exceção do párodo.

ÊXODO: Última seção de uma peça teatral, marcando seu desenlace. O nome indica a saída (*exodos*, em grego) de cena do coro e das personagens.

HAMARTIA: Ou falha trágica, o erro que determina a mudança de sorte do herói. Para Aristóteles, na *Poética*, não deve ser fruto da maldade, mas da ignorância.

MÁQUINA: Guindaste usado para suspender por sobre a cena personagens que representam, em geral, divindades, dando origem à denominação *deus ex machina*.

MIMESE: Imitação ou representação do real. Termo-chave da poética aristotélica, para a qual toda arte é fruto de mimese.

ORQUESTRA: Espaço circular entre a cena e a arquibancada, ocupado pelo coro.

PARÁBASE: Seção da comédia antiga em que, sozinho em cena, o coro dirige-se diretamente aos espectadores, por vezes em nome do autor, censurando-os e elogiando a peça e o comediógrafo, de modo a persuadir os juízes a votarem por ela.

PÁRODO: Seção coral do teatro grego que marca o ingresso do coro em cena.

PERIPÉCIA: Ou reviravolta, momento em que se dá uma mudança de sorte inesperada e radical para o herói.

PRÓLOGO: Seção inicial de uma peça teatral, nela se dá a exposição da trama.

PROTAGONISTA: Ator principal de uma companhia, a quem compete representar os papéis mais importantes (do grego *protos*, primeiro)

TRITAGONISTA: Terceiro ator de uma companhia teatral (do grego *tritos*, terceiro).

1ª EDIÇÃO [2013] 7 reimpressões

ESTA OBRA FOI COMPOSTA POR MARI TABOADA EM QUADRAAT PRO
E IMPRESSA EM OFSETE PELA GRÁFICA SANTA MARTA
SOBRE PAPEL PÓLEN DA SUZANO S.A. PARA A
EDITORA SCHWARCZ EM FEVEREIRO DE 2025

A marca FSC® é a garantia de que a madeira utilizada na fabricação do papel deste livro provém de florestas que foram gerenciadas de maneira ambientalmente correta, socialmente justa e economicamente viável, além de outras fontes de origem controlada.